広島経済大学研究双書　第45冊

ヘーゲルの媒介思想

大田 孝太郎【著】

溪水社

まえがき

「弁証法」という用語が、哲学や社会科学の領域で、その有効性に疑問がもたれるようになり信頼性を失ってからすでに久しい。このような事態に至った原因として、いろいろな背景や事情が考えられるであろう。「弁証法的唯物論」にその世界観の基礎をおくマルクス主義が、それを信奉する旧ソビエト連邦のような社会主義大国が崩壊したあと、その信望を急速に失ったことも、その一因に数えることができるであろう。

あるいはまた、すべてのものをその要素に還元し、要素間の矛盾を排除して論理的整合性をひたすら追求する分析的理性によって打ち立てられた近代科学が、今日の巨大な情報化社会をも生み出したため、人びとは、この分析的理性に絶大な信頼を置くようになり、このような事態に反比例するかのように、物ごとを「矛盾」の相のもとにとらえる弁証法的理性が後景に退くことになったことも、「弁証法」がかえりみられなくなった原因の一つと言えるかもしれない。

しかし、「弁証法」が今日のように無視ないし軽視されることになった最大の原因は、「弁証法」自体のもつ思想性や論理性に充分な注意がはらわれず、その言葉だけが内容を伴わずに形式的に、抽象的に使われた結果であると言っても許されるのではないだろうか。

このような問題意識のもとに、本書では、近代における「弁証法」の復権者であるヘーゲルをとりあげ、ヘーゲルが、若いころの思想的遍歴の結果、彼独自の「媒介」思想を形成していく過程で、「弁証法」の論理を鍛え上げていった経緯が究明される。

ヘーゲルは、だれよりもみずからが「時代の子」であることを意識していた。そうであるならば、彼がその中で生きた時代を抜きにしては、その思想を語ることはできないであろう。「思想」と「時代」が一体であるなら、ヘーゲルの「弁証法」も、時代のコンテクストの中においてこそ、より具体的に把握することができるはずである。

本書では、ヘーゲルの核心的な思想を、時代状況の中に置いて考察することによって、抽象的で難解な彼の思想を少しでも現実の具体的な問題にひきよせて解釈することを心掛けた。この意図がいささかでも実現しているかどうかは、読者の判断にゆだねるほかない。

ヘーゲルの媒介思想の究明が、「弁証法」を、より広いパースペクティヴのもとで少しでも具体的に、そして正確に理解することにつながるならば、著者としては望外の喜びである。

本書は、ヘーゲルの媒介思想をテーマに、長期にわたって書き継いできた論稿を集め、章別に編成したものである。とはいえ、私の個人的な事情もあり、途中で長い空白期間があったこともあり、長期間同じテーマをめぐって持続的にヘーゲルと向き合ってきたわけではない。

個々の論稿は、ヘーゲルの「媒介」論という同じテーマを扱っているとはいえ、独立した論文として、それぞれ完結したものである。それらの論稿を集めた本書は、それゆえ、全体的に、引用や叙述の重複が多々あることをご寛恕ねがいたい。重複するところを削除することも考えたが、特定の章だけを読まれる読者には、かえって理解しやすいのではないかということに鑑みて、そのままにした次第である。

序章でも少し触れたが、本書の全体にわたる基本的な結構は、第一章で尽くされていると言っても過言ではない。第二章以下の各章は、第一章でヘーゲルの青年期の各時期（テュービンゲン期、ベルン期、フランクフルト期、イェーナ期）に提出されたテーマを、「媒介」論の成立過程という観点から、より立ち入って展開したものと言ってもよいであろう。

したがって、本書全体を読み通す時間的余裕のない読者には、第一章および本書全体を要約的に振り返っている終章だけでも目を通していただければ、本書の主張する大まかなところは理解していただけると思う。

本書がなるにあたって、とりわけ、私の恩師で、神戸大学名誉教授であられた故・稲葉　襄先生に深甚の感謝を申し述べたい。

稲葉先生がおられなければ、このような貧しい著作でさえ世に出ることができなかったことは確実である。私の怠慢と力量不足のために、先生のご生前に本書を見ていただけなかったことは何としても自責の念にたえない。謹んで稲葉先生のご霊前に本書をささげる。

また本書の出版に際しては、広島経済大学の石田恒夫理事長のご支援を賜っている。深く謝意を表したい。

そのほか、本書が日の目を見るまでには実に多くの方々のご指導とご支援をかたじけなくしている。いちいちお名前をあげさせていただくのは差し控えるが、それらすべての方々に心よりお礼を申し上げる次第である。

二〇一八年三月

大田　孝太郎

目次

凡例

(1) 本書で使用したヘーゲルの主なテクストは、ズールカンプ版『ヘーゲル著作集』である。
G.W.F.Hegel. *Werke in zwanzig Bänden*. Theorie Werkausgabe. Hrsg.v. E.Moldenhauer u. K. M. Michel. Frankfurt a. M. 1971.
この著作集からの引用は、引用文の後に巻数をローマ数字で、頁数をアラビア数字で示す。III. 32 は『著作集』第三巻の三二頁を意味する。
その他のテクストは以下のように略記する。

GW. G.W.F.Hegel. *Gesammelte Werke*. Hrsg. im Auftrag der Deutschen Forschungsgemeinschaft bzw. von der Rheinisch-Westfälischen Akademie der Wissenschaften. Hamburg 1968ff.
N. *Hegels theologische Jugendschriften*. Hrsg. v. H. Nohl. Tübingen 1907. Nachdruck 1966.
Br. *Briefe von und an Hegel*. Hrsg. v. J. Hoffmeister. Hamburg 1952-1954. Bd. I-IV. Hrsg. v. F. Nicolin. Hamburg 1977, 1981.
Dokumente. *Dokumente zu Hegels Entwicklung*. Hrsg. v. J. Hoffmeister. Stuttgart 1936. 2. Unveränderte Auflage 1974.
HS. *Hegels Schriften zur Politik und Rechtsphilosophie*. Hrsg. v. G. Lasson. Leipzig 1913.
Rosenkranz. Karl Rosenkranz: *Georg Wilhelm Friedrich Hegels Leben*. Berlin 1844. Nachdruck: Darmstadt 1971.
KrV. I. Kant: *Kritik der reinen Vernunft*. Hrsg. v. R. Schmidt. Hamburg 1956 (Nachdruck von 1929).
FI. *Fichtes Werke*. Hrsg. v. I.H. Fichte. Bd. I. Berlin 1971.

(2) ヘーゲルの初期の論稿名の表記はＨ・ノールに従う。

(3) 引用に際して、原文の強調はこれを省略し、断りのないかぎり原文の中の傍点の強調は、すべて本書の著者によるものである。

ヘーゲルの媒介思想

序章

「媒介」という概念は、ヘーゲル（一七七〇～一八三一）がみずからの哲学の独自性を自覚するに至る過程で鍛え上げられていった概念である。すべての存在は、直接的に存在していると同時に、他の存在によって媒介されている――このことを全存在にわたって証示しようとするところにヘーゲルの哲学体系は成立する。

あらゆる存在は他のものによって媒介されている、という主張の中に、近代において決定的な形で現われてきた、有限なものと無限なもの、人間と神とのいわば縦の分裂と、人間と自然、人間と人間との横の分裂――かかる縦横の二元的分裂を、「媒介」の論理によって止揚し、一にして全なる透明な神を認識しようとするヘーゲルの意図を読み取ることができよう。かかる意味において、「媒介」概念は、「直接性」と共にヘーゲルの形而上学的世界観を貫いている赤い糸とも言うべきものである。

ヘーゲル哲学の固有の概念としてよく知られている「即自」と「対自」、「実体」と「主体」、「確信」と「真理」等々といった一対の概念もすべて、ヘーゲルが存在をその直接性と媒介性との統一において把握すべきことを要求するところに由来すると言えよう。

あらゆる存在、あらゆる事象が媒介されているということは、他面から言えば、すべての存在は他のものによって制約されているということでもある。それゆえ、媒介（制約）された存在（＝有限な存在）は、みずからの直接的で自存的な在り方を否定して、他なるものと関係せざるをえず、同時にかかる関係においてのみ、みずから自身を保つことができるのである。

「いかなるものも、もっぱら他のものとの関係においてのみ存在する」（II. 239）[1]というテーゼは、周知のようにヘーゲルの形而上学的世界観をその根底から支えているテーゼである。イェーナ期（一八〇一～一八〇七）以後のヘーゲルは、有限者（＝被制約者）を、「絶対者の現象」（II. 17, 20, 25 usw.）として把握し、その自存的なあり方を否定する理路を明らかにすることによって、有限者と絶対者（全一的なもの）の同一性を「学」として論理化することを哲学の使命と見定めていた。

「絶対者は、現象そのものの中にみずからを定立せねばならない。すなわち現象を無化（vernichten）するのではなく、同一性にまで構成しなければならない。」（II. 48）とヘーゲルは主張する。有限者（現象）は、みずからの自足的で絶対的な在り方を否定し、かかる否定の遂行のうちに、みずからが「絶対者との関連において存立する」（II. 26）ことを、それ自身に即して証示してみせなければならぬ、というわけである。

それゆえ、「哲学の課題」は、われわれの前に直接に与えられている有限な存在、すなわち「既成存在」（Gewordensein）（II. 22, vgl. III. 181）を、全一的なもの（＝絶対者）へと関連づけることによって、有限者が絶対者へと「生成」（Werden）することを証示すると同時に、絶対者が有限者を媒介として、みずからを「産出」（Produzieren）する過程として把捉することでなければならない（vgl. II. 22, 25）。

かかる形而上学的世界観からヘーゲルの媒介思想が成立してきたことは容易に推察できよう。媒介とは何よりも上記のようなヘーゲルの世界解釈の論理的にして形而上学的な表現なのである。

『精神現象学』（一八〇七年）の「序文」（Vorrede）で、ヘーゲルは「媒介」を以下のように定式化している。

「媒介とは、自己運動する自己同等性（die sich bewegende Sichselbstgleichheit）にほかならない。すなわち、媒介とは、自己自身への反省（die Reflexion in sich selbst）であり、対自的に存在する自我（das fürsichseiende Ich）という契機であり、純粋な否定性（die reine Negativität）であり、あるいは純粋な抽象にまで下ろせば、単純な生成（das einfache Werden）である。」（III. 25）。

この引用文が『精神現象学』全体に対して持つ意味については、本書の第八章でやや立ち入って考察する予定であるが、今ここでさしあたり注目すべきことは、ヘーゲルが「媒介」を、「（自己自身への）反省」、「（純粋な）否定性」、「（単純な）生成」と等置していることである。

上記の引用文と、先のヘーゲルの形而上学的世界観とを重ね合せて考えれば、「媒介」とは、有限者（直接的なもの）がみずからの自存的な在り方を「否定」し、他者と関係することによって、「自己反省」的になり、かかる「否定性」を媒介としてみずからが絶対者（＝全一性）へと統一づけられ、絶対者の中へと「生成」することである。特に『精神現象学』の課題は、自我と対象との同一性を、両者の相互媒介の運動を通じて論証することにある。したがって、ここでは、「媒介」は自我が対象を介して自己同一性を保持する運動であり、自我が対自的な自我として「生成」することである。

ところでヘーゲルが「媒介」というとき、そこには、「反省」（区別）が、その本質的なモメントをなしていることに改めて注意すべきであろう。媒介関係が成立するのは、まず何よりも関係する両項が、「相互に他者」であり、区別されていることによるのであって、両者の統一によるのではない。「統一」は、「直接的な関係」なのである。

『精神現象学』でヘーゲルは次のように述べている。

「媒介する関係とは、関係づけられた両項が同一ではなくて、相互に他者であり、ただ第三者においてのみ一であるような関係であるのに対して、直接的な関係とは実際、両項の統一以外の何ものでもない。」（III. 482）。

媒介はまず「区別」を意味するにしても、もちろんそれは、「統一」を排除するものではありえない。なぜなら、区別の側面こそ統一を引き起こす原動力だからである（vgl. III. 29, VI. 285f. usw.）。したがって、媒介は区別の面と統一の面を同時に含むものである。

「媒介そのものの止揚であるような媒介」（V. 68 usw.）という媒介の本性は、かかる媒介の二重性による。このことをヘーゲルは、「媒介とは、第一のものから第二のものへ越え出てしまっていることであり、区別されたものからの出現である」（VIII. 183［§86］, vgl. V. 75, VIII. 56［§12］）と表現してもいる。

要するに、媒介とは関係する両項を、「区別されたものの関係」（V. 75）として把握することにほかならない。ヘーゲルが、彼の「媒介」概念にその独自の意味を認めるようになったのは、まさにかかる「区別」あるいは「反省」（＝悟性）の概念の積極的な意味に気づくようになってからである、と言えよう。

本書の課題は、「反省」概念にまつわるさまざまなアポリアを克服しながら、ヘーゲルがみずからの媒介思想をいかに鍛え上げていったのか、その理路を究明するとともに、媒介概念の生誕地である『精神現象学』を通して、彼の媒介思想がいかに豊かに実を結んでいるか、その一端を示すことにある。

第一章では、ヘーゲルの思想的出発点にあたるテュービンゲン期（一七八八～一七九三）におけるキリスト教批判の核心が、救済者イエス＝キリストという「回り道」（＝媒介）にあることを示し、かかる媒介こそが、人間の価値を貶めている当のものであることを批判する。次のベルン期（一七九三～一七九六）においても、イエスの「権威」を媒介とするキリスト教が、「既成的」教団へと変質していく歴史過程が批判的に究明される（『キリスト教の既成性』論稿）。このように、ヘーゲルはキリスト教における「媒介」批判からその思想的経歴を歩み始めるのである。

しかしフランクフルト期（一七九七～一八〇〇）になると、周知のようにカントの実践理性の立場からのそれまでのキリスト教批判も、「主人」と「奴隷」を内面化したものにすぎないことを自覚するに到る。こうして、神と人間、道徳律（普遍）と人間（個別）、主人と奴隷を分断する「悟性」あるいは「反省」を乗り越えるために、「悟性」あるいは「反省」が定立する相対立するものを全体的に止揚するものとしてヘーゲルは「生」と「愛」の概念を構想する。

ヘーゲルは最初、「愛」を通じて、反省（悟性）が生み出す諸対立を止揚しようとするが、それは「愛」が「感情」あるいは「直観」という直接的なものであるがゆえに不可能であることに気づくことになる。それと共に、それまで批判的にみていた「悟性」や「反省」を、もう一度評価しなおし始めることになるのである。というのも、「悟性」（「反省」）が分断した対立するものを止揚するのは「悟性」を媒介とした「理性」でしかないことに気づいたからである。

こうして「悟性」（「反省」）にまつわるさまざまなアポリアを乗り越え、「悟性」から「理性」への理路を見出す過程がイェーナ期（一八〇一～一八〇七）であるといってよいであろう。その終着点が『精神現象学』（一八〇七年）であることは言うまでもない。

以上のごとく第一章は本書の全体的な結構を叙述したもので、本書の中心をなすものと言ってよいだろう。第二章は、第一章で略述したテュービンゲン期からフランクフルト期にかけての宗教的諸論稿（草稿）を、やや立ち入って論述したものである。

「反省」（「悟性」）形式は、神と人間を切り離すだけではない。人間と人間をも分断する。それは社会的には「所有」の問題であることをヘーゲルは見抜いていた。「所有」という「反省」形式を、人間の全体的「生」へと媒介することはヘーゲルの最も関心の深いテーマであったと言っても過言ではない。だからこそ、ドイツ観念論の中でヘーゲルだけが経済学に本格的に取り組んだのである。「所有」という「死せるもの」から人間の全体性（「生けるもの」）を回復するための方途を、「媒介」論の立場から論じたのが、第三章である。

第四章では、ヘーゲル哲学の中心概念である「生」（das Leben）の概念が、「一にして全」という若き日の理想に端を発していること、そしてこの概念が、最終的に「反省」概念を媒介にして「反省」を越えたもの（＝生）を把握しようとする矛盾した要求をヘーゲルにつきつけたことを明らかにすると共に、「生」の概念が、「反省」「アンチノミー」「理性」というヘーゲル哲学の鍵概念が生じるエレメントになることを示した。

ヘーゲルがみずからの媒介概念の独自性を示すためには、当時の支配的な哲学との批判的な対決が要請される。ヘーゲルは、イェーナ初期（一八〇二年）に書いた論稿『信と知』において、同時代の「反省哲学」を批判しているが、第五章では、ヘーゲル独自の媒介概念の成立という観点から、カント哲学、ヤコービ哲学、フィヒテ哲学、をヘーゲルがいかに評価し、批判しているかを究明した。

これまで述べてきた媒介概念の成立過程をふまえて、イェーナ期の終わりに書かれたのが『精神現象学』である。

第六章、第七章では、イェーナ期まで温めてきた媒介思想の総決算として『精神現象学』を位置づけ、かかる意味において『精神現象学』がヘーゲル哲学の「生誕地」であることを「序文」にそくして明らかにされる。『精神現象学』の序文では、先に言及したように、「媒介」の構造を、「反省」「自我」「生成」という三つのキーターム にそくして説明しているが、この三つのタームを手がかりに、「媒介の体系」としての『精神現象学』の構造を究明したのが、第八章である。

第九章、第十章では、媒介の具体的な定在として、「言語」と「教養」を論じた。「言語」と「教養」において、媒介の体系としてのヘーゲル哲学がいかに豊かな内容をその内に秘めているか、その一端が示される。

終章では、本書の全体を要約的に回顧することによって、媒介概念の成立過程とヘーゲルがたどりついた体系的思考を全体的に俯瞰し、ヘーゲルの媒介思想の独自性が、より鮮明になるように意を用いた。そして、まさに、この「媒介」思想をめぐってヘーゲル以降の思想史の——本研究の枠を越えた——新たな展開を示唆することで本書は閉じられる。

註

（1）ヘーゲルのテクストは原則としてズールカンプ版『ヘーゲル著作集』（*Werke in zwanzig Bänden*, Suhrkamp Verlag）を用いるが、初期の神学論集に関しては、H・ノールの『ヘーゲル青年期神学論集』（*Hegels theologische Jugendschriften*, hrg. v. Herman Nohl. Tübingen 1907）を使用する。『ヘーゲル著作集』からの引用は、巻数をローマ数字で示し、『神学論集』からの引用は略号Nを用いることにする。

第一章　ヘーゲルの媒介思想

「媒介」（Vermittlung）という概念が、ヘーゲル哲学の中心概念の一つであることはよく知られている。「存在は絶対的に媒介されている」（III. 39）という存在観が、ヘーゲルの形而上学的世界観をその根底から支えている当のものである。あらゆる存在は、みずから直接的に存在しているにとどまらず、他のものによっても媒介されて存在している――かかる存在解釈を学的な形式において論理化しようとするところにヘーゲルの体系的思考が成立する。

「天上であれ、自然の中であれ、精神の中であれ、あるいはどこであれ直接性と共に媒介を含まないようなものは何ひとつとして存在しない」（V. 66, vgl. V. 86）とヘーゲルは主張する。あらゆる存在を「直接性」と「媒介」との統一において把握すること、換言すれば、直接的に存在するものを媒介の所産としてとらえ返すこと――これがヘーゲルの言う「概念的に把握する」ということの意味でもある――かかる直接的なものの媒介性を明らかにすることが、ヘーゲルにおける本来の意味の「哲学」[1]であったと言えよう。

ヘーゲル哲学の中心概念である「精神」も、媒介されたものの総体を表わすための概念である。「精神は回り道であり、媒介である」（XVIII. 55, XX. 507）という言が端的に示しているように、ヘーゲルのいう「精神」とは、他なるものを媒介にして自己を認識する主体のことであるから、それは究極的に「自己認識」に関わる（vgl. V. 27 usw.）。「汝みずからを知れ、すなわちデルフォイの智恵の神の殿堂に掲げられた銘は、精神の本性を言い表わす絶対的な命令である」（vgl. XVIII. 51, 65 usw.）とヘーゲルは言う。

人間を「精神」として把握することは、一方では、彼が社会的存在として、みずからの本質を他者の中に認識し、他者を媒介としてみずからの共同的な本質を自覚することであり、同時に他方では、歴史的存在としてみずからを、「人類の過去の全世代の労作の成果」（XVIII. 21）として把握することである。このように人間を社会的および歴史的に媒介されたものとして把握し、それを自覚するに至ることが、「精神」の自己認識ということの意味にほかならない。

ヘーゲルはこのことを、「絶対の他在のうちにおいて純粋に自己を認識すること」（das reine Selbsterkennen im absoluten Anderssein）（III. 29）という周知の言葉で定式化した。

こうしてヘーゲルの哲学体系は、存在を媒介されたものの総体として把握するところに成立するわけであるが、しかしひるがえって、かかる「媒介」概念を少し立ち入って考察してみると、ヘーゲルが使用するこの概念の多義性と抽象性に、われわれは困惑せざるをえないのも事実である。(2) 一見すると無概念的に使われているようにもみえるヘーゲルの「媒介」概念を統一的に解釈することは見掛けほど容易ではないが、以下では、「媒介」概念をヘーゲル哲学の他の主要な概念と関わらせて考察することによって、この概念の多義性を多少とも統一的な観点から把握したいと思う。

一　「反省」（あるいは「悟性」）と「媒介」

周知のようにヘーゲルが彼独自の「媒介」の立場を明確な形で打ち出したのは、『精神現象学』（一八〇七年）においてである。この著作の「序文」（Vorrede）でヘーゲルは、媒介に基づく認識を絶対的なものの認識から排除してしまおうとする「知的直観」の立場を批判しつつ、「媒介」概念を次のように定式化している。「媒介とは、自己運動する自己同等性（die sich bewegende Sichselbstgleichheit）にほかならない。すなわち媒介とは、自己自身への反省（die Reflexion in sich selbst）であり、対自的に存在する自我という契機（das Moment des fürsichseienden Ich）であり、純粋な否定性（die reine Negativität）であり、あるいは純粋な抽象にまで下ろせば、単純な生成（das einfache Werden）である。自我あるいは生成一般、この媒介するはたらきは、その単純性のゆえにまさに生成する直接性であり、直接的なもの自身である。」（II. 25）。

ここではヘーゲル特有の難解な用語で、しかも圧縮された形で「媒介」の意味が説明されているが、一読して直ちに気づくことは、「媒介」がヘーゲル哲学の主要概念である「反省」、「自我」（「否定性」）、「生成」、「直接性」との関連で説明されていることである。「媒介」と「直接性」との関係については、先ほどこの章の冒頭部で言及したので今は措くとしても、他の三つの概念と「媒介」との関係は、われわれにとって直ちには明らかではない。ヘーゲルが「媒介」を、「反省」、「自我」、「生成」と関連させて述べているのはもちろん単なる思いつきではない。というのもヘーゲルは、「反省」という認識論的レヴェル、「自我」という存在論的レヴェル、さらに「生成」という歴史性のレヴェルにおいて、しかもこの三つの観点を統一的に把握する立場から、「媒介」の体系たる『精神現象学』を叙述しようとしているようにみえるからである。しかし、これら三つの観点を統一的に解釈することは、ここでの問題ではない。われわれは以下とりあえず、「反省」と「媒介」の関係に焦点を絞ることにする。周知のように「反省」ないし「悟性」は、それなくしてはヘーゲルの主張する思弁的認識が成り立ちえない必須のエレメントである。とはいえ、もちろんヘーゲルは思想家としての出発点から、「反省」（＝「悟性」）を正しく評価していたわけではない。「反省」と、それが創り出した近代の二元論的な世界解釈に対して批判的に対決することこそ、ヘーゲルがその生涯を通じて立ち向かった主要なテーマであったと言える。

ヘーゲル哲学の核心にある弁証法も、かかる反省が生み出す諸規定に対する批判的方法にほかならない（vgl. V. 92, VI. 560）。特に若き日のヘーゲルの関心は、「反省」の所産として現実のものとなった世界の物化＝客体化（啓蒙的世界観や既成的宗教など）を批判的に乗り越え、よってもって人間の全体性を回復する道を模索することにあった。

「反省」概念に対する認識の深まりが、青年期ヘーゲルの思想的な発展段階を特徴づけていると言いうるであろう。そして人間の全体性回復という若き日の「理想」が、「反省形式」という「学」のエレメントの中に、その透明な姿を映し出したとき、ヘーゲルは体系の哲学者に姿を変えるのである。

ヘーゲル独自の「媒介」概念も、若き日の「理想」のうちに投影されていた彼の形而上学的世界観と、それを人間の手の中になんとか掬い取ろうとするヘーゲルの苦渋に満ちた努力の中から鍛え出されてくるのである。われわれはその経緯を以下においてごく大まかに跡づけてみたい。

二　「民族宗教」の構想と「回り道」（＝媒介）の教義としてのキリスト教の批判

著作家はその処女作に向かって無限に完成してゆく、と言われるが、ヘーゲルの場合、そのテュービンゲン期

（一七八八～一七九三）の終わりごろからベルン期（一七九三～一七九六）の初めにわたって書かれた『民族宗教とキリスト教』と名づけられている草稿群の中で、テュービンゲン期末に属する草稿が、彼の処女作に当たるだろう。

ヘーゲルは、もうすでにそこで彼の全生涯を貫いて保持される根本的な存在観を表明している。それは、先に冒頭でも述べたように、万有は孤立し自立したものとして存立しているのではなく、他なるものに媒介されたものとして、他のものとの諸々の関係において存立している、という存在観である。この時期のヘーゲルは、かかる存在観を「民族の精神」（Geist des Volks）と重ね合せて次のように表明している。

「民族の精神、歴史、宗教、民族の政治的自由の段階――それらは、相互の影響からしても、また、それらの性格からしても、切り離して考察することはできない――、それらは、一つの紐帯に編み合わされている。……民族の精神を形成することは、ひとつには民族宗教に関わり、またひとつには政治的状況に関わる事柄でもある。[3]」（N. 27）。

ここに若いヘーゲルが宗教を論じるときの根本的な観点が表明されている。すなわち若きヘーゲルの究極の問題関心は、単に宗教そのものにあったのではなく、宗教、政治、歴史等々を含む総体としての「民族精神」であった。歴史、宗教、芸術、政治といった個々の領域は、それ自体として独立に存立しているのではなく、他の諸領域と相互に連関し、媒介し、媒介されながら一つの「精神」を形成していると同時に、それら諸領域は、この普遍的「精神」との関係においてその存立を得ている、という存在観に基づいて、若きヘーゲルは「民族宗教」を構想しようとするわけである。

宗教が民族精神を形成する上での最も重要な環の一つだとするならば、それは必然的に人間の生の全範囲と関わりをもたざるをえない。個々の人間の生と民族精神とが生き活きとした関係を保つためには両者を結びつける民族宗教は直接に人間の心にはたらきかけねばならぬ、というのが、民族宗教を論ずるヘーゲルの根底にある考え方であるということができる。

周知のようにテュービンゲン期のヘーゲルは、二つの対立する概念を用いて、みずからが構想する民族宗教の特徴を浮き彫りにしようとする。「主体的宗教」と「客体的宗教」、「公的宗教」と「私的宗教」、「宗教」と「神学」、「感性」（「心情」、「想像力」）と「悟性」（「記憶」）、「知恵」と「知識」等々。前者はそれぞれ人間の中にある多面的で実践的な生き活きとした自然性（＝直接性）をはぐくみ、そのことによって民族全体との生ける関係を可能にするのに対して、後者にあっては人間の自然性をいかようにか抽象化することによって、人間の中にある道徳心に直接訴えかけるのを阻み、全体との関係を固定的で死せるものに化してしまうのである。

民族宗教論におけるヘーゲルの立論が依拠しているのはカントの実践理性の立場であるが、しかし感性と理性は、カントにおけるように能作の異なる二つのものというにとどまらず、両者は相互に影響し合って一つの全体としての人間の本性を形づくっている。[4] 感性は、理性を実践的なものにするエレメントであり、理性は人間の感性全体を活気づけている。感性は理性に導かれないかぎり道徳的ではありえないし、理性の方も感性のあたたかい息吹きによって包まれないかぎり人間的なものとなりえない。問題なのは感性と理性を結びつける道を見出すことである。

「自然は、一人ひとりの人間の中へ、道徳性から生じてくる一層繊細な感情の芽を植えつけておいた。自然は、単なる感覚よりも一層高い目的、すなわち道徳的なものに対する感受性を人間の中に置いたのである。このうるわしい芽が窒息しないようにすること……それが教育と教養の仕事である。」（N. 8）。

民族宗教の眼目とするところは、人間の感情の中に内在している「道徳的なもの」を、「教育と教養」を通じてはぐくむことにある。「教育」や「教養」という用語は、後年ヘーゲルによって「媒介」と同じ意味で使用されることになるが、[5]この時期のヘーゲルは、いまだ「教養」（媒介）の積極的な意味を論理化することができない。ここでは「感性」から「理性」に到る「媒介」の論理を明らかにしえないために、勢い両者を直接に同一視して論ぜざるをえないわけである。このことは、ヘーゲルが「感性」と「理性」を直接に結びつける立場の根本原理を「愛」のうちに観ているところに端的にあらわれている（vgl. N. 18)。

「愛」に象徴されるような感性と理性との生き活きとした直接的な相互関係を引き裂き、それを冷たくて生命のないものに化してしまうのが「悟性」（「反省」）にほかならない。キリスト教は悟性の宗教として、感性と理性、此岸と彼岸等々を分断し、両者の間を架橋不可能なものにしてしまった。

「われわれの宗教は人間を天国の市民にしようとするが、その天国の市民のまなざしは常に上方に向けられていて、それで彼らには人間的な感覚が縁遠いものとなっている。」(N. 27)。

聖書は、人間の本性が堕落しているために人間は決して直接に神性にあずかりえないことを教える。このような「人間本性の腐敗の命題」(N. 63, vgl. N. 225) に基づくキリスト教の教義を、ヘーゲルは「神学的偏見」(N. 43) と決めつけ、厳しく批判する。こうしてキリスト教は、人間と神的なものとを分断することによって、人間の中にある永遠なもの（道徳的なもの）を抑圧した。

永遠なものから隔絶された人間が、それにもかかわらず永遠なものにあずかろうとすれば、両者を媒介するものが必要となろう。それがこの時期のヘーゲルによれば、「キリストへの信仰」(N. 62, vgl. N. 64, 65 usw.) なのである。人間と神的なもの（道徳的なもの）との強制的な分離が、必然的にキリスト信仰という「回り道《ウムヴェーク》」(N. 34, 59 usw.) を要求し、人間はその中で本来の自己を失うことになる。

かかる「回り道」（媒介）による信仰が人間の本性を抑圧することを浮き彫りにする形でヘーゲルは、古代ギリシアの共和国に生きるソクラテスを共感をこめて描く。

「ソクラテスは、直接《グライヒ》に正しい門を叩いた。仲保者なしに（ohne Mittler）、である。彼はもっぱら人間を人間自身の中に導いていったのである。」（N. 35）。

道徳的なものの理念を自分自身の中に生き活きとした形で保持し、そのような精神の持ち主として他者との直接的な倫理的共感のうちに生を全うしたソクラテスにとって、「仲保者」（媒介）など必要ではなかった。媒介者を必要とするのは、人間に生まれつき具わっている徳や善性をみずからに疎遠なものとみなす虐げられた精神にとってのみである。

ヘーゲルは、ここで「仲保者」を介する「回り道」（媒介）を必要とするキリスト教の信仰が、人間の全体性を引き裂く「悟性」（反省）の所産であり、したがってそれは根元において人間の蔑視を前提としていることを、直接性（ソクラテス）の立場から厳しく批判しているわけである。

三　『キリスト教の既成性』――イエスの「権威」を媒介とするキリスト教の批判

感覚によって生気づけられた道徳感情――かかる感情のうちに成就される人間と神的なもの（＝全体的なもの）との合一――の中に民族宗教の可能性を探りあてようとしたのがテューービンゲン期のヘーゲルであった。この時期のヘーゲルは感性と理性を直接に結びつけるだけで、いまだ両者の区別を批判的に認識した上で双方を結びつける媒介の論理を見出せないまま、ベルン期（一七九三～一七九六）になると、感性的なものから実践理性の「自律」を主張するカントの立場へと比重を移していく。それは次のような言からうかがわれる。

「善を愛するため、正義を正しくおこなうため、単なる瞬間的な善い衝動のおかげで徳を装うのではなく、自由な選択に基づいて徳を愛するためには原則が必要である。すなわち、われわれの形而上学がわれわれの形而下学よりも優位にあること、抽象的理念が感覚的なものより優位にあることが必要である。」(N. 56)。

このようにベルン期のヘーゲルは、感性から理性へ、あるいは形而下学から形而上学へ至る「媒介」の道すじを究めることによって人間の全体性を回復する、という彼本来のモチーフには向かわず、逆に理性の自律によって、悟性の産物である客体的なものを克服しようとする姿勢を示す。

周知のようにベルン期に書かれた『キリスト教の既成性』(*Die Positivität der christlichen Religion*)(基本稿、一七九五/九六年)と呼ばれている草稿では、本来、理性に基づく自由で道徳的な教えであったはずのイエスの宗教が、キリスト教というイエスの「権威」に基づく客体的宗教へと既成化した経緯が叙述される。

ここでヘーゲルは、キリスト教会が既成的なものとならざるをえなかった原因を、自由な意志に基づくイエスの道徳的な教えが誤解されて、それを「権威」や「命令」に基づくものとみなされたことの中にみている。「(キリスト)教会の体系全体の根底にある誤りは、人間精神のそれぞれの能力を誤認していること、とりわけその中の主位にある理性の権利を誤認していることにある。」(N. 211)とヘーゲルは言う。

人間の本性が道徳的なものの中に、すなわち理性的な意志の自律にあるとするならば、かかる道徳的な教えを人間の手の届かぬ所与のものとして受け取ることは理性の権利の放棄であり、したがって人間がみずから人間たることを否定することになろう。教会制度という「人間蔑視の体系」(N. 211)は、まさにかかる人間の外化の巨大な産物なのである。

「民族宗教」論の場合と同様に、ここでもヘーゲルは、道徳性(理性)への直接的な道を阻みキリストの「権威」という「回り道」(N. 161)を経ることが、人間の本性を見失い、人間の尊厳を貶めることを、批判的に解明しようとする。そして、かかる「回り道」を強いられる根拠をヘーゲルは、人間の諸能力、とりわけ悟性と理性との混同のうちに見出している。

「キリスト教会にあっては、理性の道徳的命令は悟性の規則のように取り扱われている。理性は主体的であり、悟性は客体的である。しかし、キリスト教会は理性の主体的なものを客体的なもののように、規則として定めるのである。」（N. 211）。

かかる理性と悟性、主体的なものと客体的なものとの取り違えを有効に区別し、そのことによって理性の自律に基づく人間の自由を回復することがここでのヘーゲルの眼目であったと言える。

四　『信仰と存在』（一七九八年）——フランクフルト期のヘーゲルにおける「信仰」と「理性」

「悟性」の所産である客体的な世界に、それとは区別された「理性」の主体性を直接的に対置することによって、この世界を克服することが「既成性」論稿を書くヘーゲルの問題意識であったが、しかし、理性の主体性を悟性の生み出す客体的なものに対置しても問題の解決にはならない。それは後年のヘーゲル好みの言葉で言えば、「特殊」に「特殊」を対置することになるからである。

フランクフルト期（一七九七〜一八〇〇）になると、ヘーゲルはこのことを自覚して次のように言う。「（悟性の——引用者）理論的綜合は、全面的に客体的になり、主体にまったく対立させられる。——（理性の——引用者）実践的活動は、客体を無きものにして全面的に主体的になっている。」（N. 376）。こうしてヘーゲルは、理性の主体的活動も悟性の創り出す客体的なものと対立しているかぎり、両者の統一は不可能であることを見て取ったと言うべきであろう。というのも、対立しているものは一般に、それ自身で無条件に存在しているのではなく、相互に他者によって制約され限界づけられているからである。

このころの断片草稿の中でヘーゲルは、対立し合うもの（＝有限なもの）の本性について次のように書きつけている。

「対立し合っているものは、相互に制約し、制約されている。……規定するものは規定されるものなしには存在しえず、またその逆も同様である。どちらも無条件に存在するものではない。どちらも自分の存在の根を自己のうちにもっておらず、どちらも相対的にのみ必然的である。」（N. 378）。

理性と悟性、規定するものと規定されるものは、相互に対立しているかぎり双方ともみずからのうちに存在根拠をもっていない。とすれば両者を根拠づけるものは何なのか。フランクフルト期のヘーゲルは、かかる対立したものの存在根拠を両者の直接的な合一の中に見出す。そして、主体と客体、自由と自然、支配するものと支配されるものとを直接に合一するものこそ宗教の真の対象なのである。ヘーゲルは言う。「自然がそのまま自由であり、主体と客体が分離されえないように合一していると考えられるところに神的なものが存在する。――このような理想がすべての宗教の対象なのである。」（N. 376）。

同じ時期に書かれた『信仰と存在』（*Glauben und Sein*）と呼ばれている断片草稿で、ヘーゲルは、宗教の対象である上記のような直接的な合一を「存在」と等置し、かかる「合一」としての「存在」と、理性および悟性をエレメントとする思惟との関係を以下のように究明している（vgl. N. 382-385）。

思惟は理性および悟性（反省）の産物として、分離し対立したものを定立する。ところで先に言及したように、対立し合っているものは無条件に存在しているのではなく、その存立根拠をそれらの合一としての「存在」の中にもっている。「合一」あるいは「存在」は無制約で絶対的なものであり、したがって根源的なものである。かかる根源的統一としての「存在」こそ、すべての制約されたものの存在根拠でなければならない[6]。というのも、相互に制約され依存し合うものが、対立し抗争するものとして認識されるのは、両者が統一されたものとして関係づけられることによるからである。かかる事態のうちにヘーゲルは、「アンチノミー」を見ている[7]。

　ところで思惟は、制約されたものを制約されたものとして示す。思惟が制約されたもの相互の関係をアンチノミーとして示すとき、思惟は、かかるアンチノミーの存在根拠としての統一が存在すべきである、ということは証明するが、「統一」（＝「存在」）がある、ということは証明しない。「合一」（統一）としての「存在」は、思惟（概念）によって把握されるのではなく、信仰のうちにのみ現存する。それゆえ、ヘーゲルは次のように言う。「相対立し限定されたものは、それが存在しうるためには、合一を前提としていること……このことが示されるとき、相対立し限定されたものは、合一されなければならないことが証明される。……しかし合一そのもの、合一があるということは、それによって証明されるのではなく……信じられるのである。」（N. 382f.）。

　ヘーゲルは、「合一」を対立関係から証明（推論）しなければならないことを予感しているが、いまだそれを論理化し得ない。ここでは「アンチノミー」が「合一」を把握するための積極的な媒介たりうることにヘーゲルはいまだ思い至らず、逆にアンチノミーの中に思惟の限界を見て取り、「合一」を思惟を超えた信仰の対象に帰するのである。フランクフルト期のヘーゲルの苦闘は、かかる「思惟」（概念）と「信仰」とがいかなる関係にあるかを見極めることにあった、と言っても許されよう。

五　「生」と「愛」

　ヘーゲルがアンチノミーの積極的な意味に気づく機縁を与えられるのは、彼が、統一としての「存在」と反省的思惟との関係を、全体的な「生」の観点からとらえ直そうとするときである。

　フランクフルト期になって初めて現われる「生」（das Leben）という概念は、周知のように、さまざまに規定されるが、それは次の文章の中に定式化されていると言えよう。「生は自己自身から自己を分裂させ、そして再び自己を合一する。」(N. 289)。「生は未展開な合一から、形成を通じて完成された合一への円環[8]」(N. 379)である。端的に言えば、「生」とは、一にして全なるもの、分離と対立のうちにある多様なものを自己のうちに含んでいる生ける全体、である。かかる意味において「生」は、「全一なる神性」(N. 280)のうちにあるとも言われる。

このような生ける全体としての「生」をフランクフルト期のヘーゲルは周知のように「愛」の中に見出そうとする。[9]「愛において生が自分自身を——生自身の二重化として、またその自己の合一として——見出す。」(N. 379)と言われるように、この時期のヘーゲルは、「愛」を「生」の自己感情としてとらえ(vgl. N. 283, 289)、かかる普遍的な感情の中に人間の全体的な生の回復可能性を託そうとするのである。

しかしそのような試みは、ことごとく挫折せざるをえない。というのもヘーゲルは、彼の意図に反して、「愛」の中に「生」をその総体において回復することが原理的に不可能であることを認めざるをえないからである。すなわち、「愛」は、「等しい生の感情」(N. 296)であり、「調和の感情」(N. 296, 313)であるにしても、それが「感情」(Gefühl)であり、「直観」(Anschauung)(N. 302)であるかぎり、「愛」による統一は、「純粋なものであって、すべての分離を遠ざける」(N. 381)ことになるからである。

こうした「愛」の直接性のゆえに、「愛」は諸々の客体的なものを「排除」はしても「止揚」することはできないのである(vgl. N. 379, 388)。要するに、「愛」には、多様な客体を全一的な「生」へと止揚する「自己形成(教養)」(Bildung)の契機が欠けているわけである。

「愛」のこのような直接的な性格のゆえにイエスの「愛」の宗教は、人間の生の全体性を回復するというその本来の意図に反して、神の国を地上の国から切り離し、キリスト教団を国家から分離するに到るのである。それゆえに、『キリスト教の精神とその運命』とよばれている草稿群の末尾で、ヘーゲルは、「教会と国家、礼拝と生活、敬虔と徳、霊的な営みと世俗的な営みとが決して一つに融け合うことができないということが、キリスト教会の運命なのである。」（N. 342）と結論づけるのである。こうして「生」の諸々の関係に分離を設けざるをえないのが、愛の人イエスをとらえた運命である。

「愛を自分自身に局限し、あらゆる形態から逃避すること、……あらゆる運命からこのように遠ざかることが、まさに愛の最大の運命なのである。」（N. 324）。

イエスの愛の教えが、「国家」や「所有」という客体的なものと和解できず、かえってそれらから逃れることによって、「生」の諸々の関係をみずから放棄せざるをえない運命に巻き込まれたのも、みずからに対立する客体的なものを排除する「愛」の直接的な性格のゆえであったと言い得るのである（vgl. 259, 273, 349 usw.）。

六　「愛」と「反省」

「愛」が、「生」の「統一」の側面をとらえることはできても、「分離」（対立）の側面はこれを排除するのに対して、区別と制限の能力である「反省」（悟性）は、「愛」とは反対に、「生」の「分離」をそのものとして定立するが、「統一」の側面を把握できない。「愛」も「反省」も、全体的な「生」の一面しかとらえることができないとすれば、両者の結合の中に神的な全体性としての宗教の対象がなければならないはずである。「宗教的なものは愛のプレーローマ（πλήρωμα）（反省と愛が合一され、両者が結びつけられて思惟されたもの）である。」（N. 302）とヘーゲルが言う所以である。この引用文からも推察されるように、フランクフルト期のヘーゲルは、「生」の総体を思惟によってとらえようとする姿勢を示すが、しかし「生」が「反省の外」（N. 310）にあるかぎり、全体的「生」は思惟にとってどこまでも「神秘」（N. 310, vgl. N. 304f., 308）でありつづける。

「反省」に対するかかる否定的評価が、フランクフルト末期のいわゆる『一八〇〇年体系断片』にも影を落としている。そこでは、思惟（反省）をエレメントとする「哲学」を有限な認識に制限し、それに対して無限な生への高揚を宗教に託するのである[10]（vgl. N. 348, 350）。ここでもヘーゲルは、宗教が「神的感情」に「反省」が「付け加わる」（hinzukommen）ことが必要であると考えている（vgl. N. 349）。しかし、「付け加わる」という言葉が端的に示しているように、「愛」（「神的感情」）と「反省」が単に相互に他を排除するだけで、両者の内面的関係がなんら説明されないかぎり、双方の統一といってもそれは、異質なものの外面的な合一たらざるをえない。

ヘーゲルはこのような不整合に気づいたかのごとく、他方では、「反省」を媒介にして全体的な「生」を把握しようと試みるのである。それは次のような言の中に読みとれる。「生は、さらに反省された生として、すなわち分割の観点から、主語と述語としての観点からもまた生であり、把握された生（aufgefaßtes Leben）（光《フォース》・すなわち真理）である。」（N. 307）。反省が定立する多様な個々のものを、全体的「生」から切り離すのではなく、それを「反省された生」として把握することが必要であることにヘーゲルは気づく。

このような自覚に立てば、分割された個々のものは、「反省された生」として、みずからの内に矛盾を含んでいることが明らかになる。一方では、個々のものは「生」の一分肢として全体の「生」に等しく、したがってそこでは個の自立性は失われている。他方、個々のものは、反省されたものとしてみずからの存立を保っており、そのかぎり全体と対立してもいる（vgl. N. 307, 346）。

こうした矛盾が統一されているところに個々のものが存立しているのだが、しかし、「反省」はかかる事態を理解することはできない。「反省」にとって個と全体、有限なものと無限なものは端的に矛盾する。しかもかかる矛盾が止揚されているところに全体的な「生」が現われるとするならば、そもそも反省と全体的な「生」とはいかなる関係に立っているのか、ということが改めて問われなければならないだろう。

全体的な「生」を、反省された個々のものの外に置くべきか、あるいは内に置くべきか――フランクフルト期のヘーゲルは態度を決しかねていると言うべきであろう。かかるみずからの理論的なたゆたいを告白するかのように、ヘーゲルは、「愛と宗教」と題された断片草稿（一七九七年夏）で、すでに次のように書きつけていた。「理想をわれわれの外に置くことはできない。外に置けばそれは客体であろう。（理想を）われわれの内にのみ置くことはできない。内に置けば理想ではないであろう。」（N. 377）。

全体的「生」（＝理想）は、「反省の外」（N. 310）（außerhalb der Reflexion）にあると同時に、「反省」は、「生の外化、生の表現」（Äußerungen des Lebens, Darstellungen desselben）（N. 346）として、「生」の内にもあるということ――言い換えれば、「生」（理想）が「反省」の内と外に同時に存在するという矛盾――かかる矛盾が統一されているところにあらわれる「生」の総体をとらえることができるのは、「愛」の主観性でも、「反省」の客体性でもなく、ましてや「愛」（感情）と「反省」を外面的に繋ぎ合せる「宗教」でもないとすれば、一体何がそれを可能にするのか。フランクフルト末期のヘーゲルは、このような問いをみずからの中で反復していたに違いない。

七　「批判的」理性から「弁証法的」理性へ

ヘーゲルは以上のようなアポリアに直面して、もう一度「反省」（悟性）と「理性」の能力を新たな観点から吟味し直す必要に迫られる。フランクフルト期のヘーゲルは、理性の役割をそれまでのように単にカント的な実践理性の立場からのみではなく、理論（認識論）的な観点からもとらえようとする。「理性は、みずからがおこなう規定活動を、規定されたものに端的に対立させる。」（N. 379）という言からうかがえるように、理性は、悟性あるいは反省が定立する有限で客体的な規定を廃棄する主体的な規定活動として把握される。したがって理性の役割は、悟性（反省）が絶対的なものとして定立する有限な規定に、それと対立するいま一つの有限な規定を対置することによって、悟性（反省）規定の一面性（有限性）を認識することにある。

理性はここでは無限なものを認識する能力ではなく、もっぱら悟性（反省）規定の有限性を明確に示し、「真に無限なものを自己の領域外に定立」（N. 348）することによって、有限なものと無限なものを峻別する能力なのである。このような理性はカント的な意味での「批判理性」[11]としての役割しか与えられないために、無限なものの認識は理性の彼岸に置かれる。かかる理性の無力を自覚していたからこそヘーゲルは、無限なものに到りつくために「愛」や「宗教」へと身をひるがえしたのであるが、しかしすでに述べてきたように、「愛」も「宗教」も本質的に「感情」という直接的なものをエレメントにしているがゆえに、有限と無限の対立を真に止揚することができない。

ここで改めてヘーゲルは理性の絶対性に目を向けたに違いない。すでにベルン期にヘーゲルは、「理性は絶対的なもので、それ自身で完結したものである」（N. 238）と言い切っていた。否、かかる言を引き合いに出すまでもなく、理性の絶対性に対する確信こそが若きヘーゲルのキリスト教批判の立脚点であったとすれば、理性は、カントの場合のように、みずからを有限なものの認識に限定するところの単なる「批判理性」という消極的な役割に甘んじることはできないであろう。理性が絶対的である以上、有限なものと無限なものの真の綜合を可能にするものでなければならないはずである。そのためには有限者の能力である「反省」（悟性）を排除するのではなく、逆にそれを理性の道具として、無限なものの認識のための媒介たらしめること――このことが論理化されなければならない。

このような経緯を通じてヘーゲルはフランクフルト時代末期には、「有限なものと無限なものとの関係についての形而上学的考察」が、「概念」による「媒介」を必要とすることを承認するに至るのである（vgl. N. 146）。

有限なものは無限なものの内にその存立根拠をもっていると同時に、無限なものも有限なものを通じてのみ本来の無限者たりうること、言い換えれば、有限なものと無限なものを相互に媒介されたものとして、本質的に一なる存在として概念的に把握すること――、このことが「形而上学」の問題として要求されているのである。そして有限と無限を結びつける推論（媒介）の能力としての理性が、かかる形而上学を可能にするエレメントとして名指されているわけである。

こうして全体的な生（無限なもの）を把握することができるのは、「生」の自己感情たる「愛」の直接性でもなく、また「反省」によって外面的に補完された「神的感情」をエレメントとする「宗教」でもなく、かえってそれは、「反省」（有限者の自己形成）を媒介とする「生」の自己認識たる「理性」によって可能になるとヘーゲルは認識するようになるのである。

八　イェーナ期――媒介概念の成立

イェーナ期（一八〇一～一八〇七）におけるヘーゲルの全努力は、「生」の総体（＝絶対者）を、思惟（「反省」と「理性」）をエレメントとする「哲学」によって構成することに向けられる。

この時期のヘーゲルは、「反省」を単に論理的な意味においてばかりでなく、歴史的かつ社会的な観点から、より一層広い視野の下に位置づけ、改めて「反省」にまつわる方法論上のアポリアの克服に向かうことになる。

振り返れば、テュービンゲン期以来ヘーゲルが批判の対象としてきたのは、人間の「生」の「分裂」（Entzweiung）という現実に対してであった。かかる冷厳な現実を前にして、人間はいかにしてその「全体性」（Totalität）を取り戻しうるのか、という問題が、ヘーゲルの批判意識を一貫して支えていたものであったと言える（vgl. N. 216. II. 24, 121 usw.）。

若きヘーゲルは、かかる人間の「生」の分裂を近代の運命と見定めて、それに立ち向かおうとする。ヘーゲルが「キリスト教の既成性」や「キリスト教の精神とその運命」について語り、またドイツの現状について厳しい批判をくだすのも、宗教や政治に色濃く影を落としている近代の時代精神を確認し、その運命を乗り越える道を模索するという極めて現実的な動機からであったと言えるのである。

イェーナ期に至ってヘーゲルは、みずからもその中で生を受けている、「分裂」（Entzweiung）と「対立」（Gegensatz）に刻印づけられた近代世界を、「反省文化」（Reflexionskultur）（II. 181, 298）と規定し、それを歴史的なパースペクティヴにおいて位置づけなおす。近代においては、「反省」が人間の生を分断した結果、さまざまな分野において「分裂」と「対立」が支配するようになる。精神と自然、主観と客観、有限と無限、等々といった二元的対立の中に、ヘーゲルは「反省文化」の特徴を認める。デカルト以後の西ヨーロッパの文化はその根本においてかかる二元性に刻印づけられている、というわけである（vgl. II. 21f. 184）。「反省」が引き裂いたかかる近代の二元的文化がその頂点に達している、というのがヘーゲルの時代認識であった。「最高の生命性のうちにある全体性は、最高の分離からの再興によってのみ可能である」（II. 21）という言からもうかがわれるように、ヘーゲルは人間の全体性の回復が時代そのものによって、その実現を迫っているものとみなすのである。かくて分裂と対立に染めあげられた近代の「反省文化」総体を止揚することが、時代の要求として「哲学」に課せられる。

ところでヘーゲルは、「反省文化」の立脚点を、有限なものの絶対化のうちにみている。有限者を絶対化することによって、有限（此岸）と無限（彼岸）の対立を固定化し、無限なものを人間の認識の彼岸に押しやるのが、「反省文化」の中に生きる人間の思考様式である、というわけである（vgl. II. 294）。言うまでもなくヘーゲルが、

『信と知』（一八〇二年）において、カント、ヤコービ、フィヒテの哲学を一括して「主観性の反省哲学」として批判の俎上に載せるのも、このような観点からである。

「反省哲学」としてヘーゲルがやり玉にあげるのは、それが、「主観」（「現象」）と「客観」（物自体）（カント）を、あるいは制約された有限な知と無制約な知（ヤコービ）を、あるいは「自我」と「非我」（フィヒテ）を、「反省」（悟性）によって分断し、「有限なもの」と「無限なもの」を絶対的に対立したものとして固定化し、「無限なもの」を認識できないものとして、認識の彼岸に押しやることによって、理性的認識を断念するからである。[12]

反省哲学が築いた牢固な二元論のパラダイムを止揚するために問題となるのは、「反省」が絶対的なものとして固定化してしまった有限なものを、「生成」してきたものとして、みずからを「産出」する過程として把握することである（vgl. II. 20, 22）。後の『精神現象学』の言葉で言えば、所産として現前する存在を、「生成してきた存在であるという運動」（III. 181）としてとらえることである。端的に言えばヘーゲルはここで、「反省文化」の中でみずから孤立的なあり方で生きている諸個人を、社会的かつ歴史的に形成されたもの（＝媒介されたもの）として、その「生成」において把握しようとするわけである。後に『精神現象学』の「序文」において、媒介が「対自的な自我」や「単純な生成」と等置されるのもかかる意味においてなのである。

このようにイェーナ期のヘーゲルは、「反省」を近代の運命として歴史的かつ社会的に位置づけると共に、「反省文化」総体を原理的に乗り越える方法を模索する。その場合、最大の問題となるのは、反省諸規定が生み出す「アンチノミー」をいかなるものとして解釈するか、ということであろう。すでに言及したように、フランクフルト期のヘーゲルは、アンチノミーの中に「反省」が無限なもの（「統一」）を把握できない証左を見た。イェーナ期においても、この点の確認から始まる。すなわち、「反省」が無限なもの（絶対者）を一つの命題によって言い表わそうとすると、アンチノミーに巻き込まれざるをえない。というのも、判断の形で表わされた反省命題は、有限で制約されたものを定立するがゆえに、かかる反省形式によっては無限なもの（絶対者）の一面しか規定できず、捨象された他の面が直ちにそれに対立せざるをえないからである。

反省が、総体としての絶対者をA＝Aという同一性命題で表わせば、絶対者の非同一性の面、すなわちA＝B（またはA≠A）が捨象される。逆に反省が絶対者における差異の面をA＝Bという命題で立言すれば、今度は同一性（A＝A）の面が排除される。「同一性と非同一性との同一性」（II. 96）としての絶対者は、反省命題で表わせば、このように相対立する二つの命題（アンチノミー）として表現せざるをえないわけである（vgl. II. 35ff.）。

フランクフルト期のヘーゲルは、かかるアンチノミーのゆえに思惟は無限なもの（「生」）をとらえることはできない、と結論づけたわけだが、しかしひるがえって考えれば、反省が定立する制約されたものが、「生」あるいは「絶対者」の「現象」（Erscheinung）（vgl. II. 17, 20, 48 usw.）だとすると、絶対者は「現象」を媒介としてしかみずからの本質を現わし得ないはずである。

そうだとすれば、アンチノミーは反省の側からなされる絶対者の「最高の形式的表現」（II. 39）でなければならない。それゆえに、ある反省命題が、それと対立する他の命題を考慮することなく、それ自身だけで主張されると、それは全一的な「生」（＝「絶対者」）との関係を捨象しているがゆえに、まさに「偽」なのである（vgl. II. 230）。というのも、制約されたもの（＝対立しているもの）は、それ自体では存在せず、他者との関係において、そして究極的には絶対者（全体）との関係において存立しているからである（vgl. II. 27）。

こうして、「矛盾」や「対立」が絶対者に内在しているかぎり、絶対者は矛盾・対立を媒介にしないでは真の絶対者ではありえないわけである。ヘーゲルが『教授資格取得論文テーゼ』（一八〇一年）の中で、「矛盾は真理の基準であり、無矛盾は偽の基準である」（Contradictio est regula veri, non contradictio, falsi.）（II. 533）と主張するのも上記のような理由からである。矛盾あるいはアンチノミーこそ絶対者を把握するための跳躍台なのである。ヘーゲルによれば、悟性的反省がアンチノミーを招来するのは、反省諸規定による絶対者の把握が不可能であることを告げ知らせているのであり、同時にそのことによって反省の矛盾した諸規定を止揚するところの「理性」が「アンチノミーの媒介者（Mitte）」（II. 320）として立ち現われるのである。

このようにヘーゲルは、アンチノミーそのものの存立を可能にしている一層高次の「媒介」（＝理性）が、アンチノミーそのものによって必然的なものとして要請されていると解するのである。「理性的なものは、その規定された内容にそくして、すなわち特定の対立項――その総合が理性的なものである――の矛盾から演繹されねばならない」（II. 44）と言われる所以である。

悟性的反省が定立した矛盾を、理性（絶対者）へと媒介するものをヘーゲルは特に、「哲学的反省」（die philosophische Reflexion）（II. 25 usw.）と名づけて、対立（矛盾）を定立する悟性の「孤立的反省」（die isolierte Reflexion）（II. 26 usw.）と区別している。「哲学的反省」は、「孤立的反省」が立てる諸規定の限定されたあり方を否定し、それら諸規定を絶対者（全体）に関係づけることによって、みずからが「理性としての反省」（vgl. II. 26）であることを示すのである。したがって、かかる哲学的反省の「最高法則」は、自己「否定」（Vernichtung）あるいは「自己崩壊」（Selbstzerstörung）であるとヘーゲルは言う（vgl. II. 28, 30）。

イェーナ期のヘーゲルの構想では、合一から分離を通じて再合一へ至る「生」の円環を、「絶対者」が「現象」を介して再び自己を取り戻す円環としてとらえ直し、そしてこの円環運動を同時に、「一にして普遍的な理性」（II. 19）が、「反省」（「孤立的反省」⇒「哲学的反省」）を介して、自己自身を認識する過程として概念的に把握することにある。かかる総体としての円環過程を「反省」によって構成することが、「哲学の課題」（II. 25）となる。すなわち、有限者が「自己否定」を通じて「絶対者」へと止揚される過程を、「孤立的反省」が「哲学的反省」を介して「理性」へと高まる過程として把握し、かつこの過程を理性（絶対者）の自己認識過程として構成しようというわけである。問題となるのは、孤立的反省が定立する有限な諸規定が矛盾を介して、いかにして絶対者へと統一されるのか、ということであろう[13]。

すでに繰り返し述べたように、制約され、他と対立している有限なものは、それ自体では存在しているのではなく、他のものとの関係において存立しているのであるから、アンチノミーを形成している反省諸規定も、それぞれ相互に他の規定なくしては存立しえない。「どのような規定性にも、それと対立した規定性が向かい合っており、規定性はすべてそのような対立する規定性がそれに向かい合っている限りでのみ、規定性である。」（II. 461-462）。

このような意味において、すべての規定性は、それと対立する規定性に媒介されてのみ、みずからの存立を保っている。アンチノミーをなす両項、+Aと−Aは相互に排除し合うと同時に、双方とも対立項を媒介としてのみ、つまり対立項と不可分の関係においてのみ存立している[14]（vgl. II. 477）。

このように、規定性は本質的に、それと対立した規定に負うているのであるから、あらゆる規定性は、「自己自身の直接的反対」（II. 454, 502）であり、「対立しているものへの絶対的移行」（II. 454）である。規定されたものは、それと対立する他の規定への直接的な移行であるとすれば、逆に対立する他の規定もそれ自身の反対――すなわち最初の規定――への移行であるから、規定性は他者を媒介とした自己還帰の運動である[15]。かかる規定性自身の自己運動の中にヘーゲルは「無限性の本質」（II. 454, 469）を見出すのである。いわゆる『自然法論文』（一八〇二年）以後、ヘーゲルの問題関心は挙げてこの「無限性」の問題に向けられる。

イェーナ期の「論理学」に関する草稿（一八〇四／五年）の中で、「無限性」は次のように定式化される。「無限性の本質は、規定性の絶対的止揚、すなわち規定性は存在することによって存在せず、存在しないことによって存在するという矛盾である[16]。」（GW. 29）。

規定された存在＝有限者（+A）は、それと対立した規定（−A）との関係によって存立せしめられているがゆえに、規定されたものは、その存在を、みずからに対立する存在に負うている。それゆえ、規定された存在（+A）は、その反対の規定（−A）への「絶対的移行」であり、+Aはその否定（−A）を媒介として、その自立性を保っている。同時に、この否定（−A）もその対立者（+A）への直接的移行であり、+Aを媒介として存立している。有限者間の相互否定・相互媒介――+A−A＝0（II. 477, vgl. GW.VII. 33）[17] すなわち「無限性」こそ、有限者そのものの本質をなしているものなのである。われわれは、かかる「無限性」の概念の中に、かのクザーヌスの思想――「有限なる無限」（infinitas finita）あるいは、「反対の一致」（coincidentia oppositorum）――の論理的な表現を見出すであろう。

かくてヘーゲルは、有限者の自己否定＝自己媒介の論理を明らかにすることによって、テュービンゲン期以来の彼の有機的世界観を学的に把握する方法を見出すに至った。それは『精神現象学』の序文の言葉を用いれば、「自分自身を定立する運動、すなわち、自己他化の自己自身との媒介」（III. 23）という「主体」の運動を通じて、絶対者（実体）を構成することである。かの実体＝主体テーゼの論拠をなすものこそ、「媒介」の論理であることはもはや多言を要すまい。

ヘーゲルのいう絶対者（精神）の自己認識、あるいは理性の自己認識とは、有限者の相互否定＝相互媒介による絶対者の自己媒介の謂である。それゆえ、「媒介」はつねに二重の意味を担っている。有限者の自己否定を媒介とする絶対者の自己認識は、逆に絶対者の自己否定を媒介とする有限者の自己認識でもある。かかる意味において、「媒介されたものは、同時に媒介するものでもある。」（VI. 562）わけである。

有限なものを絶対化するのでもなく、かといって無限なものを既成化するのでもなく、有限者を無限者のうちに、かつ無限者を有限者のうちに同時に定立する相互媒介の運動（これがヘーゲルのいう「理性」の意味である）を通じて、一なる全体を人間に現前化せしめること――このことの中にヘーゲルは、人間の全体性回復という若き日の理想の実現可能性を託したのである。一つの理想の実現に向けて青春を共に駆け抜けた薄幸の詩人の次の言葉を、ヘーゲルは哲学者としてのおのれの耳元で反復していたのかも知れない。

「神的なものである『多様の一者』、かの美の理想は、求めてやまぬ理性の行く手を照らすとき、理性は盲目的には要求せぬ。おのれがなぜに、何をめざして要求するかを心得ているのだ。[18]」

註

（1）ヘーゲルにとって「哲学」とは、直接的なものの媒介性を認識し、それを自覚させることにほかならない（vgl. VIII. 156[§66], XX. 328f.）。

（2）このような「媒介」概念の多義性のゆえに、「媒介」なる語が安易に使われていることも否めない。このことを憂えて、かつて著名なヘーゲル学者の武市健人は次のように述べた。「……日本の用法では、このヘーゲルの（媒介の）用法がのんきに取り入れられて大体『関係する』というのと同じ意味に使われているように見える。……そこから実に調法な、この語の乱用が出て来る。……しかし、或るものが他のものに関係したからといって、それだけですむわけではない。『どう関係したか』が問題なのである。」（武市健人「『媒介』の抹殺」〔『弁証法の急所』〔丘書房、一九八三年〕所収〕五八頁）。武市の言葉をわれわれの言葉に直して言えば、「媒介」とは、直接に「統一」を意味するものと考えられやすいが、しかし、それは、何よりも「区別」を意味する。「区別」の真義をつかむことが、「どう関係するか」を理解する道なのである。次の『精神現象学』の中の言葉を味読すべきであろう。「媒介する関係とは、関係づけられた両項が同一ではなくて、相互に他者であり、ただ第三者においてのみ一であるような関係であるのに対して、直接的な関係とは実際、両項の統一以上の何ものでもない。」（III. 482, vgl. V. 75, VI. 286 usw.）。

（3）宗教を孤立したものとしてみなすのではなく、政治、歴史等々といった他のすべての領域との連関において、一つの全体の一契機として考えるという観方は、ヘーゲルがモンテスキューから継承したものである。モンテスキューによれば、法は、「自由の程度」、「宗教」「商業」「習俗」等々のすべての諸規定と関係し合うことによって、「法の精神」を形成するのである（cf. Montesquieu, *De L'esprit des Lois*. Oeuvres complètes. tome II, Gallimard. 1951. Livre III. Chapitre III. p. 238）。ヘーゲルは後年、『法の哲学』の中で、かかるモンテスキューの見解を、「真に哲学的な立場」であると賞賛している（vgl. VII. 35［§3］, 408［§261］）。

（4）感性が理性の基礎をなしているという考え方はもちろんシラーと共にルソーの影響によるものである。ルソーは次のように述べている。「人間の悟性の中に入ってくるものはすべて感覚を通って入ってくるのだから、人間の最初の理性は感覚的理性（une raison sensitive）である。それが知的理性の基礎になっている。われわれの最初の先生は、われわれの足、われわれの手、われわれの目なのである。」（cf. J-J. Rousseau, *Emile ou de l'éducation*. Oeuvres complètes. tome IV. Gallimard. 1969. Livre II, p. 370）。「民族宗教」論でヘーゲルがソクラテスの「産婆術」を「目から精神へ」（N. 34）というとき、上記のルソーの言葉がヘーゲルの脳裏にあったのかも知れない。ここにはすでに、感性（自然性）から理性（普遍性）へ、という「教養」あるいは「媒介」の理念が表明されているわけだが、この時期にはまだかかる理念を論理化する方法が欠けているため、「愛」と「理性」を同列に論じざるをえないわけである。

（5）Vgl. III. 363f., VII. 339f.［§182 Zusatz］, VIII. 157［§67］usw.

（6）この時期ヘーゲルのこのような思想――これはまたヘーゲルの全生涯を貫く考え方でもある――を先導したのが、ヘルダーリンであることはよく知られている。これに関連してわれわれは、『ヒュペーリオン』の中から次の言葉を引用しておきたい。「全があった。だから個々の規定ができるようになったのだ。」（Hölderlin, *Hyperion oder Der Eremit in Griechenland*. Sämtliche Werke und Briefe. Bd. I. Carl Hanser Verlag. 1970. S. 660.）。

（7）アンチノミーの根底に「統一」が前提されているという観点はイェーナ期以後ヘーゲルがカントの「演繹論」や「アンチノミー」論を批判的に吟味したり、ヤコービ、フィヒテ等のいわゆる「反省哲学」を批判する際に、彼の立脚点となっている観点である（vgl. II. 9, 10, 12, 56, 302, 308, 316, 318, 375 usw.）。なお、断片的草稿『信仰と存在』に関する立ち入った分析、およびヘルダーリンとそのサークルやヤコービ、またカントのアンチノミー論との関係について、デュージングが全体的な説明を試みている（vgl. K. Düsing, *Das Problem der Subjektivität in Hegels Logik*. In: Hegel-Studien. Beiheft 15. S. 50f.）。

（8）このヘーゲルの「生」の定式化とほぼ同じ主旨の文章が、ヘルダーリンの『ヒュペーリオン』にも見出される。「およそこの世界を統べる生が、展開と閉鎖、拡大と自己自身への還帰の交替の中に存するとすれば、人間の心もそうでないことがあるだろうか。」（Hölderlin, *a. a. O.*, S. 613.）。

（9）ディルタイ以来、フランクフルト期のヘーゲルの「生」の立場を、「神秘的汎神論」と呼ぶのが習わしになっているが、これは必ずしも適切な表現だとは思われない（vgl. Dilthey, *Die Jugendgeschichte Hegels*. Gesammelte Schriften. Bd. IV. Stuttgart 1959. S. 54, 82, 138ff. usw.）。ディルタイ自身も認めているように、ヘーゲルは単に「生」が「反省」（悟性）にとって「神秘」（N. 310）である――この考えは晩年まで変わらない（vgl. VI. 473）――と言ってすましているわけではなく、全体と部分、一と多、分裂（対立）と統一（合一）といった諸概念を通して「生」の現前化をめざしているからである。

（10）ベルン期においてヘーゲルは、「形而下学」（＝有限）に対する「形而上学」（＝無限）の優位を主張していたが、フランクフルト期には「哲学」（＝形而下学）から「宗教」（無限）への高揚が目論まれ、イェーナ期になると、「反省」（「論理学」）から「理性」（「形而上学」）への移行が課題となる。ここには、有限と無限との関係をいかに把握するか、というヘーゲルの一貫した問題意識が見て取れる。フランクフルト末期における「哲学」と「宗教」の関係が、イェーナ期におけるヘーゲルの体系構想の下絵になっていることについては、次の労作を参照。藤田正勝『若きヘーゲル』（創文社、昭和六一年）一五六頁以下。

（11）Kant, *Kritik der reinen Vernunft*, A 270 = B 326.

（12）カント、ヤコービ、フィヒテのいわゆる「反省哲学」を批判的に吟味することによって、ヘーゲルが彼の「媒介」思想を鍛え上げていった経緯については本書の第五章を参照されたい。

（13）イェーナ初期、特に『フィヒテとシェリングの哲学体系の差異』（一八〇一年）および『信と知』（一八〇二年）においてヘーゲルは、周知のように、いまだ「知的直観」の立場に立っている。理性が絶対者の「否定的側面」（II. 42）を把握するにとどまるのに対して、「直観」は絶対者の「肯定的側面」（ibid.）を補足する、というわけである。「直観は理性によって要請されたものではあるが、制限されたものとしてではなく、反省の仕事の一面性を補完するために要請されるのである」（II. 44）と言われる。したがって、「反省」と「直観」との合一――ヘーゲルはこれを、「先験的知」（II. 42）あるいは「先験的直観」（II. 42 usw.）と呼ぶ――によって、絶対者は把握可能となるわけである。しかし、すでにしばしば指摘されているように、「反省」と「直観」との合一が、「要請」という外面的な関係によってとらえられるかぎり、両者の内在的な統一はおぼつかない。かかる不整合の原因は、反省諸規定の否定を介して理性に高まる内在的な媒介の論理をヘーゲルはこの時点でいまだ見出せないからである。この点に関しては次の論稿を参照すべきである。Vgl. Trede, J. H. *Hegels frühe Logik (1801-1803/4)*. In: Hegel-Studien. Bd. 7（1972）. S. 133f. 上妻　精「ヘーゲルにおける二律背反論――思弁的理性の誕生地」（『現代思想』［六巻一六号、青土社、一九七八年］六九頁以下）、笹澤　豊『ヘーゲル哲学形成の過程と論理』（哲書房、一九八三年）第二章、第七章。

（14）デュージングは、イェーナ初期のヘーゲルの論理思想にとって決定的に重要なのは、「矛盾が一つの関係であって、この関係は、可能根拠として統一を前提にしている」（傍点は引用者）点にあると言っている（K. Düsing, *a. a. O.*, S. 98）。もちろんかかる観点は、フランクフルト期からヘーゲルが持ち続けていたものであり、後年の『論理学』の根本思想でもあるが、「矛盾」と「関係」についての積極的な意味に気づくのはやはりイェーナ期になってからなのである。

（15）この点については笹澤氏の前掲書を参照すべきである（二三四頁以下）。

（16）*Jenaer Systementwürfe II*. Gesammelte Werke. Bd. 7. Felix Meiner Verlag. 1971. S. 29.（以下、GW. VII. 29という風に略す）。

（17）ここから『精神現象学』や『論理学』などで否定（区別）と媒介（関係）が同義なものとして扱われている理由が明らかになる（vgl. III. 94, 103, 120 usw. V. 68, 75, 86 usw.）。

（18）Hölderlin, *a. a. O.*, S. 662.

第二章　若き日の理想の展開

一　思想的出発点

ヘーゲルがその思想的出発点から持ち続けていた根本的経験は、彼もその中で生を受けている近代において、人間は抑圧された自由のもとにあり、みずからの主体的な本質を、自己に疎遠な彼岸のうちに喪失して、自己と他者との、あるいは此岸と彼岸との「分裂」と「対立」の中に生きているということであった。G・ロールモーザーも指摘しているように、「人間の生存が、歴史的、社会的に、また精神的、宗教的に自分自身のもとにはない[1]」という現実認識が、ヘーゲル哲学の出発点をなす。

したがってヘーゲルがその生涯を通じて求めたものは、彼の青年時代の言葉を援用して言えば、「人間をその全体性において再建」（N. 266）することにあったと言えよう（vgl. II. 121）。彼が、青年時代の宗教に関する諸論稿において、「民族宗教」や「イエスの宗教」に託して求めたものは、まさにかかる人間の全体性の回復、言い換えれば人間の自由の実現という課題であった[2]。

このようないわゆる「青年時代の理想[3]」を、すべての領域にわたって「分裂」と「対立」に刻印づけられている近代世界の中で実現することこそ、ヘーゲルが哲学者としてのおのれの使命とみなしていたと言いうるであろう。

人間の生の「分裂」と「対立」が近代の運命であるかぎり、哲学の使命は、かかる運命に基づく諸対立・諸矛盾を全体として止揚することでなくてはなるまい。このような自覚がヘーゲルのうちに生じてきたのは、言うまでもなく彼がイェーナに居を移して哲学者としてその第一歩を踏み出し始めてからであろう。

哲学者として独り立ちし始めたイェーナ初期に書かれた論稿『フィヒテとシェリングの哲学体系の差異』（一八〇一年）の中で、ヘーゲルは哲学が要請される状況をいち早く次のように表明している。

「人間の生から、統一の力が消え失せ、諸々の対立が、その生き活きとした関係と交互作用を失い、自立性をもつようになってしまうとき、哲学の要求が生ずる。」（II. 22）。

しかし、ひるがえって考えれば、人間の全体性を取りもどすというかかる問題意識は、それ以前のテュービンゲン、ベルン、フランクフルトにおけるヘーゲルの一連の宗教研究の根底にすでに存在していたと言わなければならない。ヘーゲルのベルン時代に書かれた一七九五年四月一六日のシェリング宛ての手紙の中で、「人間の尊厳を高く評価し、その自由の能力が具わっていることを承認するに至った」ことを、「時代のより良きしるし」であると語り、哲学者の使命をこのような人間の尊厳を証明することの中に見ている（vgl. Br. I. 24）[4]。

さらに続けてヘーゲルはこのような理念に照らして、これまで宗教と政治が手を携えて人間の抑圧に手を貸してきたことを厳しく批判している。

「宗教と政治は一つ屋根のもとで共謀してきた。宗教は専制政治が欲したこと、すなわち人間に対する蔑視を教え、人間がなんらかの善いことを達成したり、みずからしかるべき者になることができないことを教えてきた。」（Br. I. 24）。

既存の政治と宗教が抑圧してきた人間性を取りもどすために、哲学のなすべきことは人間の尊厳と自由を人びとに説得的に論証することでなければならない——これが若いヘーゲルの宗教論のモチーフであった。

ヘーゲルはこのような理念を「神に近づくことはどういうことか」（Br. I. 29）という言葉でも言い換えている。この時期のヘーゲルは神への接近を「実践理性が現象界に命令をくだすという要請、その他の要請の満足にある。」（ibid.）と考えていた。ここには、理念の実現を道徳的な実践のうちに成就しようとするヘーゲルの意図がうかがえる。この時期、ヘーゲルはカントの実践理性の立場に依拠しながらも、理念の実現不可能性のゆえに神を要請せざるをえなかったカントの二元論的立場を乗り超えようとしているのである。

それはともあれ、神に近づきうるためには、一切の媒介を排して人間の感性的自然への信頼に基づく実践的で直接的な立場に立たなければならないのか、それとも、かかる直接的な立場を止揚して「思惟規定」による「媒介」の立場に立たなければならないのか——かかる問題が若きヘーゲルの主要な問題関心であったと言っても過言ではなかろう。おおまかに言って、フランクフルト時代までのヘーゲルは前者（直接性）の立場に立ち、イェーナ期以後は、明確に後者（媒介）の立場に立つようになる。フランクフルト期からイェーナ期にかけてのヘーゲルの「宗教」から「哲学」へのかの「転回」も、彼の媒介論と深くかかわっている。若き日の「直接性」の立場から「媒介」の立場への「転回」はいかにして行なわれたか——このことを跡づけるのが本章の課題である。

二　テュービンゲン期（一七八八〜一七九三）——「媒介」としてのキリストの批判

ヘーゲルの青年時代の宗教に関する諸論稿に一貫している思想的立場を一言で述べるとすれば、それは「直接的なものへの信頼」という言葉で言い表わすことが出来よう。[5]

H・ノールによって『民族宗教とキリスト教』（*Volksreligion und Christentum*）（一七九三／九四年）（以下『民族宗教論』と略す）と題された草稿の中で、ヘーゲルは、宗教が人間の感性に直接的に訴えかけるのでなければ人びとの精神を教化し高めることができないことを強調している。「宗教は心情《ヘルツ》に訴えかけるものであり、われわれの感情や意志決定に影響を及ぼすもの」（N. 5）でなければならないというのが若いヘーゲルの宗教観であった。『民族宗教論』の中で、ヘーゲルは周知のように二つの対立概念を駆使しながら議論を進める。「主体的宗教」と「客体的宗教」、「公的宗教」と「私的宗教」、「宗教」と「神学」、「感性」（「心情」、「想像力」）と「悟性」（「記憶」）、「知恵」（Weisheit）と「知識」（Wissenschaft）等々。前者がそれぞれ人間の中にある生き活きとした自然性（＝直接性）に基礎をおいているのに対して、後者は人間の自然性をいかようにか抽象化することによって人間の中にある道徳心に直接に訴えかけるのを阻むのである。前者は人間の中にある本来の善性から生じてくるものであり、かかる人間の本性のうちにこそ神的なものを生き活きとした形で直接に感じとることができるのである。

「自然は、一人ひとりの人間の中へ、道徳性から生じてくる一層繊細な感情の芽を植えつけておいた。自然は、単なる感覚よりも一層高い目的、すなわち道徳的なものに対する感受性を人間の中へ置いたのである。このうるわしい芽が窒息しないようにすること……それが教育と教養の仕事である。[6]」（N. 8）とヘーゲルは言う。

人間の感情の中に埋め込まれているいわば真理の種子を注意深く栽培することによって、人間の精神の中に神的なものを見出させることが宗教の任務でなければならないというわけである。「感性こそが人間のすべての行動や努力の主要なエレメント」（N. 4）だとすれば、宗教は感性的な宗教としてのみ実践的でかつ教化的でありうる。かかる宗教は、「国民の精神の高揚、教化」（N. 5）をめざすがゆえに、必然的に「民族宗教」たらざるをえないであろう。

宗教が「民族宗教」として人びとの魂に実践的な力を吹き込むためには、それは直接的なものでなければならぬ、というのが若いヘーゲルの確信であった。

したがって神の認識も、「神についての単なる学識」（N. 5）ではなく、人びとの道徳心を高揚させる実践的なものに結びついていなくてはなるまい。「神の認識は、人間の道徳的本性の中に、実践的欲求の中に、その根源をもっている」（N. 48）と若いヘーゲルは言う。ここには、「区別や規定性を含まない神」（VIII. 234［§112 Zusatz］）を抽象的な悟性の産物として厳しく斥け、「理性によって神を認識すること」を「学問の最高の任務」（VIII. 104［§36 Zusatz］）とする後年の『エンツィクロペディ』の著者の姿は見られない。若いヘーゲルは、あたかも老年のヘーゲルを叱責するかのように言う。

「私が宗教について語るとき、私は、神、神とわれわれとの関係、神と世界全体との関係などについての一切の学問的な、というよりもむしろ形而上学的な認識をまったく捨て去る。そういう認識は、もっぱら屁理屈をこねる悟性がたずさわる仕事であって、神学ではあっても、もはや宗教ではない。」（N. 8）。

有限者と神との関係についての「形而上学的な認識」は、「媒介」を必要とするであろう（vgl. N. 146）。しかし、ここではかかる「媒介」的認識は、「屁理屈をこねる悟性」をふりまわす「神学」の仕事として真向から否定されるのである。「媒介」は、人間と神との直接的な交感を防げることによって、人間の実践的な行為への欲求を圧し殺すというわけである。

ヘーゲルはルソーに与して、人びとの意志に働きかける道徳的感情を、人間の本源的な善性に結びつける。「われわれの本性のうちには……悪い傾向に走るのを防げ、人間がなしうる最善のものを要求するような感情が織り込まれている。」（N. 18）。周知のように、若いヘーゲルにとって人間の本性の善性への無条件の信頼が彼のキリスト教批判の基本的な立脚点であった。「善（ἀγαθον）はわれわれと共に生まれたものであって、説教によっては教え込まれることはできないものである」（N. 34）とヘーゲルはルソーの口吻をもって語る。

宗教の目的は、人間の根源的な善性という美しい種子を養い育て、人間のうちにある「神的な火花」（N. 67 usw.）を開化させることによって、人間が無限に完全なものへと登りつめる勇気を与えることである。しかるに現に存在するキリスト教は、人間を「腐敗した自然物」（N. 67）としか見ない。「人間本性の腐敗」（N. 63）のゆえに、人間は自分の力では神的なものや善性にあずかれないというキリスト教の前提を、ヘーゲルは「神学的偏見」（N. 43）として批判を控えない。

人間がみずからのうちで直接に至福にあずかる能力を持たず、それにもかかわらず人間を超えた神によって至福を得ようとすれば、それは、キリストという「媒介」を通してのみ可能でなくてはなるまい。

「人間が道徳的たりうる能力がないゆえに、道徳性が至福を得るための最上の条件たりえず、それゆえ、決して至福にあずかれないところだが、神の慈悲深い思寵によって、人間にでもまだ可能な別の要素が代わりに置かれた――すなわちキリストへの信仰（der Glaube an Christum）である。」（N. 64）。

「キリストへの信仰」という「回り道[7]」（Umweg）（N. 34, 59, 68 usw.）をしなければならないのは、人間と神との絶対的な対立が前提とされているがゆえにほかならない。架橋できないこのような対立のゆえに、人間はみずからの中に神と同じ精神を感じることができない。それにもかかわらず神に近づこうとすれば、「神人」（Gottmensch）という一つの「理想」（Ideal）（N. 67）を立てざるをえなかったのである。こうした「回り道」が人間性の蔑視を前提としているのに反して、人間の善性を生き活きとした形でみずからのうちにもっている者には、本来「回り道」など存在すべくもないことを、ヘーゲルはソクラテスに託して主張する。

「ソクラテスは直接に（gleich）正しい門をたたいた。仲保者なしに（ohne Mittler）、である。彼はもっぱら人間を人間自身の中へ導いていったのである。」（N. 35）。

ソクラテスは人間の中にある真理の糸を、他者との倫理的共感のうちに引き出した。人間の徳や善性を生き活きした形で保持し、それをみずからのうちで直接的に感じているソクラテスにとって、「仲保者」など必要とはしなかったのである。ただ「徳や最高善という理念」（N. 34）を人間にとって疎遠なものと考えている「貧弱な精神」（ibid.）のみが媒介者を必要とする。

「民族宗教」を論じる若いヘーゲルにとって、人間が無限なものへ高揚するために「媒介」を必要とするならば、それは「善き人間になるのが不可能だ」という「人間本性の腐敗の命題」（der Satz von der Verdorbenheit der menschlichen Natur）（N. 63, vgl. N. 225）に基づいているからなのである。ヘーゲルは、ここで「直接性」を擁護する立場から「媒介」（＝「回り道」）が人間と神的なものとの和解できない対立の所産であり、したがってまたそれは人間蔑視の表現にほかならないことを厳しく批判しているのである。

ヘーゲルはかかる「媒介」としての「神人」イエスを拒否して、「有徳の人」（ein tugendhafter Mensch）（N. 57）イエスをそれに対置する。イエスやソクラテスのような有徳な人間の中に、われわれはみずからの本性を再認し、人間本性の善性という理念を、われわれ自身のものとして喜びをもって自覚し、同時に人間の本性に対する尊敬の念を覚えるに至るのである。「なぜ、有徳な人びとのうちに彼らがわれわれの肉と同じ肉、われわれの骨と同じ骨を感じるばかりではなく、これがわれわれの精神と同じ精神、われわれの力と同じ力だという道徳的共感を感ずることをわれわれは認めないのか」（N. 67）とヘーゲルは、半ば苛立しげに書きつけるのである。

ルソーが「自然」と「人為」とを対立させ、人間の本性の善性から、学問・芸術、ひいては人間の社会総体を批判したように、ヘーゲルもここ『民族宗教論』において、「人間本性の美しさ」（N. 71）という理念を、そのキリスト教批判の基軸におき、この理念に対立するものを、いわば超越的に断罪したのである。かかる批判の根底にあるのは、人間と神的なものとの直接的な合一の立場であり、この直接性を破壊するものに対してヘーゲルは批判を控えないのである。

三　ベルン期（一七九三〜一七九六）
――「媒介」としてのイエスの「権威」の発生史論的批判

人間の善性に基づく生き活きとした道徳感情――かかる感情のうちに成就される人間と神的なものとの直接的な一体化の立場から、道徳性を抑圧するキリスト教に対していわば超越的な批判を下したのが、『民族宗教論』におけるヘーゲルであったと言えよう。キリスト教が「神人」イエスという「媒介」を立てざるをえないのは、まさに人間の自然性（＝直接性）を廃棄して、神的なものを人間の彼岸においた結果であった。

かくて人間の客体化（＝隷属化）は、神の客体化（＝絶対化）と歩調を合わすことになる。「神の客体性は、人間の堕落と隷従とに足並みをそろえた」（N. 227）とヘーゲルが言う所以である。しかし、客体的なキリスト教に対して、人間の主体性（＝直接性）を直接に対置しても問題は解決しないことは明らかであろう。それは後のヘーゲル好みの言葉で言えば「特殊」に「特殊」を対置することになろう。したがってかかる試みは必然的に失敗せざるをえない[8]。

このような反省に立って、キリスト教における神の客体化（＝人間の客体化）が、本来主体的な教えであるはずの「イエスの宗教」からいかに生じてきたのかということを歴史＝社会的に究明しようと試みているのが、周知のように、『キリスト教の既成性』（*Die Positivität der christlichen Religion*）（一七九五／九六年、一八〇〇年改稿）なる草稿である（以下『既成性論稿』と略す）。この論稿でも、イエスは人間の自由を再興するために、「宗教を道徳性にまで高めること」（N. 154）を意図した「純粋に道徳的な宗教の教師」（N. 155）として位置づけられる。

イエスは「権威に基づく徳ではなく、自発的で自由な徳」（N. 155）を求めた教師であった。彼は真なる宗教が人間の中にある「生き活きとした義務と正義の感情」（N. 157）に基づくことを自覚していた。ユダヤ教に対するイエスの改革が意図するところは、「律法への隷従」（N. 208）をこととするユダヤ教の支配下にあって、人間の道徳性に基礎をおく自由で生き活きとした主体性（＝直接性）を取り戻すことにあった。「イエスは、彼の民衆に向かってその律法を守るに際して、それが神の意志にかなうためには、そこに精神と心情（Gesinnung）が生き活きと働いていなければならないことに注意を促した」（N. 207）とヘーゲルは言う。

この論稿では、周知のようにイエスの道徳的主体性の立場が「心情」、「自由」、「理性」等の言葉によって特徴づけられる。それに対して、「権威」、「命令」、「奇蹟」、「服従」等の事態が「既成性」の名のもとに一括して批判されるのである。主体性を直接に「客体」（＝「既成性」）に対置するという構図は、かの『民族宗教論』の場合と変わらない。しかし先に言及したように主体性を直接に客体（＝既成性）に対置しても客体は決して止揚されず、かえって客体にとりつかれ、それに隷従することになる。問題は、主体的なものがいかにして客体的なものへと転化したのか――これを歴史的に究明することである。ヘーゲルは既成的宗教のいわば歴史的創成《ゲネジス》をたずねようとするのである。ヘーゲルは次のように問題をたてる。

「そもそもわれわれが論じる問題は、イエスの宗教が既成的になったこと、すなわちイエスの宗教は理性に要求されたのではなく、むしろ理性と矛盾していたこと、あるいはたとえ理性と一致していたとしても権威にのみ基づいて信じられるように要求したこと、かかる事態がイエスの宗教の中に生じたのは何が原因であったのか、という問題だけである。」（N. 157）。

本来ユダヤ教の既成的な律法からの解放を意図したはずのイエスの教えが、いかにして再び「権威」に基づく既成的宗教として出現するに至ったのか。キリスト教の既成化は、イエスの教えそのものの中に存するというよりも、むしろそれが受容される場合の「形式」にあるとヘーゲルは考える。[9]『既成性論稿』の改稿（一八〇〇年）

で、ヘーゲルは特にこの点に注意して次のように述べる。

「ある宗教が既成的であるか否かの問題は、宗教の教義や戒律の内容よりもむしろ、宗教がその教義の真理を証明し、その戒律を実行するように要求する際の形式により深くかかわっている」（N. 143）。

かかる形式とは、言うまでもなく神の子としてのイエスの「権威」であり、このような神格化されたイエスの権威に対する「人びと」の一方的な服従である。ここでは、「人びと」――「権威」――「イエス」という三項関係が成立している。しかしながら「人びと」と「イエス」を媒介する「権威」は、両者を内面的に結びつけるものではなく、それとは反対に両者の絶対的な差別の所産であり、両者の外面的な統一であるにすぎない。「権威」という媒介は、人間と神的なものと直接的な綜合を可能にするどころか、むしろ両者の支配‐服従関係を固定化し絶対化する、というわけである。それは、「人びと」がみずからのうちにある道徳的な心情を認めることができないために、イエスの自由な教えの中に、みずからと同じ精神を感じ得ないためにほかならない。

ヘーゲルは人間と神的なものとのかかわり方の対照的な例として、「ソクラテスの仲間たち」（die Freunde des Sokrates）と「イエスの弟子たち」（die Jünger Jesu）（N. 163）という二つの典型を挙げ、前者を「哲学的セクト」、後者を「既成的セクト」と呼ぶ（vgl. N. 157）。哲学的セクトの人びとは、「理性」をみずからの最高の原理と認め、「心情の清さ」（N. 170）「自主独立性」（Selbstständigkeit）（N. 163）をそなえ、「神の理念によって最高善が可能であることを現示」（N. 166）しようとした人びとである。かかる道徳性に基づく彼らの主体的な精神の気風は、まさにギリシアの「共和主義的精神」（N. 163）によってはぐくまれたものなのである。[10]

ギリシア人は自由な市民として、「自分自身の法則に従って生きていた」（N. 222）とヘーゲルは言う。彼らは、「永遠なもの、自立的なものを彼ら自身の胸中にもっていた」（N. 223）がゆえに、国家や神の理念をみずからの外に定立する必要はなかった。だから彼らがソクラテスのうちに感じたものも、自由な市民としての自分たちと同じ精神であった。かかる平等な精神においては、一つの人格の「権威」に従属するようなことは起こらないであろう。

イエスの教えが「権威」に基づく既成的宗教に転化したのも、根本的にはイエスの弟子たちに、上記のようなヘラス的な自由の精神が欠けていたために、「道徳法則」を人間の「外部にあるもの、与えられたもの」（N. 212）として前提せざるをえなかったからである。[11] このような事態は、人間の本性の外化であり、「人間が人間たることをやめる」（N. 212）ことである。教会制度という「人間蔑視の体系」（N. 211）も、かかる人間の外化の巨大な産物なのである。

『民族宗教論』と同様に、ここ『既成性論稿』でもヘーゲルは、直接性の立場から、「権威」という媒介を人間の外化の所産としてきびしく批判するのである。「権威」という「回り道」（媒介）を経ることが、人間の本性を見失い、人間の尊厳を貶めることにほかならないことをヘーゲルは次のように要約する。

「(イエスの権威という――引用者) 回り道をして敬虔で有徳な人になった人びとは、みずからの徳の力、みずからが神聖性の理想に対して払う敬意こそ、自分の道徳的心情にこの上もない大なる寄与をなすものだと考えず、またそもそも徳の感受力と自由な性格がみずからに具っていることなど考えないのである。」（N. 161）。

これまで簡単に述べてきたことからも察せられるように、『既成性論稿』はイエスの道徳的な教えが、キリスト教会の支配によって、直接に人びとの心情に訴える本来の力を喪失し、「権威」という「回り道」を通じて、人びとの精神を抑圧するに至った経緯を叙述する。『民族宗教論』では、かの「回り道」としてのキリスト教は、人間の自然性（＝善性）の立場から批判されていた。かかるヘーゲルの立場は、『既成性論稿』においても基本的には変化はない。ただここではイエスの自由な教えが、いかにしてその反対物へ転化せざるをえなかったかということを、その生成過程にまで下りて、歴史的に叙述されるのである。

ヘーゲルはここでは、『民族宗教論』を一歩進めて、「回り道」としてのキリスト教を歴史的に相対化しつつ批判していると言えよう。しかし『既成性論稿』では「キリスト教の既成性」を歴史的な観点から批判的に把握されはしたが、いまだ既成性そのものを全体的に止揚することは目論まれていない。既成性を克服するためには、「道徳性」をそれに直接に対置しても、既成性を止揚できないだろう。『既成性論稿』が歴史的叙述の形で示した結論は、イエスの道徳的な教えが、ユダヤ律法の既成性を克服することを意図したにもかかわらず、みずからも既成化の運命をたどらざるをえなかったということであった。

今やヘーゲルは、カントの「道徳性」に依拠しているかぎり、既成性を全体的に克服できないことを見てとったと言うべきだろう。事実、フランクフルト期に入ると周知のようにヘーゲルは、それまでみずからが依拠していたカントの道徳性の立場そのものを放棄するに至る。すなわちカントの意志の自立に基づく道徳的な義務命令も、「主人をみずからの内にもつ」ものであって、「自分自身の奴隷であるにすぎない」と批判されるのである（vgl. N. 266）。

四　フランクフルト期（一七九七〜一八〇〇）
――「愛」（直接性）と「反省」（媒介）との相剋

周知のように、フランクフルト期（一七九七〜一八〇〇）のヘーゲルの思想的な営為は、ベルン期（一七九三〜一七九六）に彼がイエスの道徳的な教えに託して表明していたみずからのカント的立場の自己批判の上に立って展開される。同じころの覚え書きの中で、ヘーゲルが、「命令の既成性、客体性を心情（Gesinnung）が止揚し、心情の制限を愛（Liebe）が止揚し、愛の制限を宗教（Religion）が止揚する」（N. 389, vgl. N. 302）と書きつけるとき、それはその時までのヘーゲルの自己批判の経緯を告白しているものとして読むこともできよう。もっとも、ヘーゲルはさらにイェーナ期に入ると、愛を補完する宗教の直接性をも、彼独自の媒介論によって「哲学」へと止揚することになるのであるが……。

ヘーゲルは、ベルン期に書かれた『既成性論稿』(一七九五/九六年)において、カントの道徳的自律――それは、「心情」、「自由」、「理性」などの言葉によって特徴づけられる――の精神によってキリスト教の「既成性」を克服しようと試みたわけであるが、やがてフランクフルト期になると、周知のようにそれまでの「道徳性」(自律)対「既成性」(他律)というカント的シェーマの限界そのものを自覚するに至る。カントの道徳的な主体性の立場も、普遍者(道徳性)による人間の抑圧であり、支配-服従の関係を内面化したものにすぎない、というわけである(vgl. N. 266)。

ヘーゲルは、フランクフルト期に書いた草稿『キリスト教の精神とその運命』(*Der Geist des Christentums und sein Schicksal*)(一七九七~一八〇〇年)の中で、彼がそれまで依拠していたみずからのカント的立場の限界を次のように自覚する。

「義務の命令は、特殊者にあくまでも対立する一つの普遍性であり、普遍性が支配する場合には特殊者は抑圧されたものである。」(N. 265)。

道徳性の内にあるこのような矛盾のゆえに、イエスの道徳的な立場ではキリスト教の既成性を克服できないことを自覚したヘーゲルは、より一層高い立場にたって既成性を止揚する道を見出そうとする。周知のようにフランクフルト期のヘーゲルは、イエスの宗教を「生」(das Leben)と「愛」(die Liebe)の教えと解釈し直すことによってこの課題を果そうと試みるのである。

『キリスト教の精神とその運命』と呼ばれている草稿においてヘーゲルは上記のような観点からまずイエスの

「愛」の宗教の対極にユダヤ教の精神を位置づける。ユダヤ精神の本質とは、「すべてのものに対してみずからを頑ななまでに厳しく対立させていく精神」（N. 246）のことである。自然と人間に対してどこまでも不信の念を抱き、それらに自己を対立させる精神――一言で言えば、全体的な「生」にあくまでも対立する精神――がユダヤ教の根本精神をなす。したがって、「離反」（Trennung）、「敵対」（Feindschaft）、「支配」（Beherrschung, Herrschaft）と「隷従」（Sklaverei, Knechtschaft）、「憎悪」（Haß）などがユダヤ教の精神を特徴づけるものである。

アブラハムこそかかるユダヤ精神の始祖であり、彼の精神はその後のユダヤ教の運命の基底に一貫して存在しつづけた精神であるとヘーゲルはみなす。

「アブラハムがそれによって一国民の父祖となる最初の行為は、一つの離反（eine Trennung）である。この離反こそ共同生活と愛の絆を、すなわち彼がそれまでその中で生きていた人間や自然との諸関係全体を引き裂く当のものである。」（N. 245-246）。

自然と共同体全体からの離反がアブラハムを支配した精神である。彼が祖国を捨て、親族から離れ、異郷の地にあっても心を許さず常に異邦人として生き、みずからの一人息子イサクへの愛さえ断ち切ろうとしたのは、かかる精神のゆえであった。

あらゆるものから自分を疎隔するアブラハムにとって、何よりも不可能なことは、「愛すること」（N. 247）であった。「アブラハムは、愛してそのために自由になろうとは思わなかった。」（N. 246）。このような敵対関係の中でアブラハムが世界に対してとりうる唯一可能な関係は、「支配を実現すること」（N. 247）である。なぜなら敵対するものに対してなされる行為は支配－服従関係をめざさざるをえないからである。

世界に対する支配を求めるアブラハムの目論見は、しかしながら実現されない。というのは彼自身も、彼自身に対立する世界も、両者を超越する神によってはじめて存立するものであり、「それ自体としては存在しえない」

（N. 247）ものだからである。[12] いかなる永遠なものをもみずからのうちに感ずることのできないアブラハムは敵対をことととするみずからの分裂した生の保証と世界に対する支配を超越的な神に期待せざるをえないわけである。

アブラハムと世界の対立が絶対的であればあるほど、両者を支配する神の絶対性はますます堅固なものとなる。世界はアブラハムにとって支配されるべき客体であるが、神はアブラハムと世界を支配すべき絶対的な主体として現われる。しかしかかる神の根源的主体性も、そもそもアブラハムと世界との絶対的な対立の産物にほかならず、そのかぎりで神は「無限な客体」（N. 250）でもある。アブラハムと世界は超越的な神によって存立するとともに、神もアブラハムと世界との対立なしには存立しえないわけである。

『キリスト教の精神とその運命』とほぼ同時期に書かれた「愛」と題された断片草稿（一七九七年十一月ごろ）の中で、ヘーゲルは対立しているものの相互依存性について次のように述べている。

「対立し合っているものは、相互に制約し、制約されている。……規定するものは規定されるものなしには存在しえず、その逆も同様である。どちらも無条件に存在するものではない。どちらも自己の存在《ヴェーゼン》の根を自己のうちに持っておらず、どちらも相対的にのみ必然的である。」（N. 378）。

かかる関係は、アブラハムと世界と神との三者の間にも成立する。アブラハムと世界は絶対的に対立しつつ相互に前提し合っており、各々の存在は無条件に存在することはできず、かえって第三者（神）のうちにその存在根拠をもっている。しかし神もその超越性のゆえにアブラハムと世界に対立し、したがって神もその存在根拠をアブラハムと世界との対立のうちにもつことになる。

ところでこの場合、神はアブラハムと世界の綜合であるにしても、それは「支配による統一」（N. 305）であって、本来の綜合ではありえない。それゆえ、ヘーゲルにとってアブラハムと世界の結びつきも、無限な客体である超越的な神を媒介とした一方的統一、すなわち対立を残したままの「支配による統一」を帰結する。

「アブラハムも神から支えを得ていた。彼もまた神を通じてもっぱら世界との媒介的な[13]（mittelbar）関係へ、彼にとって唯一可能な世界との結びつき方へと入ったのである。」（N. 247）。

このような神は、アブラハムと世界を結ぶ媒介者として存在するが、しかしかかる神は両者を全体のうちへ結びつける「媒介」ではなく、むしろ世界に対するアブラハムの支配を保証するところの超越的な「理想」（Ideal）（N. 247）としてあらわれるのである。

アブラハムの神とは、「個々の分離の理想」（N. 391）にほかならず、アブラハムに命令を下すことによって世界をも支配する「疎遠な神」（N. 247）である。それゆえ、この神の「神性の根源」はまさに、「世界全体に対するアブラハムの侮蔑」の中に存するのである（vgl. N. 247）。アブラハムの離反の精神が、彼をとりまくすべての関係を支配－服従の悪無限に巻き込むことになるわけである。

ヘーゲルはこの時期に書かれた『キリスト教の精神のための根本草案』（一七九八年秋）と題されている断片的な草稿の中で、ユダヤ人と世界と神との三者の関係を「推論」として論究している。そこでは、ユダヤ人をA、世界をB、神をCとして三者の関係が次のように説明されている。

「支配の中では、現実のAは能動的（tätig）であり、現実のBは受動的（leidend）であり、綜合Cは目的（Zweck）である。CはAの理念（Idee）であり、そのかぎりBは手段（Mittel）である。しかしながらAもCに服従しているのであり、Cによって規定されたものである。AはCとの関係においては支配されているが、Bとの関係では支配するものである。Cは同時にAの目的であるのだから、CはAに奉仕しており、かつBを支配している。」（N. 390）。

ここでは、既成宗教としてのユダヤ教が推論の形式で説明されているわけである。H・シュミッツが指摘しているように、ここでは後年の『論理学』で定式化されているA－B－C、C－A－B、A－C－Bという三つの推論式が成り立っている。[14]

しかしわれわれは、かかる「推論」を『論理学』で説かれている本来の推論と同一視するわけにはいかない。上記の「推論」では、媒語は対立した両項を同一性へと高めるのではなく、逆に両項の差別を定立することによって支配と服従の関係を実現するからである。後年のヘーゲルの言葉で言えば、それは「媒介が単なる制約にすぎない」がゆえに、「抽象的なものの統一[15]」(VI. 284)にとどまっている「悟性推論」(VI. 353)ということになろう。

それゆえ、このような「悟性推論」においては、「媒介」たる神は、両項(ユダヤ人と世界)の対立関係の所産であり、両項によって制約されたものである。だからユダヤ人にとって「神の存在は真理としてではなく、命令(ein Befehl)としてあらわれる」(N. 254)わけである。

ヘーゲルは、ここで「媒介」(神)を両項(ユダヤ人と世界)の差別を定立する絶対的主体であるとともに、両項の支配-被支配の表現として、絶対的な客体でもあるとみなしている。いずれにせよ、このような「媒介」による両項の綜合は、支配-服従関係の絶対化を帰結する。

このように、世界に対する愛と信頼という直接的な立場に立つことができないユダヤ人は、神という超越的な理想を「媒介」として、世界に対して支配-被支配という仕方で関係せざるをえないのである。かかる神による「媒介」は、人間と世界との全体性を引き裂き、両者の差別と対立を固定化し永遠化することにほかならない。ヘーゲルはここで「媒介」を対立物を止揚するものとしてではなく、逆に対立を絶対化するものとして拒否しているのをわれわれは見るのである。

こうして有限なもの(世界と人間)と神との間に「絶対的差異」(N. 311)を定立し、神を媒介とした「支配による統一」(N. 305)をめざすユダヤ教は、人間からその全体的な「生」を奪うことになる。ユダヤ人がみずからと絶対的に隔絶せる神に仕えることによって自然や共同体に対するあらゆる人間的な「生」の関係を放棄し、人間のうちにある聖なるものを破棄してしまったのである（vgl. N. 260）。

ユダヤ教の精神を、無限な「生」からの離反としてとらえたヘーゲルは、かかるユダヤ精神を根源から止揚すべく意図した人として、愛の人イエスを位置づける。草稿『キリスト教の精神とその運命』では、もはや『キリスト教の既成性』で描かれたイエスのように、他律的なユダヤ教の律法に対して自律的な道徳法（これもまた内面化された奴隷状態にすぎぬ）を説く教師としてではなく、「人間をその全体性において再建しようとした人」（N. 266）として登場する。ヘーゲルはここでユダヤ教の二元論的な分裂を全体的な「生」の観点から克服しようと試みるのである。

すでに述べたように、ユダヤ教において人間は神を媒介として、自然に対しても、また共同体に対しても、支配－服従の関係に入らざるをえなかったが、本来の人間の生は、かかる支配－服従に甘んじる部分的で非自由なものではなく、逆に自然と共同体との一体性のうちにみずからの全体性を回復しうるものである。

ユダヤ人が、かかる全体的な「生」を分断して、共同体に対しても、自然に対しても、敵対しなければならなかったのは、彼らが神のうちに自分たちとは異質の本質をみて、神と自分たちの間に同じ生の躍動を感じることができなかったからである。ユダヤ人は、「人間的本質と神的本質との間に越え難い深淵をおき、われわれの本性が神的本性にあずかることを容認しなかった。」（N. 304）。そのためにユダヤの民は、すべてものに対して敵対し、みずから対立と分裂の坩堝の中に身を投ぜざるをえなかったのである。

ユダヤ教とは逆に、人間と世界と神との三者の中に同じ「生」を認めるところに全体的な「生」が現われる。周知のようにヘーゲルは、「生」を個（部分）と全体との同一性という観点から規定する。

「ただ客体的なもの、死せるものについてだけ、全体は部分とは別のものであるということが妥当する。生あるものに関しては、逆に部分は全体と同じ一つのものである。」（N. 308）。「生」はかかる意味において人間（個別的生）と世界（全体的生）との統一——ヘーゲルは、これを「神的なもの」（N. 303）と呼ぶ——を意味する。「生」はみずからを多様なものへ分散化するとともに、多様なものをみずからと同一なものとして定立する。「無限に分割するもののうちに……生がある。対立するもの、死せるものとしての個々のもの、限定されたものは、同時に無限な生の木の小枝（ein Zweig des unendlichen Lebensbaumes）である。」（N. 307）。「生」はさまざまに規定されるが、その要諦は次の文に言い表わされている。「生は自己自身から自己を分裂させ、そして再び自己を合一する。」（N. 289）。「生は未展開な合一から、形成（Bildung）を通じて完成された合一への円環」（N. 379）である。

端的に言えば、生は全体的なものの「分離」から「合一」への、あるいは「合一」から「分離」への円環的な運動ということになろう。生においては、「合一」は「分離の可能性」（N. 379）であり、「分離」は「再合一の可能性」（N. 282）なのである。[16] このように、生は根源的に統一性であるが、みずからを形態化された多様なものとして現象させる。

生の合一の側面をヘーゲルは「純粋な生」（N. 302 usw.）と呼び、それを「神的なもの」（N. 303）あるいはパルメニデスに倣って「存在」（N. 303, vgl. N. 383）と言い換えてもいる。[17]「純粋な生」においては、「いかなる差異（Verschiedenheit）も、いかなる展開された現実の多様性も存在しない。」（N. 302）。それは、すべての区別され、限定されたものを止揚し、みずからを全体性へ解消している単純なものである。

これに対して生の分離の側面である「個別化された生」（N. 303）は、「現実の多様性」（N. 302）であり、かかる多様性の全体である。「純粋な生」は「個別化された生」の根源であり、前者から後者が生じ、後者を通じて前者が現われる。[18]

問題なのは、有限な生である人間がいかにしてその根源である「純粋な生」へと高まりうるかということであろう。周知のようにフランクフルト期のヘーゲルはその可能性を「愛」のうちに見出そうとする。ヘーゲルは、「道徳性、愛、宗教」と名づけられた断片草稿（一七九七年七月以前）の中で次のように述べる。「愛においてのみ、人は客体と一体である。それは支配せず、また支配されない。」（N. 376）。愛は、支配－服従をめざす一切の敵対関係を受け容れない。愛は異質な関係を排除し、一切のものを等しいものの関係のうちに置く。それは、「一つの生あるもの、一つの精神」（N. 296）であり、「等しい生の感情」（ibid.）である。したがって愛は全体的な「調和の感情」（N. 296, 313）であり「神性」（N. 296）そのものにほかならない。要するにそれは、「全体的生」（N. 284）の自己感情だと言えよう。

だから神を愛するということは、人間が、自分と本質を異にする存在を愛するということではなく、人間が、みずからと等しい精神としての神を愛することを意味する。人間のうちにある神的なものが、神のうちに反響を見出して共鳴し合うわけである。

「神を愛することは、生の全般にわたって、限りなく自己を無限者において感じることである。」（N. 296）。信仰とは、このように神のうちにみずからと同じ精神を見出すことであり、「精神による精神の認識」（N. 289, vgl. N. 305, 307, 312）なのである。かくて「愛において人間は他者のうちに自己自身を再発見」（N. 322）することになる。

愛が生の統一の自己感情であるかぎり、それは生の多様性を前提にしているわけであるが、かかる生における分離と対立の契機が周知のように「運命」（Schicksal）と呼ばれるものである。このような意味で「犯罪」（Verbrechen）も一つの運命である。

「犯罪」は一つの生（命）が他の生（命）に対して行なう侵害行為であるが、かかる「罪」（Schuld）において犯罪者は他人の生（命）を破損したと思い込んでいるが、実はみずからと同じ生命を傷つけたのである。なぜなら生は全体的なものであってみずからと他者とを区別しないからである（vgl. N. 282）。

したがって犯罪者は、他者の生を破損することによってその実、自分自身の生を破損したにすぎず、自分の生と敵対してしまったわけである。傷つけられた生も犯罪者と同一の生であるにもかかわらず、今や犯罪者に対立する「敵意ある力」（N. 281）として現われる。「運命としての罰」（N. 281）とは、犯罪者の罪に対する上記のような全体的生の反作用にほかならない。

「運命とは自己自身についての意識であるが、一つの敵対的なものとしての意識である。全体は自己のうちで友和（Freundschaft）を回復することができる。全体は愛によって自己の純粋な生へ還帰することができるのである。」（N. 283）。

こうして罪人は愛によって全体的な生の中でみずからを見出し、運命と和解することができる。「自己みずからを再び見出す生の感情が愛であり、愛において運命は和解されている。」（N. 283）。これが周知のように、「愛による運命との和解」の思想である。

しかしフランクフルト期におけるヘーゲルの到達点である「愛による運命との和解」なる思想は、実現されるべき一つの理想にとどまっていると言うべきであろう。それが理想にとどまらざるをえないのは、愛の直接的な性格のゆえであると言ってよい。

ヘーゲルは愛によって生の分裂を克服しようとするわけであるが、しかし愛が、「等しい生の感情」（N. 296）、「調和の感情」（N. 296, 313）であるかぎり、たとえ「個別的な感情ではない」（N. 379）にしても、それが「感情」（Gefühl）であるかぎり、生の分裂は愛という直接的なものによって止揚されるというよりは破棄され無化されてしまう。[19] 断片草稿「愛」（一七九七年一一月頃）の中で言われているごとく、愛による和解は、「あらゆる対立を排除する（ausschließen）」（N. 379）のである。

ヘーゲルは、「分離」（対立）と「合一」との統一という生の弁証法の理念を提示しながら、この理念を愛によって現実化できないことを見てとったと言うべきであろう。愛という直接性の立場では、生の「合一」の側面は成就することはできても、生の「分離」の側面は、「排除」はしても止揚はできないからである。

「愛そのものは、まだ不完全な自然である。幸福な愛の瞬間には客体性が入るべき余地はない。しかし反省が起これぱいつも反省は愛を破棄し、再び客体性をつくり出し、それと共に諸制限の領域が始まる。」（N. 302）。

愛は全体的な生の自己感情として客体的なものと直接に一体となっているがゆえに、それは常に客体的なものとの分裂の可能性を孕んでいるのである。断片草稿「愛」の改稿（一七九八年秋）の中でヘーゲルは次のように述べる。

「愛はまったくの無客体性において反省を破棄し、対立するものから疎遠なものとしてのあらゆる性格を奪いとり、かくて生はもはや何ら欠けることなく自己みずからを見出す。愛のうちには分離されたものが依然として存在しているが、それはもはや分離されたものとしてではなく、合一されたものとして、存在している。そしてそこでは、生ける者が生ける者を感じるのである。」（N. 379）。

生ける者の間において愛は、たしかに客体的なものからすべての疎遠な性格を奪いとり、分離されたものを合一している。しかし愛は「感情」であり「直観」（vgl. N. 302）であるかぎり、それが客体的なものを無きものとして廃棄することはできても真の意味で止揚することはできない。愛はその直接性のゆえに、無限なる生の分肢としての客体をその全体性において包摂しきれないわけである。

「愛の直観は、完全性の要求を満たしているようにみえるが、しかしそれは一つの矛盾である。直観するもの、表象するものは一つの制限するものであり、制限されたもののみを受け容れるものであるのに、その客体は一つの無限なものであろうから、無限なものをこのような器に入れることはできない。」（N. 302）。

フランクフルト期のヘーゲルは、このような愛の限界を補完するものとして「宗教」を考えている。ヘーゲルによれば、宗教とは愛の直接性と客体的なものが一体となり、両者が結び合わさって客観的で持続的となったものであり、いわば「客体的にされた愛」(N. 299) なのである。

「愛が宗教となるためには、それは同時に一つの客体的な形式をとって自己を表わさねばならなかった。愛は感覚 (Empfindung) であり、主体的なものであるから、表象されたもの、普遍的なものと融合し、それによって礼拝が可能であり、また礼拝に値する実在という形式を得なければならなかった。」(N. 332)。

愛が自己を客体化した宗教によって補完されざるをえないというのがいわば愛の運命である。このことは、愛が客体的なものを止揚できないことの証左であろう。イエスの愛の教えが、「国家」(N. 323 usw.) や「所有」(N. 273. vgl. N. 259. 349 usw.) という運命に屈せざるをえなかったのも、またイエスの愛の宗教が、既成的なユダヤ律法を克服しようと試みたにもかかわらず再びキリスト教として既成化の道を歩まざるをえなかったのも、かかる愛の限界に基づくのである。

キリストにおける愛の精神は、客体を止揚できないみずからの直接性のゆえに、現実の諸々の客体 (「所有」や「国家」) と出会うと、反転して全体的な生から身を引き、こうして生を限定することによって、みずからがめざしていた全体性を引き裂き、その結果現実の諸々の対立へと巻きこまれるのである。

「イエスは世が変わらないとみてとるや、彼は世から身を引き、世とのあらゆる関係から身を引く。彼が彼の民族の全運命と衝突するかぎり、たとえ彼の振舞いが彼自身に矛盾するようにみえても、彼は運命に対して受動的にふるまうのである。」(N. 327)。

生の全体性への還帰をめざしていたはずのイエスの愛の教えが、その目的とは正反対の結果に、すなわち生の諸々の関係に分離を設ける結果に終わること——これが愛の人イエスをとらえた運命である。

「イエスの実存は、世からの離反（Trennung）であり、世から天国へと身を引くことであった。空虚になりつつある生を観念性（Idealität）の中で再建することであった。敵対せるものに出会うごとに神を想起し、神をはるか仰ぎ見ることであった。」（N. 329）。

イエスは生の諸関係の中に自己を表現しつくすことはできず、かえってそれらから逃がれることによって、かろうじてみずからの純粋性（直接性）を維持することができた。かかるイエスの「美しき魂」は、その純粋性のゆえに、その対立物を止揚することができない。運命から身を避けるものは、どこまでも運命にとりつかれ支配されつづけなければならないのである。イエスの教えも、愛を紐帯とするキリスト教団も、愛の直接性のゆえに既成的《ポジティーフ》なものと和解することができずに、みずから一つの運命——全体的生からの分離・離反という運命——を甘受せねばならなかった。

このように『キリスト教の精神とその運命』において、愛による全体的生への還帰がめざされるにもかかわらず愛の挫折が説かれるのである。愛の限界を説かざるをえないのは、全体的な生を分離し、客体的なものを客体的なものとして規定する「反省」（Reflexion）（N. 304, 310, usw.）を、この時期のヘーゲルが正当に評価できなかったことに基づいていると言えよう。

ヘーゲルは、「反省」（＝「悟性」）を「愛」や「純粋な生」の対立概念としてとらえる。「反省」あるいは「悟性」とは、「制限」と「区別」の能力であり、客体的なものを孤立したものとして規定する。かかる意味において、「反省」は——「愛」とは逆に——神的全体である「純粋な生」をとらえることはできない。

「神的なものは純粋な生であるから、神的なものについて語られるとき、またそれについて語られることがらは、必然的にいかなる対立するものをもみずからの中に含んでいてはならない。そして客体的なものの諸関係に関する反省や、また客体的なものを客体的に取り扱うための活動に関する反省のあらゆる表現は、避けなければならない。」（N. 304f., vgl. 306, 308 usw.）。

このように、全体的生が、「反省の外」（N. 310）にあるとすると、反省の総体としての世界と神との関係、言い換えれば「有限なもの」と「無限なもの」との関係は、反省にとっては「一つの聖なる秘密」（N. 304, 310）であろう。反省が、「精神的なものを精神で表現するのにふさわしくない」（N. 304, 306）とヘーゲルが言う以上、全体的生の認識は、「信仰」に委ねざるをえないのである。なぜなら、「信仰とは精神による精神の認識」（N. 289）だからである。ヘーゲルは、ここで「信仰」をヤコービと同様に、反省を越えた直接性の立場として考えているのである。

しかしながら、ここでは反省に対する上記のような否定的な主張と共に、反省を越えた「生」を反省によってとらえようとするヘーゲルの姿勢が萌芽の形ではあるが認められる。それは次のようなヘーゲルの言の中に読みとれよう。

「生はさらに反省された生として、すなわち、分割の観点から、主語と述語としての観点からもまた生であり、把握された生（aufgefaßtes Leben）（光、すなわち真理）である。」（N. 307）。

個々のものは、「反省された生」としてみずからのうちに矛盾を含んでいる。なぜなら、個々のものは、一方では生の一分肢としては全体の生と等しく、したがってそこでは個の自立性は失われている。他方、個々のものは、反省されたものとしてみずからの存在を保っており、そのかぎり全体と対立してもいる。

かかる矛盾が統一されているところに個々のものが存立する。「対立するもの、死せるものとしての個々のもの、限定されたものは、同時に無限な生の木の小枝である」（N. 307）とヘーゲルは言う。

個々のものが、単に全体に対立するものであるばかりでなく、全体そのものの一分肢でもあるとすれば、かかる矛盾を反省（悟性）は理解することができない。なぜなら既述したごとく反省は個々のものを客体的なもの、死せるものとして、すなわち、全体的生と対立するものとして定立するからである。それゆえ反省にとって個と全体、有限なものと無限なものは端的に矛盾する。しかも、かかる矛盾が止揚されているところに全体的な生があらわれるとするならば、そもそも反省と全体的な生とはいかなる関係に立っているのか。

「（反省が定立する――引用者）死せるものの国において矛盾であるものは、生の国において矛盾ではない」（N. 309）と断定的に語るヘーゲルは、しかしながら、全体的生（＝「生の国」）を反省された個々のもの（＝「死せるものの国」）の外におくべきなのか、あるいはその内に置くべきなのか、いまだ決定的な結論に達することができないままでいる。かかるみずからの動揺をヘーゲルは「愛と宗教」と題されている断片草稿（一七九七年夏）の中ですでに次のように表白していた。

「理想をわれわれの外に置くことはできない。外に置けばそれは客体であろう。（理想を）われわれの内にのみ置くことはできない。内に置けばそれは理想ではないであろう。」（N. 377）。

全体的生（＝理想）を人間の反省能力の外に置くべきか、それともその内に置くべきか、――イェーナ期に至ってヘーゲルがたどりついた結論は、理想を反省の内と外に同時に定立することであった。

しかし、反省（悟性）にとって「神的なものは矛盾である」（N. 306）とすれば、反省はいかにして全体的な生（＝神的なもの）を把握することができるのか。フランクフルト期のヘーゲルは、いまだこの問に答えることができない。この時のヘーゲルにとって、全体的生は愛と同様、悟性（反省）にとっては、「聖なる秘密」（N. 304, 310）と言わざるをえないのである。

フランクフルト時代末期のいわゆる『一八〇〇年体系断片』の中で、ヘーゲルが「哲学は宗教に席を明け渡さなければならない」（N. 348）と書きつけたのも、「反省」に対する上記のような否定的な評価のゆえであった。哲学は「思惟」（Denken）であり、しかも「思惟の身体」[20]とも言うべき言語が、「反省の所産」（N. 348）であるかぎり、哲学は有限性のエレメントの中を動いている。

「哲学は、すべての有限なものにおいて、その有限性を示さなければならない」（N. 348）とヘーゲルは言う。それゆえ、「有限な生から無限な生への高揚」（N. 350 usw.）は、客体を捨象する「愛」の主観性（直接性）によっても、また無限な生を反省によって、「制限された生」（N. 346, 348）として定立する哲学の客観性によっても成就されず、かえってそれは両者の対立を越えた「宗教」において実現されるとこの時のヘーゲルは考える。

しかし彼は、かかる「宗教」の具体的内容を明らかにしえない。他方、ヘーゲルは反省を越えた無限なる生を、反省そのものによって把握しようと試みる。この努力の端的なあらわれが、周知のように「生は結合と非結合との結合である」（N. 348）という命題の中にみられる。

有限な生から無限な生への直接的な高揚（宗教）ではなく、「有限なものから無限なもの」（N. 347）への媒介的な移行――これこそが以後のヘーゲルの中心問題となるだろう。しかしここでは、ヘーゲルはまだ「反省」の意義を正当に評価できないために、有限と無限の綜合を、一方では宗教によって可能であるとしながらも、他方では反省による媒介的な綜合を模索するのである。

かかるアンビヴァレントな態度は、『一八〇〇年体系断片』（一八〇〇年九月一四日）とほぼ同じ時期に書かれた『キリスト教の既成性』の改稿（一八〇〇年九月二四日）にも影を落している。そこでは次のように言われている。

「人間の本性が、神的なものから絶対的に区別されるなら、すなわち――一人の個人だけを例外として――人間の本性にはいかなる媒介（Vermittlung）も許されず、善なるものや神的なものについての人間の意識がすべてもっぱら、人間に疎遠な巨大な存在への信仰の鈍化と破滅へと堕落してゆくなら、この見解は著しく既成的なものとなろう。この点についての研究が、諸々の概念を通じて根本的になされるとするなら、この研究は、究極には有限なものと無限なものとの関係についての形而上学的考察に移ってゆくだろう。」(21)(N. 146)。見られるごとく、ヘーゲルはベルン期において感性的な宗教を支持する立場から、かたくなに拒否していた宗教の「形而上学的考察」をここで承認することになるのである。この引用文の中にわれわれは、テュービンゲン期以来、人間と神的なものとの隔絶を道徳性や愛といったような直接的なものによって乗り越えようとしたことに対するヘーゲルの自己批判を読みとることができよう。かかる自己批判の根底には、「反省」に対するヘーゲルの積極的な評価が存在するのである。

ここで「媒介」という概念が、ヘーゲルによって初めて積極的な意味で用いられたのは、かかる「反省」概念の受容と深くかかわっているのである。しかしヘーゲルはここで「媒介」の立場を明確に打ち出したというよりもむしろ予感していたと言うべきだろう。というのも上記の引用文に引きつづいて彼は、有限者と無限者の媒介的な考察は、「この論文の意図ではない」と付言し、逆に神的なものを、「生の生ける精神として直観すること」が、「この論文の根底にある」ことを表明する(vgl. N. 146)。

ここでもヘーゲルは明らかに二つの魂の間で動揺していると言うべきだろう。人間と神的なものとの和解は、「反省」を承認した上での「形而上学的考察」による媒介の立場によって成就されるのか、それとも、「生の生ける精神として直観する」ことによって可能なのか――ヘーゲルは『キリスト教の既成性』の改稿を書いた一カ月余り後に、シェリングにあてた周知の書簡(一八〇〇年一一月二日)の中で、明確な自覚をもって「反省」(＝媒介)の意義を承認することになる。

「青年時代の理想は反省形式に、同時に一つの体系へと変化しないわけにはいかなかった」とヘーゲルは告白する(Br. I. 59-60)。続くイェーナ期にヘーゲルが全力を尽くして取り組んだのが、この「反省」にまつわる種々のアポリアの克服であった。そしてかかるヘーゲルの苦闘の中から、かの「媒介」概念が鍛え出されてくるのである。

註

（1）G. Rohrmoser, *Subjektivität und Verdinglichung*. Gütersloher Verlagshaus. Gerd Mohn 1961. S. 25f.

（2）ヘーゲルの「自由」概念については、新たに稿が起こされるべきであるが、さしあたり、若きヘーゲルは、自由をルソーに倣って、人間の「自然」と「共和国」の理念との統一のうちに見ていたと言えよう（vgl. N. 8, 18, 221 usw.）。かかる自由の理念をカントの実践理性の自己立法的な道徳法則のうちにその実現可能性を確信していたのがベルン期までのヘーゲルである。フランクフルト期になると、周知のように「愛」の立場からカントの意志の自律に基づく道徳的な義務命令も、主人と奴隷の関係を内面化したものとして批判される（vgl. N. 266）。

ヘーゲルの「自由」概念は、かかる支配‐服従関係の止揚として構想されているのであるが、これは言うまでもなく、人間の全体性を回復しようと試みるヘーゲルの実践的要求と表裏一体をなす。かかるヘーゲルの「自由」観は、彼の「真理」概念をも規定している。『キリスト教の精神とその運命』の中でヘーゲルは次のように述べている。

「真理は自由なものであって、われわれが支配するものでもなく、またわれわれが支配されるものでもない。」（N. 254）。「真理は全体である」とか、「自由とは他在における自己同一である」といったよく知られているヘーゲルの言葉も上記のような自由観から理解すべきであろう。

（3）「青年時代の理想」とは、O・ペゲラーも指摘しているように、「神的なものと人間的なものとの統一、無限なものと有限なものとの統一」といったような「支配的になった諸対立の克服」（O. Pöggeler, *Hegels Idee einer Phänomenologie des Geistes*. München 1973. S. 119）であろうが、かかる理想の背後に、人間の全体性を取り戻そうとするヒューマニスト・ヘーゲルを見るべきだろう。

（4）*Briefe von und an Hegel*. Bd. I. hrsg. von J. Hoffmeister. Hamburg 1952. S. 24. 以下この書簡集からの引用は、Br. I. 24という風に略記する。

（5）かかるヘーゲルの直接性の立場を、細谷貞雄は、「自然への信頼」という言葉で言い表わしている（細谷貞雄『若きヘーゲルの研究』［未来社、一九七一年］二一九頁）。

（6）感覚（感情）の中に存在する理性（道徳性）の芽を育てるという考えは、後に「教養」の概念へと結実する（『精神現象学』序文、およびⅣ「精神」のB「自己疎外的精神あるいは教養」の項を参照）。

「教養」とは、周知のように人間がみずからの自然的な存在を止揚して、自己を普遍的なものにまで形成することであるが、『精神現象学』でヘーゲルはかかる教養の過程を「疎外による媒介」（die entfremdende Vermittlung）（III. 363-364）と呼ぶ。『法の哲学』でも、「人倫の喪失態」（VII. 91［§33 Zusatz］）としての市民社会が「教養」の領域として位置づけられる。市民社会の成員は、みずからの「特殊性の中の主観性を教養陶冶（bilden）する」ことによって「普遍的な形式」へと高まらざるをえないというわけである（VII. 343f.［§186, §187］）。

したがってヘーゲルは市民社会全体を「媒介の領域」（der Boden der Vermittlung）（VII. 340［§182 Zusatz］）とも呼ぶ（「教養」と「媒介」の関係については、本書の第十章を参照されたい。）。このように後年のヘーゲルにとって「教養」と「媒介」は等置されるが、若いヘーゲルには上記のような「教養」（媒介）の積極的な意味が気づかれていない。この時期のヘーゲルは感性（自然性）から理性（普遍性）への「媒介」の論理を構築できないために、感性と理性を直接に同一視して論ぜざるをえないのである。

『民族宗教論』で、ヘーゲルが「愛」と「理性」を類比的に論じたり（vgl. N. 18）、また「いつ人類は感覚よりも原則が、個人よりも法則が支配する段階に到達するだろう」（N. 56）と溜め息まじりに語るのも、上記のようなコンテクストの中で考えるべきであろう。なお「民族宗教」論で、「自然への信頼」の立場に立つヘーゲルの脳裏には、ルソーのいわゆる「感覚的理性（une raison sensitive）」論が存在していた可能性は充分あると思われる（ルソー『エミール』第二篇）。この点については、本書第一章の註（4）を参照。

（7）「回り道」は、後年「媒介」と同義に使用され、積極的な意味があたえられる。『哲学史講義』の中でヘーゲルは次のように言うことになる。「精神の道程は媒介であり回り道である。」（XVIII. 55, XX. 507）。

（8）このような自覚がヘーゲル自身にあったことは、このころの断片草稿の中で次のように語られていることからも見てとれよう。「直接的な攻撃は、一つの既成的宗教を打ち倒すが、そのことによって再び新たな既成的宗教へとみちびかれるのである。」（N. 363）。

（9）Vgl. G. Rohrmoser, *a. a. O.*, S. 37.

（10）ヘーゲルは古代のギリシアやローマの宗教とキリスト教を、「時代精神」（der Geist der Zeit）（N. 220, 228）から理解しようと試みる。古代のギリシア人やローマ人の神々が、「人間の弱さを分け持った実に貧弱な神々」（N. 223）であったのは、彼ら自身が自由な民族であり、みずからの中に「永遠なもの、自立的なもの」（N. 223）を生き活きとした形でもっていたからであるとされ、それに対してキリスト教は、共和国の全体的な理念が人びとの心から消えて、私的なものにのみ関心をよせる個人主義の精神の所産としてとらえられる（vgl. N. 219-230）。

（11）尤も、ヘーゲルはキリスト教の既成化にイエスの教えがまったく無縁だと考えているのではない。ヘーゲルはイエスの教えを、「哲学的セクト」と「既成的セクト」の中間に位置づけ、それを「第三のセクト」と呼んでいる（vgl. N. 158）。イエスの教えは、彼の心の中に息づく「義務と正義の感情」に基づいた「徳の命令」であるかぎり、本来、「哲学的セクト」に属すべきものであるが、かかる道徳法則に従うことをイエスが「神の意志」に求めたところにイエスの教えが「既成的セクト」へ転化する萌芽があったというわけである（vgl. N. 158f.）。イエスの教えの中に存在する上記のような相反する二つの要素についてのヘーゲルのあいまいな態度については、細谷貞雄、前掲書、一一三頁以下参照。

（12）関係し合う両項は、その存立のために相互に前提し合う、というヘーゲルの根本思想はここに淵源する。

有限なものは、それだけで無条件に存立しているのではなく、その存立根拠を絶対者（神）の内にもっている、というヘーゲルの根本思想は、続くイェーナ時代に彼が経験論や批判哲学を批判の俎上にのせるときの思想的立脚点となっている。（『フィヒテとシェリングの哲学体系の差異』（一八〇一年）の中に次のような言葉がみられる。「対立したものや、それゆえに制限されたものは、それだけでは存立しない。」（II. 27）。経験論や批判哲学は、経験や現象という有限なものの確実性にいささかの疑念もさしはさまないがゆえに、「絶対的有限性の独断論」（II. 380）としてヘーゲルに批判されるのである。

これに対して、ヘーゲルは有限なものの自己否定の論理を詳らかにすることによって、有限者と絶対者のカント的二元論を克服しようと試みる。この点に関しては、山本道雄「ヘーゲル初期論理学の研究」神戸大学教養部紀要「論集」二六号（昭和55年）九頁以下を参照。

（13）「媒介」という言葉が形容詞の形でではあるが、最初に使用されたのはこの箇所であると思われる。高橋昭二は、「媒介」（Vermittlung）という用語の初出をフランクフルト末期の『キリスト教の既成性』の改稿（一八〇〇年九月二十四日）の中に見出している（高橋昭二『若きヘーゲルにおける媒介の思想（上）』［晃洋書房、一九八四年］三頁参照）。「媒介」なる言葉が肯定的な意味で初めて使われたということであれば、高橋が指摘する通りであろう。しかし、否定的な意味では、すでにそれ以前にここでわれわれが指摘した箇所で使われているとみてよいと思う（mittelbarは、vermitteltと同様、Vermittlungの形容詞としてヘーゲルが使っているとみなしてよい理由は、例えば『精神現象学』を参照されたい（vgl. III. 151, 174）。

ところで高橋が「媒介」をヘーゲルのフランクフルト期の「『和解』（die Versöhnung）という概念の論理的表現である」（前掲書、三頁）と言うのは、「媒介」概念の肯定的な側面しか見ていないためである、と言わざるを得ない。

ここで示すように、フランクフルト期の「和解」概念は、若きヘーゲルの直接性（愛）の立場から出てきたものであって、「媒介」の立場とは相容れないものである。高橋はフランクフルト期までの若いヘーゲルの中に「媒介」の思想を模索するが、われわれの見解ではフランクフルト期までのヘーゲルは、まさに直接性の立場に立って、「媒介」を批判しているのである。

このことは本章全体が示すはずである（本書第一章の二と三も参照されたい。）。
（14）Vgl. H. Schmitz, *Hegel als Denker der Individualität.* Meinsenheim a. Glan 1957. S. 96f.
　H・シュミッツは、ユダヤ人とユダヤ人が支配した民族（世界）と神との関係を推論として説くフランクフルト時代のヘーゲルの見解を、後の完成した推論と同一視している。
（15）「理性推論」と「悟性推論」の相違については、『論理学』以外では、例えば、『哲学史講義』のプラトンの項参照（vgl. XIX. 90f.）。
（16）それゆえ「生」は、後年の言葉で言えば「根源分割」（Ur-teil）として定在する（vgl. VI. 473, vgl. H. Marcuse, *Hegels Ontologie und die Theorie der Geschichtlichkeit.* 3. Aufl., Frankfurt a. M. 1975. S. 231.）。
（17）H. Marcuse, *a. a. O.*, S. 236.
（18）ヘーゲルのかかる考えは、イェーナ期になって、「絶対者」とその「現象」との関係として考えぬかれる。
（19）笹澤　豊『ヘーゲル哲学形成の過程と論理』（哲書房、一九八三年）三六頁参照。
（20）『エンツィクロペディー』の中で、ヘーゲルは、言語を「思惟の身体」（der Leib des Denkens）（VIII. 286［§145 Zusatz］）と呼んでいる。
（21）高橋昭二は、この引用文に表明されている問題を次の三点に要約する。
　（一）カント主義の否定、（二）既定（既成）性の問題とイエスの媒介の問題、（三）形而上学における有限と無限の関係の問題（前掲書、四頁）。
　まず、（一）に関してであるが、われわれはこの引用文の中にカント主義の否定のみを見るわけにはゆかない。というのも、ここでは人間と神的なものとの区別というカント的二元論を、「愛」や「宗教」のような直接性の立場から克服しようとしたフランクフルト期のヘーゲルみずからに対する自己批判が含意されているからである。だからこそヘーゲルは、かかるカント的二元論を真に止揚しうるものを、有限者と無限者との「媒介」関係を明らかにする「形而上学的考察」に求めようとするのである。このような「媒介」の立場に立つことは、単なるカント哲学の否定によっては可能ではない。そこには、この時期にヘーゲルの中に生じてきた「反省」に対する積極的な評価が含意されているはずである。

　「反省」に対する評価は、いわゆる「反省哲学」たるカント哲学の新たな評価を呼び起こすであろう。事実ヘーゲルはこの直後にイェーナへ居を移した後、カント哲学の内在的な批判に向かうのである。周知のように、『信と知』（一八〇二年）において、ヘーゲルは「有限なものと無限なものとの絶対的な対立」（II. 294, vgl. II. 332）を固持するカント哲学を、フィヒテやヤコービの哲学と共に「反省哲学」の名を冠して批判の俎上にのせる。

しかしヘーゲルは、カント哲学を単に「反省哲学」として批判し去るのではない。同論文でヘーゲルが、「悟性の中にさえも理性の理念の端緒をすえた」（II. 316, vgl. II. 319f.）ことを「カント哲学の功績」（ibid.）として讃えていることからもうかがえるように、ヘーゲルはカント哲学の中に、カント哲学自身を乗り越えるものを見ようとする。このことは言うまでもなく「反省」そのものに対するヘーゲルの肯・否両面の評価につながるであろう（周知のように『信と知』の前年に公にされた、いわゆる『差異論文』で、すでに「カント哲学は、カテゴリーの演繹の原理において真の観念論である。」〔II. 9〕と言われ、「かの悟性形式の演繹のうちに思弁の原理、すなわち主観と客観の同一性がこの上もなく明確に言明されている。」〔II. 10〕と主張されていた。）。

このように考えてくると、先の本文の引用の中に、高橋が言うようなカント主義の否定のみを見るのは一面的と言わざるをえないのである。カント主義の否定を言うのなら、一八〇〇年の『既成性論稿』の改稿を俟たずとも、『キリスト教の精神とその運命』ですでに論じられていることである。要は、先の引用文の中のカント主義の否定が、「媒介」なる概念とともに論じられていることが重要なのである。「媒介」概念は、「反省」概念の評価——したがってカント哲学の再評価——を抜きにしてはありえないのである。

次に（二）に関してであるが、ここでヘーゲルが表明していることが、高橋が言うように、「イエス・キリストが『媒介』の立場である」ことを意味しているとは筆者には思えないのである。というのも、ここではイエスは「媒介」であるにしても、それは人間と神的なものとの対立を止揚する「媒介」なのではなく、逆にかかる対立の所産としてとらえられているからである。人間と神的なものが絶対的に隔絶しているからこそ、「一人の個人だけを例外として」（傍点はヘーゲルが強調したもの）定立しなければならないのである。『キリスト教の既成性』（基本稿、改稿）でヘーゲルがイエスを「回り道」（媒介）として、すなわち人びとと神的なものとの絶対的差別の所産としてとらえていることを筆者はすでに本章の三で言及した。

イエスを「媒介」の立場とみている高橋の見解は、高橋独特のヘーゲル解釈に由来すると思われる。高橋は、カントの二元論を克服する道をヘーゲルが「イエスの運命」のうちに見出したとして、カントからヘーゲルへの哲学的な移りゆきを次のように説明している。

「カントは弁証が推論に基づくことを明白にし、その推論における媒語の二義性において、弁証は思弁に転落すると考えた。ヘーゲルがカントの消極的弁証論を積極的弁証法に転ずるとは、カントが示した媒語二義の批判を越えて、その二義性を清算する途を見いだすことに他ならない。周知のように、若きヘーゲルはその独自な思索からこの途をイエス・キリストの運命に見い出す。神人イエスの十字架における死（自己否定）、その復活（否定の否定）において二義性は一義的に止揚され、有限と無限の綜合が可能となる。自己否定による媒介の思想は、ヘーゲルの独創的思索である。」（高橋昭二『カントの弁証論』［創文社、昭和四四年］二六三－二六四頁）。

ヘーゲルは、確かにカントの二元論を克服する道を見出した。しかし、彼は、それを、高橋が言うような「イエスの運命」の中に見出したのではない。フランクフルト期までのヘーゲルは、まさに「媒介」としてのイエスを、人間と神との絶対的な対立の所産として拒否し、イエスを「道徳性」や「愛」という直接性の立場に立たしめることによって、かの対立を和解させようと試みていたのである。

しかし所詮は「愛」といったような直接性の立場では、かの強固な対立は止揚すべくもない。このような自覚に立ってイェーナ期には、分裂を刻印づけられた「反省文化」およびその所産としてのカント、フィヒテ、ヤコービの哲学との真摯な格闘が行われることになる。そしてかかる「反省文化」としての当代の二元論的分裂を克服する道を、ヘーゲルはカントのアンチノミー論の中に見出したのである（カントのアンチノミー論に対するヘーゲルの解釈については、前掲の山本論文を参照すべきである。）。

高橋は、カントのアンチノミー論をヘーゲルの視角から分析しながら、アンチノミー論の中にカントからヘーゲルへの道を示さないのはまことに奇妙なことだと言わざるをえないのである。高橋はヘーゲルのカント解釈に従って、カントが示した「世界の理念」だけではなく、「魂の理念」「神の理念」にもアンチノミーが成立することを示そうとしている。しかしここで分析されるのは、各理念における「現象」と「物自体」との「直接的綜合」（＝「混淆」）が指摘されるだけで、「批判」から「弁証法」への道すじは、示唆さえされないのである。

なるほど高橋は、ヘーゲルに対するカントの独自性として、「有限主義」とそれに基づく「実践主義」を挙げている（前掲書、二九八頁）。しかしイェーナ期以後、ヘーゲルが本質的な批判を試みたのは、まさにこの「有限主義」に対してであった。有限なものの自己否定の論理を構築することが、ヘーゲルの論理学のモチーフであったはずである。高橋は、一方でカントのヘーゲルに対する独自性を強調しながら、他方ではカントからヘーゲルへの道を示そうとする（前掲書、二六四頁）。

しかしながらヘーゲルの立場からすると、両者は両立不可能なはずである。もし両者を両立させようとすると、カントかヘーゲルの解釈を歪めることになろう。高橋はヘーゲルの解釈を歪めた、と筆者には思われる。その端的なあらわれが、イエスの媒介によってヘーゲルがカントの二元論を克服する道を見出したという先の主張だろう。かかる解釈はヘーゲルを公然と神秘化し、カントに比してきわめてつまらぬ哲学者に仕立てあげることであり、ヘーゲルに対しては甚だ浅薄で不公平な解釈だと言わなければならない。もしカントからヘーゲルへの移りゆきを哲学史的に説明するなら、高橋のように「イエスの運命」などを持ちだすべきではなく、カントのアンチノミー論に即してカントからヘーゲルの道ゆきを示さなければならない。それが弁証法的な哲学史の説明というものであろう。

もちろん、われわれはヘーゲルが後に「媒介」としてのイエスを承認したことを否定するわけではない。イェーナ期に入ると、ヘーゲルはイエスの死と復活の中に思弁的な意味を認めた（『信と知』）。しかしそれはヘーゲルがカントのアンチノミー論を手がかりとして、近代の「反省文化」総体を止揚する道を論理化できる確信を得た後のことであると言うべきだろう。ヘーゲルはみずからの体系をバック・アップするものとしてキリスト教のかのドグマを用いたのであってその逆ではない。

ヘーゲル哲学をキリスト教のドグマと直接結びつけることは、「人間の諸々の下位の欲求」（一八〇〇年一一月二日付シェリング宛書簡〔Br.I. 59〕）からその哲学的道程を歩んできたヘーゲルの全努力を無視してしまうことにもなりかねないであろう。この意味で、ヘーゲルがフランクフルト末期（一七九九年二月～五月）にJ・ステュアートの経済学書（『政治経済学原理の研究』）を詳細なノートをとりながら読んだことは象徴的な出来事だったと言えよう（vgl. K. Rosenkranz, *G. W. F. Hegels Leben*. Berlin 1844. Nachdruck: Darmstadt 1963. S. 86）。ヘーゲルのキリスト教批判からキリスト教の受容への経緯に関しては、野田又夫「ヘーゲルとキリスト教」（『西洋近世の思想家たち』〔岩波書店、昭和四九年〕所収）が参照されるべきである。

第三章　経済学研究への道

――「反省形式」としての「所有」から全体的な「生」（＝「理想」）へ

ローゼンクランツは、その著『ヘーゲルの生涯』の中で，ヘーゲルの最初の本格的な経済学研究に関して以下のように報告している。よく引き合いに出される箇所ではあるが、この章の議論の出発点として引用しておこう。「市民社会の本質、欲求と労働、分業と諸身分の資産（Vermögen）、救貧制度と福祉行政（Polizei）、租税等々に関するヘーゲルのすべての思想は、結局のところステュアートの国家経済学のドイツ語訳に対する注解に集約されている。彼はそれを一七九九年二月十九日から五月十六日までの間に書いたのであるが、それは今でも完全なかたちで保存されている。そこには政治と歴史に対する多くの優れた洞察と鋭い注釈がみられる。ステュアートはいまだ重商主義の徒であった。ヘーゲルは競争の真只中で、そして労働と交易の機構の中で人間の心情（das Gemüth des Menschen）を救おうと努めながら、気高い情熱と多くの興味深い実例を用いて、重商主義の死せるものと闘ったのである。[1]」（傍点の強調は引用者）。

周知のように、ローゼンクランツが完全なかたちで手許におくことができたヘーゲルの「ステュアート注解」

は、不幸にしてその後、散佚の憂き目にあい、今日のわれわれには、もはや目にすることができないため、その内容を詳らかにしえないのであるが、上記のローゼンクランツの短い叙述から、ヘーゲルがどのような意図をもって経済学の立ち入った研究をおこなうようになったのか、その事情をわずかながら垣間見させてくれる。

すなわち、ヘーゲルは「市民社会の本質」を究明するために経済学の本格的な研究に取り組んだのであり[2]、経済学の研究に沈潜することによって、分業に基づく労働と欲求の体系としての近代市民社会に独自な内的構造と、それが孕む問題を把握し、こうして近代市民社会の中に存在する死せるものから人間の生を救い出そうとした、ということがローゼンクランツの言からうかがえるのである。

ヘーゲルがドイツ観念論の哲学者の中で唯一経済学に深く注意を向けたのも、決して偶然ではない。というのもヘーゲルに経済学研究への本格的な取り組みを決意させたのは、それ以前からもちつづけていた彼の問題意識から生じた必然的な結果であるとも言えるからである。

本章の課題は、フランクフルト期（一七九七～一八〇〇）の末にヘーゲルが「市民社会の本質」を見極めんとして経済学研究へと向かった経緯と、その必然性について論究すると同時に、「所有と法の体系」としての近代市民社会への内在を通して、「所有」という「反省形式」から全体的な「生」に至る「媒介」の道を模索していたことを明らかにすることにある。

一　若きヘーゲルを取り巻く政治的・宗教的状況

一七九三年にテュービンゲン大学を卒業した後、スイスのベルンで孤独な家庭教師の生活を強いられていたヘーゲルが、久し振りに旧交を温めながら、友人のシェリングに宛てた手紙（一七九五年四月一六日付け）の中で、次のように述べている。

「ところで、人間の尊厳（die Würde des Menschen）を高く評価し、人間をあらゆる精神と同列に置く自由の能力（Vermögen der Freiheit）が具わっていることを承認することに、ぼくたちはどうして今にして思い至ったのであろうか。ぼくは、人間がそれ自体としてこれほど尊敬するに値するものと思われているということほど時代のより良きしるしはないと思う。これこそ圧制者どもと地上の神々の頭から後光（Nimbus）が消え去った証拠だ。哲学者たちがこの人間の尊厳を証明すれば民衆はいずれそれを自覚することを学び、そして辱めを甘受してきた自分たちの権利を要求するばかりでなく、みずから再びこれを受け容れ、――わがものとするはずだ。宗教と政治は一つ屋根のもとで共謀してきた。宗教は専制政治の欲したこと、すなわち人間に対する蔑視（Verachtung des Menschengeschlechts）を教え、人間がなんらかの善いことを達成したり、みずからしかるべき者になることができないことを教えてきた。ものごとはいかにあるべきかということについての理念が行き渡るにつれて、すべてのものをいつまでもあるがままに受け容れようとする腰の重い人びとの怠惰は消え去るだろう。」（Br. I. 24）。

この手紙から、若きヘーゲルがいかなる問題意識をもって現実の諸問題に立ち向かったかということを、はっきりとうかがい知ることができる。

ヘーゲルにとって「宗教」と「政治」は、人間の生を支える「最も重要な事柄」（vgl. N. 3）に属する。しかしこれまで「宗教」も「政治」も、人間を人間たらしめるのに寄与してきたどころか、それとは反対に「人間に対する蔑視」を人々の心に植え付け、双方とも手を携えて人間の抑圧に手を貸してきた(3)。

ヘーゲルは、さらにかかる状況の根底に、私的利害の問題が深く絡んでいることを鋭く読み取っている。いま引用した同じ手紙の中で、ヘーゲルが、「今日、憲法の精神は利己心（Eigennutz）と同盟を結んでおり、利己心の上にその王国を築いている」（Br. I. 24）と喝破しているように、いまや私的利益が、政治や宗教のような人間精神の普遍的な領域にまで浸透し、政治や宗教をみずからの従者とし、それらを「後光」として現代の世界に君臨している、というわけである。

私的利害の中でみずからの真の姿を見失っている人間のまわりに幾重にも厚いヴェールを投げかけ、「人間の尊厳」を抑圧することに共に手を貸し合っている政治や宗教を批判し、それらのあるべき「理念」を対置することによって、人間には本来「精神」へと高まる「自由への能力」が具わっていることを証明すること――このことこそベルン時代（一七九三～一七九六）の若きヘーゲルにとって、哲学が果さなければならない使命なのである。

ヘーゲルをして上記のような考えに至らしめた現実の状況とはどのようなものであったのか。

まず政治的状況に目を移すと、ヘーゲルが当時住んでいたベルンは、外見上は共和制であるにもかかわらず、その内実は寡頭政治がおこなわれ、私的利害に支配された露骨な貴族政治であった。先に引用した書簡の中で、ヘーゲルは開口一番、ベルンの寡頭政治の唾棄すべき内幕についてシェリングに次のように報告している。

「十年ごとに最高会議（conseil souvrain）が召集され、この時期に辞職するほぼ九十名の議員が補充される。この時に起きる事態がいかに人間くさいものであるか、当地でおこなわれるイモ蔓式の人間関係に較べれば、諸侯の宮廷でおこなわれる近親の者たちによるあらゆる陰謀もいかにとるに足りないものか、言うべき言葉がみつからないぐらいだ。父親が自分の息子を、あるいは莫大な持参金をもってくる娘婿を任命する等々。貴族制（eine aristokratische Verfassung）を知るようになるためには、この補充がおこなわれる復活祭の前のこのような冬を当地で過さなければならない。」（Br. I. 23）。

この時期、ヘーゲルがベルン共和国に服属していたヴァート地方に住む法律家のカルの著作（いわゆる『カル親書』(4)）を翻訳したのも、それを通じてベルンの寡頭支配体制の内情とその歴史的事実を明るみに出し、よってもって為政者に「正義」を学ばしめようと意図したからである。[5] この翻訳とその解説を通してヘーゲルは、政治的権力が経済的利害によってすみずみまで浸透され、みずから私的利害の道具となりさがっている現実をはっきりと見据えることになる。

そしてその後、ベルンからフランクフルトへ居を移す直前に故郷のシュトゥットガルトへ一時帰省した際に、ヴュルテンベルク王国の政治的状況を目の当たりにしたとき、事態がベルンの場合と根本的に変わらないことをヘーゲルは再度確認するのである。

当時ヴュルテンベルクでは、君公と民会が対立しており、折しも君公が、フランスに対する賠償金返済のために、民会を召集せんとしたことが機縁となって、対立が表面化していた。[6]

ヴュルテンベルクの政治は、ヘーゲルが言うように、「すべてが、神慮によってあらゆる権力を一身に集めている一人の人間、そしてその承認のためにも、また人権の尊重のためにも、なんの保証をも与えない一人の人間をめぐって、行われている」[7] というのが実状であった。かかる政治的権力によって、みずからの私的利益を貫徹しようとするのは君公だけでなく、これに対抗する民会の側も、「利己心」[8]（HS. 154）に支配され、その正当な役割を行使しえていないことをヘーゲルは厳しく弾劾する。

ヘーゲルの批判が集中するのは、民会の中核である常任委員会そのものではなく、それをとりしきる「相談役」（Konsulenten）や「顧問役」（Advokaten）である（vgl. HS. 153）。彼らは公文書をわが者顔のように占有して、都合がわるいときにはそれを公表せず、また公金を勝手に使用したり、選挙に不当な力を及ぼしたりするなどして、常任委員会を私物化していたのである。

その上彼らは、宮廷と通じてみずからの利益の保全をはかり、他方宮廷の方も彼らを利用してみずからの目的を達せんと目論んでいた。このように、ヴュルテンベルクを支配する君公と民会という二つの政治勢力は、一見対立しているように見えながら、その内実は双方とも私的利益の保全という同一の土俵で相撲を取っていたのである。

かかる政治的状況は、ヘーゲルによれば、いまや全面的に変革されなければならないのであって、その場合変革の基準となる理念は、「正義」（HS. 151）、すなわち「社会全体の利益」（das allgemeine Beste）（HS. 152）なのである。

かかる「正義」の理念に反し、みずからの特殊的利益に旧態依然として固執しようとする者は、みずからの精神が普遍的な精神に合致していないことを認めて、事態の必然性に従うべきだとヘーゲルは言う。

「ある変化が必然的であることを冷静に確信した後は、ドイツ人は恐れることなく個々の検討に立ち向い、不正なものが見出されるならば、不正を受けている者は、それを取り除くことを要求し、不正に所有している者は、それをみずから進んで放棄すべきである。」（HS. 152）。このようにヘーゲルは、私的利益のうえに胡座をかいているヴュルテンベルクの政治体制を、「正義」の理念に照らして批判し、その変革の可能性を模索しているのである。

次に当時の宗教的状況はどうであったか。宗教も政治的権力と同様――というよりも政治的権力と一体となって――人々の私的利害と固く結びついていた。ヘーゲルは、一七九五年の一月頃にしたためたと思われるシェリング宛の書簡の中で次のように書きつけている。

「正統派（Orthodoxie）は、その職業が世俗の利益と結びつき、国家全体の中に織り込まれているかぎり、動揺することはない。この利害関係は非常に強いので、容易に捨て去られるはずもないし、全体としてそれは意識されずに働くものなのである。」（Br. I. 16）。

事実、ヘーゲルが学んだテュービンゲン神学校は、公国の肝入りの施設の一つで、ここの卒業生には、牧師職だけではなく、公国のあらゆる要職への道が開かれていたのである。[9] 教会は、君公をその首長に仰ぎ、民会やその委員会においても大きな影響力をもっていた。[10] それだけではなく、教会は公国全体の教育制度をも支配しており、またルター派の正統以外の者は、国の要職につく道が塞がれていたのである。

このような専制的な権力を背景にして、教会はきびしい異端の弾圧や思想統制をおこなった。かかる正統派の非人間的な支配たるや、ヘーゲルをして次のように言わしめたほどであった。

「教会会議や信仰箇条などによって追放された異端のうち、どれか一つのものが公けの信仰組織へと成長していた方が、正統派の組織が支配を保っているよりは、われわれ人類の栄誉になっていたのではなかろうか。」（Br. I. 32）。

ヘーゲルやシェリングたちが当時再会を期するための合言葉にしていた「理性と自由」（Br. I. 18）が、その実現を阻まれているのは、ヘーゲルによれば、正統派の支配機構に組み込まれて、その中でみずからの私的利益を守ろうとする人びとが、与えられたシステムの中で安住してしまって、容易に彼らの既得権益を放棄しようとしないためなのである。

二　「私的宗教」としてのキリスト教批判と「民族精神」の形成

以上ごく大まかにみてきたように、人間精神の普遍的なエレメントであるはずの政治や宗教の領域において私的な権益が支配し、政治や宗教はその本来の精神を喪失してしまっている、というのがヘーゲルを取り巻いていた状況であった。

当時若いヘーゲルが、新たな宗教を構想すべく「民族宗教」の理念を打ち出し、またキリスト教の既成的な性格の根源を探ろうとしたのも、当時の状況に対するアンチテーゼを提起することによって、人びとをしてあるべき理念に献身せしめようとせんがためであった。

　このようにヘーゲルは、キリスト教批判を通じて、あるべき宗教の姿を提示しようとするわけであるが、その場合忘れてはならないことは、彼は単に宗教のみを主題としていたのではなく、むしろ、宗教（批判）を通して「国民の精神の高揚」（N. 5）を図ること、そしてそのことによって、「民族精神の形成《ビルドゥング》」（N. 21, 27）に資する方途を見出すことが、その究極のテーマをなしていたと言えるのである。

　歴史（クロノス）、政治（ポリテイア）、宗教、芸術等は、それぞれ自足し孤立して存在しているのではなく、それぞれ相互に影響し合い、関連し合い、依存し合いながら、全体として「民族精神」を形成している（vgl. N. 27-28）。

　それゆえ、宗教も個々人の道徳心の形成に関与するにとどまらず、むしろそれは「民族宗教」として、民族精神を形成する他のすべての領域に関わるものでなくてはならない。「民族の精神を形成することは、ひとつには民族宗教に関わり、また、ひとつには政治的状況に関わる事柄でもある」（N. 27）という言が端的に示しているように、若きヘーゲルが宗教について論じる場合、民族精神の形成という観点から、政治や歴史との関連において考察していることに改めて注目しなければならない。

　民族宗教を論ずるヘーゲルの宗教に対する評価の基準は、宗教が民族精神と生き活きした調和的関係を保っているか否かに関わっている。かかる基準に照らしてヘーゲルはキリスト教を批判する。キリスト教は民族宗教とは逆に、「私的宗教」（N. 49）として、個々人の道徳的な完成をその狙いとするものであった。しかしキリスト教徒にあっては、道徳的完成は人間の力では不可能であることが前提されている。

「善をめざして、いくら努力をしても、いくら誠実に熱望してみても、人間は道徳的になるにはまったく無能であるために、とうてい幸福になるに値するようにはなれない。人間がどの程度まで幸福に与ることができるかということは、神が自由に人間に与える過分な恩寵によるものなのである。」（N. 63）。

人間のかかる道徳的な無能力にもかかわらず、人間が何ほどかの幸福にあずかろうとすれば、「キリストへの信仰」（N. 62, 64 usw.）という「回り道」（N. 44, 59 usw.）を経るほかはない。ヘーゲルによれば、かかる「回り道」を経なければならないことがキリスト教をして非人間的な宗教たらしめているのである。この「回り道」こそ、人間の本性が堕落しているため人間はいかなる善にもあずかれない、という人間に対する蔑視を大前提としているからである。

これに対してヘーゲルは、ルソーに倣って、「人間本性のほろぼすべからざる善さ」（N. 52, vgl. N. 34）を対置する。「単に人間が堕落しているだけでなく、人間の本性までも堕落しているという命題は、悪い政府が人間性をすでに堕落させたとでもいうのならともかく、そうでないところでは、経験がその反対のことを示している。」（N. 63）。

この文章からもうかがえるように、「回り道」としてのキリスト教は、人間を堕落させる悪い政治の産物であって、キリスト教も、この宗教をはぐくみ育てる頽廃せる政治も、共に手を組んで人間の堕落に手を貸している、というわけである。

三　キリスト教と「所有」の問題

ところで「人間の堕落」とは何を指すのであろうか。それは、人間の精神から「公共の徳」（N. 71）が姿を消し、私的なものに人間の関心が集中したことに淵源する。私的なものが第一の関心事となる背景には、「所有」

（das Eigentum）の問題が介在している。

一般に、若いヘーゲルがキリスト教批判をおこなう際、その根底に「所有」の問題が伏在していたことは否めない。ヘーゲルが私的宗教としてのキリスト教を批判し、また私的な利害に固執する眼前の「ドイツ的自由」を非難するのも、それらの根底に私的所有の問題を見すえていたからであると言えよう。

経済学の本格的な研究に立ち入る以前のヘーゲル、特にベルン時代のヘーゲルは、ルソーと同様、所有の発生を境目として人類の歴史を二分する。古典古代の時代は、本質的に私的所有に浸透されていない自由な調和せる世界として描かれ、私的所有の支配に基づく「私人」の成立による古代ローマの共和制の崩壊からヘーゲルが生を受けている現代に至るまでの全歴史過程を、人間の堕落過程としてとらえ、古代共和国の理念の再興によって、この堕落過程に終止符を打つものとして未来を展望していたのである。(11)

「所有」の支配こそ、古代世界と近代世界を分かつメルクマールであると共に、近代世界の頽廃をその根本において規定している当のものなのである。(12)民族宗教に関する草稿の中で、次のように言われている。

「道徳的な理念が人間のうちに力を占めることができれば、かの財産の価値は下がり、ただ生命と財産しか保証しない体制は、決して、最善のものとはみなされない。」（N. 71）。

ルソーにとってと同様ヘーゲルにとっても、単に生命と財産しか保護しない国家体制は、個人が「生きる」ことを可能にするとしても、「善く生きる」ことを可能にはしないのである。(13)後のフランクフルト期にヘーゲルは、所有を保護する手段になりさがっている近代の国家をややシニカルに叙述している。

「近代の諸国家においては、所有の安全こそ、立法全体がそれをめぐって動いている軸である。この点こそ、市民の大多数の権利が関わりをもつものなのである。古代のいくつもの自由な共和国にあっては、すでに、国家の法律によって、厳密な所有権は侵害されていた。この所有権こそ、今日のすべての政府の関心事であり、今日の諸国家の誇りなのである。」（*Dokumente*, 268）。

古典古代の人びとにおいては、「所有の安全」は、本質的な点で問題にならなかった。というのも彼らの生を支えていたのは、私的な財産ではなく、国家という普遍的な理念であったからである。彼らは国家という共同の理念に直接に結びついていた。「おのれ自身の活動の産物としての国家像」（N. 223）をみずからの内に保持していたがゆえに、彼らは自由であり、自立的でありえたのである。

「ギリシア人やローマ人は、自由人として、おのれ自身が定めた法律に従い、おのれ自身が指導者として仰いだ人物に服従し、おのれ自身が決断した戦争を戦い、おのれ自身の事柄のためにみずからの財産、みずからの情熱をつぎ込み、幾多の生命を捧げたのである。」（N. 221）。

例えばソクラテスはこのような共和的精神をはぐくんだ国家の中で生を受けていた。ソクラテスから学んだ者もソクラテスと「同じひとつの精神」（N. 33）を呼吸していた。彼らは、自立的精神の持ち主として、単に教えられる一方の弟子に甘んじることは決してなかった。彼らにとって、ソクラテスは、みずからをそこにはめ込むべき鋳型でもなく、みずからの多様な性格をそこへ押し込めるべき規則でもなかった。

そうではなくソクラテスは、人間の生にとって最も大切な事柄を共同して考え、実践していくための仲間なのである。彼らの間には、先生と弟子というような硬直した関係は存在しない。というのも、「彼らは、ソクラテスの徳と哲学のゆえに彼を愛したのであって、ソクラテスその人のゆえに徳と彼の哲学とを愛したのではなかった」（N. 163）からである。

ソクラテスは、自由な市民として生涯のうち三度にわたってみずからの祖国のために戦った。彼は自由な市民としての徳を実践せんとして、人びとと倦むことのない対話をつづけたのである。死に際しての彼の態度も自由人としてのそれであった。

「死を前にして彼（ソクラテス）は、ひとりのギリシア人が理性と想像力に向かって語りかけるのと同じ仕方で、自分のまわりに集ってきた人たちと魂の不死について語り合った。――そういうふうに、彼は生き活きと語ったのである。」（N. 34）。

ソクラテスが魂の不滅について生き活きと語ることができたのは、みずからの魂のすべてを捧げてきた共和国の理念の不滅を確信していたからである。かかる理念をみずからのうちに生き活きとした形で保持できた者のみが魂の不滅について力強く語ることができたのである。

このように、共和主義的精神を共有していたギリシア人たちは、当時のヘーゲルによれば総じて徳や最高善の理念をみずからの中にはぐくむことができたがゆえに、自由な民族だったのである。

四 「所有」の批判から「運命」としての「所有」へ

古代共和国の人びとにおいて直接に赤い糸で結ばれていた個人と国家との調和せる自由な関係――かかる関係を崩壊せしめ、人間の関心を利己的な領域に閉じ込め、富の不平等を招き入れ、こうして全体的な理念に対する関心を失わしめたものこそ、「所有」あるいは「財産」の普遍的な支配なのである。

「みずからが定めた法律に従う自由、平時においてはみずから選んだ官憲、戦争になればみずからが選んだ司令官に従う自由、みずからが参加して決定した計画を実行する自由は、失われてしまった。あらゆる政治的自由は失われてしまった。民法が定めるのは、もっぱら所有の安全に対する権利だけで、いまやこの権利こそみずからの世界のすべてであった。」（N. 223）。

こうして、私的な所有物に対する保全こそ、古代共和国の崩壊以後現在に至るまで、すべての人びとがその一切の関心を集中する当のものであり、これこそ近代を支配している「時代精神」（N. 220, 228）をその根本から規定しているものなのである。

「所有」あるいは「財産」が人びとの生の中心となるにおよんで、人間の一切の関心が利己的なものに向かい、かつて人間がそのために生死をかけた普遍的な理念は姿を消してしまった。それとともに死はソクラテスの場合とは反対に、なにか恐しいものに変貌していった。というのも、そのために命をかけるにふさわしい普遍的な理念が消失してしまった以上、みずからの肉体が死しても生きのこるべき永遠なものをおのれの魂の中に見出すことができず、みずから財産という死神にとりつかれることになるからである。

「死という手段に訴えたら、財産と享楽を得るという目的は、ただちに意味のないものになってしまったであろう。」（N. 230）。

このように財産（所有）の支配による人間の私人化が、人間の本性を転倒させてしまったのである。そしてこうした人間精神の個別化現象こそ、ヘーゲルによれば「私的宗教」としてのキリスト教の客観的な基礎なのである。

「ローマ人の公共の徳が姿を消し、外に現われた偉大さが衰えつつあった時代に、キリスト教が公けに、歓迎すべきものとして受け容れられたのである。」（N. 71）。

人間の自由の喪失と共に、永遠なもの、絶対的なものは人間の手の届かない彼岸へと押しやられ、人間はみずからの幸福を、現実の中ではなく天国の中に期待するようになる。かくて神は人間に疎遠な客体となり、人間はこの無限な客体に隷属することになる。こうして神の客体化と人間の隷従化は手をたずさえて進んで行く。

「自由を奪われたために人間の精神は、自分にとって永遠なもの、絶対的なものを神の許へ避難させざるをえなくなっていた。……神の客体性は、人間の堕落と隷従に足並みをそろえて進んで行った。そして神の客体性は、そもそもこのような時代精神の啓示、その現われでしかないのである。」(N. 227-228)。

以上、ごく大まかにみてきたことからもうかがえるように、ヘーゲルは、「私的宗教」あるいは「既成的宗教」としてのキリスト教を、単に教義の面から批判するだけではなく、それを政治的状況の中で、そして広くは「時代精神」の産物として、位置づけているのである。この「時代精神」をその根本のところで支えているのが、「所有」の支配という経済的現象なのである。

「民族宗教」を構想し、「既成的宗教」としてのキリスト教を批判するベルン時代のヘーゲルの論稿に影のようにつきまとっていたのがこの「所有」の問題にほかならない。フランクフルト時代になると、「所有」の問題は、単に批難されるべき忌まいましいものとしてとらえられるのではなく、近代にとって必然的な「運命」として、ますますその重要性が認識されるようになる。それと共に、近代に対するヘーゲルの積極的な評価も芽ばえ始めてくる。

五　ドイツ国家の現状と「ユダヤ教の精神」

門閥的な寡頭政治がおこなわれていたベルンから、友人のヘルダーリンの厚意によって、「商業的な金持ち階級が支配する町[14]」(フランクフルト)へ居を移したヘーゲルは、ますますドイツの現状に対する批判的認識を研ぎすますことになる。ヘーゲルの眼前に横たわっている現実とは、多くの領邦国家に分かれ、それぞれみずからの特殊的利益を主張して、普遍的権力が不在している分権主義的な政治形態である。

「ドイツ帝国においては、あらゆる法律の源泉としての権力的普遍性は消え去った。なぜならそれは孤立して特殊的なものとなってしまったからである。したがってその普遍性は、観念として存在するだけで、現実としてはもはや存在していない。」（HS. 141）。

ドイツ帝国が政治的に無力なのは、特殊的な権力が、全体を考慮することなく、みずからの利益の赴くままにその権利を主張する「ドイツ的自由」（*Dokumente*. 284, HS. 8）のゆえであり、かかる「ドイツ的自由」が、国家の基礎となるべき共通の普遍的権力の成立を妨げ、ドイツをして国家たらしめなくさせているのである。ドイツにおいては、普遍的公共的なものは私物化されているため、国家が国家の体をなしていないのである。

「国家権力を私有物たらしめようとする努力は、国家を解体すること、権力としての国家の破滅以外のものをも意味しない。」（*Dokumente*. 287）とヘーゲルは言う。

このような「分裂」と「対立」に刻印づけられたドイツの統一と再生をめざして、フランクフルト期のヘーゲルは、いわゆる『ドイツ国制論』を書き始めるわけであるが、かかる現実に対する問題意識が、フランクフルト期のユダヤ教およびキリスト教に関する論稿――『キリスト教の精神とその運命』と呼ばれている草稿群――に色濃く影を落としていることは否めない。

周知のようにフランクフルト期のヘーゲルは、ベルン期に提起したキリスト教の既成性の問題を、その始元であるユダヤ教にまでさかのぼって解明しようとするわけであるが、その場合ヘーゲルは、特殊的なものに固執して共同的な生活を営みえないドイツ国民の運命を、「分離」と「対立」の悪無限の中に巻き込まれる「ユダヤ教」の運命に重ね合わせて、その運命の根源を探りあてようとするのである[15]。

ヘーゲルによれば、ユダヤ民族の始祖であるアブラハムの精神こそ、その後のユダヤ民族の運命全体を支配した当のものである。アブラハムの精神とは、「すべてのものに対してみずからを頑ななまでに厳しく対立させていく精神」（N. 246）のことであり、人間の生のうちに存在する多様な諸関係の全体から身を引き離し、それらと敵対する精神のことである。

自然と人間相互に対するかかる対立関係こそ、アブラハムを始祖とするユダヤ教の精神を支配した根源なのである。この敵対関係がユダヤ民族のすべての関係行為を規定する。世界に対してこのように絶対的に対立し、したがって世界から疎隔されて生きている者が唯一めざすものは、一切のものに対する「支配」である。「このように対立した無際限の世界に対して彼（アブラハム）がとりうる唯一可能な関係は、それを支配すること（die Beherrschung）だった。」（N. 247）。

しかし彼はこの支配を実現することはできない。というのも、対立し合っているものは、どこまでも相手につきまとわれ、相手に規定されるがゆえに、双方とも一方的な支配を貫徹することは永久に不可能だからである。こうしてアブラハムは、世界に対する支配を、超越的な「理想」に委ねることになる。世界から超絶した絶対的な神へのアブラハムの信仰は、アブラハムみずからが世界を支配し侮蔑しようとした結果生じた彼の無力感に基づいているのである。

「彼（アブラハム）にとっての神性の根源は、世界全体に対する彼の侮蔑であった。」（N. 247）。

かくて世界に対するアブラハムの積極的な支配欲は、絶対的な神への無気力な服従に転変する。

「ユダヤ教の根源は、客体的なもの、すなわち疎遠なものへの奉仕であり隷属である。」（N. 386）。

世界から超絶した神へのユダヤ民族の絶対的な服従は、人間と自然に対するアブラハムの測り知れぬ不信あるいは敵対関係に淵源するのである。そして一切のものに対して対立関係を固持しようとする者は、支配－服従の悪無限へ落ち込まざるをえず、みずから支配しようとする客体につきまとわれ、ついにはみずからの神からも見捨てられざるをえなかった、かのマクベスの運命を甘受せざるをえないわけである（vgl. N. 260）。

六　古代ギリシアの民とユダヤの民――「所有」権の制限が生み出す対極的な民族

ところで、われわれにとって興味深いのは、かかるアブラハムの精神がモーゼの立法によって制度化されるに際して、ヘーゲルが「所有権」に注目していることである。

ヘーゲルはユダヤ民族の「受動性」と古代ギリシア民族の「自律性」という対極的な民族の特徴を、所有権の規制という同じ事態から説明している(16)。

「ソロンとリュクルゴスは、富の不平等が自由を脅かす危険を彼らの国家からそらせるために、所有権をさまざまなやり方で制限し、富の不平等を招き入れかねなかった多くの恣意を排除した。――それと同様にモーゼの国家においては、一家族の所有物は永久にこの家族に縛りつけられていた。」(N. 254)。

ギリシアの共和国に生きる人びととユダヤの民が双方とも同じように所有権を制限されたのは、ヘーゲルによれば実は正反対の目的からなのである。ソロンやリュクルゴスが富の無制限な獲得を排して、財産の平等の原則に立ち帰ろうとしたのは、富の不平等によって市民の政治的自由が廃棄されるのを食い止めんがためであった。所有権の平等は、ギリシア人においてはすべての市民が自由で自立的であるための条件なのである。

これに対して、ユダヤ人の場合、個人の所有物が規制されたのは、彼らにあっては、もともと固有の意味での所有権を持ち合わせておらず、したがって彼らは元来なんら権利も自由も持たなかったためである。ユダヤ人にとって所有は、神の恩寵によって個人に譲り渡されたものであって、それを個々人が占有するにすぎないのである。

「かのギリシア人たちが平等たらんとしたのは、万人が自由で自立的であらんがためであった。ユダヤ人たちが平等であることを求められたのは、何びとも自立の能力を持っていなかったためである。」（N. 255）。とまれ、ここでは、「所有」が社会的分裂の要因であると共に、社会的な自由の基礎でもあることが、事実上承認されていると言えるのである。

七　「所有」の運命とイエスの「愛」の宗教

周知のようにフランクフルト期のヘーゲルは、対立関係の悪無限の中に巻き込まれざるをえなかったユダヤ民族の運命を、「愛」の宗教によって和解せしめようとした人としてイエスを解釈しようとする。

しかしイエスの教えが受け容れられた社会は、所有を規制していた古代ギリシアの共和国でもなく、同様にまた古代のユダヤ民族の社会でもなく、所有が人間の生にとって避けられぬ「運命」となっている社会であった。そもそもキリスト教は、所有の安全を保護することが国家の第一の任務となり、それと共に人びとが生死をかけるべき普遍的な理念が失われた時代に、公然とその勢力をのばした宗教であった。「あらゆる市民の人格と所有の安全」（N. 183）を守ることが第一義となることによって、一切の共同的な自由が個人の利己心によって滅殺されているこの地上の現実に対して、「神の国」という現実を超越した世界の中で失われた自由を回復し、彼岸において本来の生に立ち帰らそうとしたのが、元来私的宗教としてのキリスト教の意図するところであった。

したがってキリスト教はその起源からして、「所有」の問題が引き起こすさまざまな現実の対立関係を飛び越えて、神の国という観念の中で人間の共同性を回復せしめんとしたため、かえって現実のさまざまな諸関係と齟齬をきたさざるをえなかったのである。

すでにベルン期に書かれた民族宗教に関する論稿の中で、ヘーゲルは次のように述べていた。「キリストの掟の多くは、市民社会における立法の第一の基礎である所有権や自衛権などの原則に対立している。今日キリストの掟を取り入れている国家があるとしても、そのような国家はすぐにみずから解体してしまうであろう。」（N. 41）。

ヘーゲルによれば、キリスト教は本来、個々人の道徳的完成をねらいとする私的な宗教でしかありえず、したがってその原則は小さな共同体にしか通用しないにもかかわらず、その原則を誤って市民社会にまで押し拡げようとしたところに、キリスト教の圧制的な歴史が生まれたのである（vgl. N. 41f.）。

フランクフルト期になると、このようなキリスト教の私的な性格を、イエスが説いた「愛」の宗教によって乗り越えようとするわけであるが、ここでも「愛」は市民社会の原理である「所有」を真の意味で止揚できず、愛の人イエスは、「所有」につまずいて、みずからの意図に反して対立と分裂の運命に翻弄されざるをえないのである。手稿『キリスト教の精神とその運命』の基調をなしているのは、イエスの愛の宗教が、所有に基づく市民的諸関係を克服することができず、愛による和解というみずからの意図とは反対の結果を招来せざるをえなかった、その経緯を叙述することである。

例えば、ヘーゲルは、イエスが富を軽蔑して、「富んでいる者が天国にはいるのは、むずかしいものである」（マタイ、一九・23）と述べたことに対して、所有が近代においては逃れることができない運命となっているがゆえに、それは不可能だと言い切っている。

「所有という運命（das Schicksal des Eigentums）は、われわれにとってあまりにも強力なものになってしまっているから、それについて反省することは堪えられないし、それをわれわれから切り離すことなど思いもよらない。だが次のことだけは洞見しなければならない。すなわち、財富の占有は、それに結びついているすべての権利およびすべての配慮と共に、人間のうちに諸々の規定をもたらし、これらの規定の与える制限が諸徳に限界を設け、諸徳に対して諸々の制約と依存性を生ぜしめる、ということである。」(N. 273)。

このように「所有という運命」に捕えられて、イエスの「愛」の宗教は、そのめざすものとは逆に、みずからに制限を設けざるをえないのである。

「愛」は、当初ヘーゲルによって、限定された関係――したがって他の存在者と対立関係にあるもの――から自由なものとして構想されていた。

「愛は、なんら限定するものでも限定されるものでもなく、有限なものでもない。愛は感情ではあるが、しかし個別的な感情ではない。」(N. 379)。

愛は普遍的な感情として、同一の精神の間に感じられる「調和せる感情」(N. 296)であるがゆえに、そこには愛の主体から分離した客体的なものが入り込む余地はない。

「愛のうちには、分離されたものが依然として存在しているが、それはもはや分離されたものとしてではなく、合一されたものとして、存在している。そしてそこでは、生ける者が生ける者を感じるのである。」(N. 379)。

このように、愛が同じ精神を分けもつ生ける主体の間にしか成り立たないとすれば、愛は財産や所有という「死せるもの」に直面したとき、みずからこの死せるものと対立関係に入らざるをえない。それが愛にとって逃れられない運命となる。

「この愛の合一は、完全なものではあるが、しかしそれが完全でありうるのは、分離されたものが、一方は愛する者、他方が愛される者であり、したがって各々分離された者もひとつの生ける者の一器官である、という具合に対置されている限りにおいてのみである。しかしその他の点では、愛する者たちも多くの死せるものに結びついており、愛する者の各々には多くの物が所属している。すなわち彼は、諸々の対立するものと関係をもっているのであり、これら対立するものは、関係する者自身にとってもまた対立する諸客体なのである。このようにして、彼らは所有と権利のさまざまな獲得と占有において、なお多様な対立関係に入りうるのである。」（N. 381）。

愛による合一は、「所有と権利」という死せる客体的なものを止揚することができないことをヘーゲルはここで、はっきりと認める。というのも愛は、死せるものを「排除」することはできても、「止揚」することはできないからである（vgl. N. 379, 388）。

所有という死せるものの世界においては、所有物という客体を支配する者と、その所有物から排除される者が必然的に対立する。総じて人間の所有物は、「財産という権利形態」（N. 382）を通じて人間の関係を対立関係に置く。

したがって所有がもたらす支配＝対立関係は二重のものとなる。一方では人は所有物を支配することによって、これと支配＝対立関係に入ると共に、他方では物を支配することによって他者をその物から排除すると同時に、その物を通して他者を支配することができるからである。要するに所有は、所有者をして所有物（客体）と他者とに対して同時に対立関係へ巻き込む当のものなのである。

所有が引き起こすかかる二重の支配＝対立関係を愛は、その直接性のゆえに止揚することができない。愛は、同一の精神の間においては、分離されたものを合一する力とはなりえても、人間と所有物、あるいは、所有に支配された人間と人間の間のような支配＝対立をその本質とする異質なものの間においては、真の和合たりえないのである。

それゆえ、イエスの愛の教えは、所有に関わる市民的生活の諸関係の全体から身を引かざるをえない運命に陥ることになる。ヘーゲルは次のように書きつけている。

「イエスの運命――生の諸関係の断念。――(a)市民的および国民的〔諸関係の断念〕、(b)政治的〔諸関係の断念〕
(c)他の人びととの共同生活……家族、親族、家政〔の断念〕。
世界に対するイエスの関係は、一面では世界からの逃避であり、他面では、世界に対する反撥、闘争であった。
イエスは世界を変革しなかったかぎりで、彼は世界から逃避せざるをえなかった。」(N. 305)。

イエスの愛の立場は、所有に基づく市民的諸関係に関わるとき、「カイザルのものはカイザルに、神のものは神に返しなさい」(マタイ、二二・21)と言わざるをえず、こうして彼は神の国と地上の国を絶対的に分離してしまうのである。あらゆる現実の諸関係から遠ざかり、みずから自身の中に閉じこもらずをえないのが、「美しき魂」の運命なのである。

「このように愛を自分自身に局限し、あらゆる形態から逃避すること、……あらゆる運命からこのように遠ざかることが、まさに愛の最大の運命なのである。」(N. 324)。

この言葉は、イエスに仮託しながら、現実の分裂を愛によって止揚しようと目論んだヘーゲル自身の自己批判でもあるだろう。

八 「死せるもの」(「所有」)の世界から「生けるもの」の世界へ

こうして「愛」は、現実の国と神の国、死せる世界(＝所有が支配する世界)と生ける世界(＝愛の世界)に架橋できない断絶をつくり出すことになるが、フランクフルト期のヘーゲルは、これら二つの世界を結びつける媒介の論理を持ち合わせていない。この時期の彼はただ次のように断言するのみである。

「死せるものの国において矛盾であるものは、生の国においては矛盾ではない。」(N. 308-309)。

しかし、ヘーゲルが求める全体的な「生」が、有限と無限、死せるものと生あるものとの関連のうちに存在するとすれば、所有関係に基づく死せる世界もまた「生の外化、生の表現」（N. 346）でなければならないはずである。ヘーゲルはここで、所有や財産に支配された現実の市民的諸関係が、生から遊離した単なる死せるものではなく、生の現象、生の一分肢として積極的な意味をもつことに気づくことになる。

こうしてこれまで「民族宗教」や「愛」といった「在るべきもの」を基準にして現実を裁断してきたヘーゲルは、「在るものの理解」をめざすようになる。フランクフルト末期からイェーナ期にかけて執筆された『ドイツ国制論』の中で、ヘーゲルはそれまでの反省の上に立って次のように書きつけている。

「われわれをいらいらさせたり苦しめたりするのは、在るところのものではなくて、物事が在るべきごとくにはないということである。しかし、もしわれわれが、物事がそうでなければならないがごとくに事実もまたそうであることを認識する場合には、言い換えれば、恣意や偶然にしたがって認識するのではない場合には、物事が事実そう在るべきことを認識していることになる。」（HS. 5）。

ヘーゲルは、これまで「在るべき」理想に則って現実を批判してきたみずからの方法を自己批判すると共に、経験あるいは事実そのものの記述に埋没する無批判的な方法にも反対する。重要なのは、在るところのものの必然性を認識し、よってもって、在るべき現実を新たに創り出すための批判的跳躍台たらしめることである。

後年ヘーゲルが『法の哲学』「序文」の中で、「在るところのものを概念的に把握することが哲学の課題である」（VII. 26）と述べるとき、それは決して功なり名をなした壮年ヘーゲルの現実肯定的な無批判的態度のゆえではなく、むしろ逆に、若き日から持ちつづけきた彼の現実変革のための批判的意識がそこに含意されていると考えるべきであろう。

このことを確認するために、『精神現象学』「序文」の次のくだりを想い起こすのもよい。「最も容易なことは、内容のある堅固なものを批評することであり、より困難なことは、それを把握することであり、最も困難なことは、把捉と批評を結びつけて、その叙述を生み出すことである。」（III. 13）。

とまれ、ヘーゲルが現実を必然的なものとして受け容れるのにともなって、それまで「理想」と仰いでいた古代共和国は、もはや現代に蘇らせるべき理想ではなくなる。

「かの状態（古代共和国——引用者）の息子たちを忌むべきもの、不幸なもの、愚かなものと呼び、そして、（現代の——引用者）われわれの方がずっと人間的で、幸福で、賢明だと信じていることは、きわめて卑劣でお粗末至極なことであるが、しかしまたそのような状態のみが自然であるかのように思いなして、その状態に憧憬をいだき、そして法律が支配する状態を必然的なものであり、自由の状態であるとみなすことができないのも、同じように子供じみていて馬鹿げたことである。」（*Dokumente*. 284）。

九　「所有と法の体系」としての近代市民社会への内在——「政治経済学」研究へ

いまやヘーゲルは、近代市民社会の歴史的必然性を確信するに至る。「所有と法の体系」（II. 492）としての市民社会を近代の運命として認識し、この運命の歴史的必然性とその内在的法則を究明することが、それ以後ヘーゲルの大きな関心の的になったことは、イェーナ期の論稿である『自然法の学問的取り扱い方について』（一八〇二年）や「人倫の体系」（一八〇三年）などが雄弁に物語っている。

市民社会の本質を把握するためには、所有と労働が生み出す「普遍的な相互依存の体系」（II. 482）としての政治経済学の研究がヘーゲルにとって避けて通れなくなったことは想像に難くない。事実、ヘーゲルがステュアートの政治経済学に関して克明な批判的ノートを書きつけたのも、ステュアートの著作の中に、それまでのヘーゲルの問題意識に応じる問題群が存在したからであった。[17]
ステュアートは、封建的で不自由な社会から市民的自由に基づく商業社会への移行を歴史的に必然的なものとして受けとめ、後者の社会に生きる利己的で合理的な諸個人が、各々の自由な欲望に導びかれて、いかに相互にその欲望を満たしうるか、その次第を明らかにすることが彼にとって、政治経済学の主要な課題であった。[18]その際彼は、しばしばヨーロッパ近代の経済様式を古代ギリシアのリュクルゴスの国（スパルタ）と比較対照させることによって、その独自性を際立たせている。[19]このような点からも、ステュアートは、「より多く歴史的地盤のうえに立っている。[20]」（マルクス）と言えるのである。
また彼は、イギリス経済学の伝統に棹さして、あるいは後のA・スミスと同様、人間の欲望＝利己心を歴史的事実として肯定し、かかる各人の私的な欲望が織りなして、それがいかにして公共的な利益へと形成されるかということを究明する。その場合、相互の私的欲望をみたすのを可能にするものとしての労働が強調される。[21]
さらに、ステュアートは、モンテスキューから想を得て、政治経済学を広く、「民族の精神」（the spirit of a people）の一環としてとらえる。[22]民族の精神は、道徳、宗教、政治、生活習慣などの上に形成されると共に、一切の文化現象、経済現象も、この民族精神によっていかようにか規定されているのである。
以上のようなステュアートの考え方が、フランクフルト期のヘーゲルに強い印象を与えたであろうことは、われわれのこれまでの考察からも容易に推察できよう。こうしてヘーゲルは、ステュアートの政治経済学を研究することによって、私的所有に基づく近代市民社会に対する積極的な認識――それは、所有を単に死せる客体としてみなすのではなく、人間の労働の産物としてとらえ返すことに基づく――をますます深めることになる。[23]
その後まもなくヘーゲルは哲学者として自立すべくイェーナの地へ旅立つ前に、来し方を振り返りながら、みずからの心境を友人（シェリング）に吐露せざるをえなかった。

「人間の諸々の下位の欲求から始まったぼくの学問的教養形成《ビルドゥング》において、ぼくは学へと駆り立てられざるをえなかった。そして青年時代の理想は、反省形式に、同時に一つの体系へと変化せざるをえなかった。今もなおこのことに携わりながら、今ぼくは自問している。人間の生へと歩み入るための、どのような還帰の道を見出すことができるか、と。」(Br. I. 59-60)。

人間の「下位の欲求」である利己心の問題は、若いヘーゲルの諸々の論稿の中で、いつも消し去ることのできない不協和音を奏でていた。[24][25] 利己心――その根底にあるものとしての「所有」――の正体を、いまや政治経済学というグルントにたち降りて垣間みたヘーゲルには、近代市民社会を、所有と法が織りなす一つの体系として把握する可能性が見えてきたのである。

所有という「反省形式」を生の全体性(理想)へと媒介すること――このことによって所有という死せるものから、再び人間の全体的生へ還帰する道を見出すことが、ヘーゲルにとっての経済学研究の目的であった。この目的は、イェーナ期になって、『自然法の学問的取り扱い方について』、『人倫の体系』、一八〇三/〇四年および一八〇五/〇六年の講義草稿、そして『精神現象学』において遂行されることになるのである。

註

(1) K. Rosenkranz, *G. W. F. Hegel's Leben.* Berlin 1844. Nachdruck: Darmstadt 1971. S. 86.

(2) 若きマルクスがジャーナリストとして現実の経済的問題に直面した後、もう一度ヘーゲルの著作『法の哲学』を批判的に読み返し、いわゆる「市民社会の解剖学」を経済学に求める見通しをつけることができたのも、ヘーゲルが若いときから持っていた市民社会に対する一貫した問題意識をマルクスが『法の哲学』の中に鋭く読み取っていたからでもあると言えよう。

例えば、若いマルクスが「ヘーゲルの比較的深いところは、彼が市民社会と政治的社会の分離を一つの矛盾として感じとっているところにある。」(K. Marx, *Kritik des Hegelschen Staatsrechts. Marx Engels Werke.* Dietz Verlag. Bd. I. S. 279)と言うとき、彼は、市民社会と国家の区別と連関ということがヘーゲル法哲学の中心問題であり、かつここにこそヘーゲル哲学全体の本質的な性格が明確に現われていることを認識していたからである。

（3）次のルソーの言葉は、若きヘーゲルの心に深く刻み込まれていたに違いない。
「政治と宗教とは、今日でも共通の目的を持っていると結論すべきでなく、むしろ諸国民の起源において、宗教が政治の道具として役立っている、と結論すべきである。」（J.-J. Rousseau, *Du contrat social*. Livre I. Chapitre 7）。

「キリスト教は、服従と依存だけしか説かない。その精神は、圧制にとってあまりに好都合なので、圧制はつねにこれを利用しないではおかない。」（J.-J. Rousseau, *op. cit.*, Livre IV. Chapitre 8.）。

（4）原題は次のとおり。*Lettres de Jean-Jaques Cart à Bernard de Muralt, Trésorier du Pays de Vaud, sur le droit public de ce Pays et sur les évenements actuels*, Paris 1793. ヘーゲルのドイツ語の題名は次のとおり。*Vertrauliche Briefe über das vormalige staatsrechtliche Verhältniß des Waadtlandes [Pays de Vaud] zur Stadt Bern*. Frankfurt a. M. 1798.

（5）*Dokumente zu Hegels Entwicklung*. hrsg. von J. Hoffmeister. Stuttgart 1936. S. 248f. この書からの引用は *Dokumente* 248 という風に略記。

（6）ヴュルテンベルクの当時の内情およびその歴史的背景については、金子武蔵の詳しい解説がある。金子武蔵『ヘーゲルの國家観』［岩波書店、昭和四七年］九八頁以下。金子武蔵訳『ヘーゲル政治論文集（上）』［岩波書店、昭和四三年］解説。

（7）Vgl. Rudolf Haym, *Hegel und seine Zeit*, Berlin 1857. Nachdruck: Darmstadt 1962. S. 67.

（8）Vgl. *Hegels Schriften zur Politik und Rechtsphilosophie*, hrsg. von G. Lasson, Leipzig 1913. S. 153.　以下この書からの引用は HS. 153という風に略記。

（9）テュービンゲン神学校の当時の状況については次の著書を参照。P. Asveld, *La pensée religieuse du jeune Hegel. Liberté et aliénation*. Paris 1953. p. 30ff.

（10）金子武蔵『ヘーゲルの國家観』九～一〇頁参照。

（11）この点に関しては次の書物を参照。G. Lukàcs, *Der junge Hegel*, Zürich 1948.,S. 168.

（12）周知のように、ルソーは近代市民社会の成立を「所有」（propriété）の中に見出し、市民社会のエートスを「所有の観念」に基づけている（cf. J.-J. Rousseau. *Discours sur l'origine et les fondements de l'inégalité parmi les hommes*. Oeuvres complètes. tome III. Gallimard. 1969. seconde partie）。例えばルソーは次のように述べている。「一方では競争と対抗意識、他方では、利害の対立、そして常に他人を犠牲にして、みずからの利益を得んとする密かな欲望、これら一切の悪は、所有の最初の結果であり、生まれつつある不平等と切り離すことのできない結果なのである。」(J.-J. Rousseau, *op. cit.*, p. 175.)。

(13) この点でヘーゲルがルソーの問題を引きついでいることに関しては、次の論文を参照。野田又夫「ヘーゲルとキリスト教」(『西洋近世の思想家たち』[岩波書店、昭和四九年]所収)三一四頁。

(14) K. Rosenkranz, *a. a. O.*, S. 85.

(15) Wolf-Dieter Marsch, *Gegenwart Christi in der Gesellschaft. Eine Studie zu Hegels Dialektik.* München 1965. S. 71.

シャムリーは、アブラハムや、自然と人間を権力によって統一しようとしたニムロデ(vgl. N. 245)に関するヘーゲルの叙述の背後に、無力なドイツ帝国と、ステュアートやフィヒテによって表明された経済的政治的な強制国家という両極端の国家が投影されていることを指摘している。cf. P. Chamley, *Les origines de la pensée économique de Hegel.* In: Hegel-Studien Bd. 3. p. 261.

ヘーゲルは後に、『ドイツ国制論』に中で、次の世紀のドイツの運命を予感しながら、しかもなおそれを強引に打ち消そうとするかのごとく、次のように語っている。

「ドイツ国民が特殊的なものに固執するその頑なさを、ユダヤ国民——他の国民との社交や共同生活を営みえない国民——が到り着いたあの狂気にまで昂じさせていくことはないであろうし、またドイツ国民が分離主義に陥って殺害し殺害される狂乱にまで行きつき、遂に国家を壊滅させてしまうことはありえないだろう。それにもかかわらず、特殊的なものや特権や利権はドイツ人の人格の内面に深く根ざしているのである。」(HS. 136)。

(16) この点についての周到な解釈に関しては、次の著書を参照されたい。細谷貞雄『若きヘーゲルの研究』未来社、一九七一年、一七二頁以下。ただわれわれが注意したいことは、所有権という観点からユダヤ民族とギリシアの共和国民をヘーゲルが対比的に描いているのは、単なるエピソードではなく、後にイエスが所有の運命に挫折する場合の伏線になっていることである。

(17) ステュアートの歴史意識については、次の著書を参照。川島信義『ステュアート研究』(未来社、一九七二年)第二章。

(18) 例えば、ステュアートは、みずからの政治経済学の意図について次のように語っている。

「封建的な統治形態の解体によって、ヨーロッパに導入された市民的自由および国内的自由は、商業や工業をおこした。それらが富裕と信用を生み出し、公債と租税をも生み出したのである。そしてそれらすべてが寄り集められて政治経済のまったく新しい体系が打ち立てられた。この政治経済学の諸原理を演繹し検討することが私の意図なのである。」(Sir James Steuart, *An Inquiry into the Principles of Political Oeconomy, being an Essay on the Science of Domestic Policy in Free Nations, etc.*, New York 1967. Book I. p. 201, cf. p. 3.)。

(19) 例えば、次の箇所を参照。Sir James Steuart, *op. cit.,* Book I. Chap. XII. pp. 91-92, Book II. Chap. XIV. pp. 332-346.
(20) K. Marx, *Grundrisse der Kritik der politischen Ökonomie*. Dietz Verlag. Berlin 1974. S. 6.
(21) 例えばステュアートは次のように述べている。
「以前人びとは、他人の奴隷であったがために労働することを余儀なくされた。今日では、人びとは、自分自身の欲望の奴隷となっているために労働に駆り立てられるのである。」(J. Steuart, *op. cit.*, p. 52. cf. *op. cit.*, p. 27, p. 203 etc.)。
(22) 「民族精神」の形成という観点に立っている点ではヘーゲルとステュアートは同一の立場に立っている (vgl. Hegel, N. 27. Steuart, *op. cit.* , p. 3, Chap. II, etc.)。　これは双方ともモンテスキューから多大の影響を受けているからである (cf. Montesqieu, *De L'esprit des Lois*. Livre III. Chapitre III.)。
因みに、ヘーゲルは、『法の哲学』の中で「宗教」、「商業」、「習慣」、「自由の程度」などをそれぞれ独立して考察するのではなく、それらを国民の精神という総体との関連で考察しようとするモンテスキューの立場を「真に哲学的な立場」(VII. 35 [§3], VII. 408 [§261]) と賞讃しているし、ステュアートも、上記のようなモンテスキューの立場のゆえに、みずからを「偉大なモンテスキュー」(Steuart, *op. cit.*, p. 166) の弟子たらんとしている。
(23) 言うまでもないことだが、ヘーゲルの論理思想と彼の現実認識とは密接に関連している。例えば、フランクフルト期に「所有」に対する積極的な意味を理解するようになることと並行して、「所有」の論理的表現である「反省規定」に対するヘーゲルの評価も変わってくる。つまり制限と分離の能力である「反省」は当初、全体的生を把握できないと考えられていたが、フランクフルトの末期になると、反省の彼岸にある生を反省を媒介として理解しようとする。
『一八〇〇年体系断片』において、「生は結合と非結合との結合である」と言われるに至るのは、かかる「反省」に対する積極的な評価のゆえである。「反省」に対する消極的な評価から積極的な評価への移行が、ヘーゲルの「所有」に対する評価の変遷に対応している。
(24) ヘーゲルはすでに『民族宗教論』において「利己心」について次のように述べている。「利己心は、その振動で人間の気持ちのからくりを動かす振り子である。」(N. 7)。
(25) ヘーゲルが学問形成をそこから始めた「人間の下位（低次）の欲求」(untergeordnetere Bedürfnisse der Menschen) とは具体的に何を指すのか、見解の分かれるところである。
例えば中埜　肇は次のように言う。
「彼（ヘーゲル）が『低次の欲求』という言葉で示唆するものが広い意味での政治的欲求と宗教的欲求であるということは、

テュービンゲン期からベルン期を経てフランクフルトにおけるこの時点に至るまでの彼の知的関心の所在を、そのおりおりの断片的な著作を通して追跡すれば、きわめて明瞭である。

つまり『低次の欲求』に対する彼の知的関心は、①宗教的研究、②政治的研究として、それなりにすでに一定の成果を出していたのであって、いわゆる『ヘーゲルの初期神学論集』に収められたものの大部分は前者①に属し、またこの時期までに書かれたいわゆる『政治評論』（Publizistik）は後者②に属する。」（中埜　肇『ヘーゲル哲学の基本構造』［以文社、一九七九年］二八六〜二八七頁）。

中埜の説明によれば、「低次の欲求」とは、「学問」あるいは「体系」へと向かう高次の欲求と対比して使われた言葉である。もしそうだとするならば、「低次の欲求」とは、非学問的、非体系的な次元のものであるはずであるが、中埜によれば、実はそうではなく、その直前の「学問的教養」という言葉が暗に示しているように、「低次の欲求」といっても、それはあくまでも学問的な次元のものであり、したがってそれは、「広い意味での政治的欲求と宗教的欲求」ということになる。

宗教的欲求がたとえ広い意味においてではあるにせよ「低次の欲求」であると言われるのは、かなり奇妙な解釈であってわれわれを納得させるものではない。

要するに中埜の解釈では、体系期以前の宗教的・政治的研究全体が「低次（下位）の欲求」に関わるものとされる。宗教的・政治的研究が学問的な次元に関わるものであるにもかかわらず、なぜヘーゲルが「低次の欲求」と言わなければならなかったのか、という点が中埜の説明では、一向に明らかにならないように思われる。むしろ、ここでわれわれが示したように、人間の「利己心」と、その根底にある「所有」の問題こそ、ヘーゲルが「低次（下位）の欲求」と呼んだものと解釈するほうが、より一層納得できるのではないだろうか。というのも、宗教や政治という本来、普遍的精神をそのエレメントとする高次の欲求が、私的利害によって蹂躙されている現実を理解するにおよんで、「利己心」あるいは「所有」という「低次（下位）」の問題が、その思想的出発点から若きヘーゲルの学問的営為の中に影のように付きまとっていたからである。

われわれの見解によれば、経済学研究を通して近代社会における所有の意味が明らかになることによってはじめて、ヘーゲルは、「所有」の論理的表現としての「反省」形式に対しても正当に評価できるようになり、それが学的体系を可能にしたのである。

第四章　「生」（Leben）概念の帰趨

――「生」「反省」「愛」

一　「生」と「概念」との間《はざま》で

「生」（das Leben）という概念は、ヘーゲルの哲学において、基礎的でかつ包括的な意味をもつ重要な概念であることはよく知られている。それは人間の「生」を意味すると共に、人間の「生」に関連する諸々のものの全体、すなわち神、自然（世界）、人間社会をその内に含む普遍的で統一的な概念として構想されている。ヘーゲルの哲学体系の中で主要な位置を占めることになる「精神」や「理性」「理念」などの諸概念は、ヘーゲルが「生」の概念を彼独自の方法にしたがって具体的に展開する過程で、明確な規定を与えられたものであると言うことができるであろう。ヘーゲル哲学の主要概念は、いわば彼の「生」の概念をそのエレメントとして成立したと言えるのである。(1)

「生」の概念が表立ってヘーゲルの哲学的関心の中心におかれるようになるのは、周知のように彼のフランクフルト期（一七九七〜一八〇〇）に書かれた草稿群――編纂者のH・ノールによって『キリスト教の精神とその運命』と名づけられた一連の草稿群――においてである。

ここでヘーゲルは、「純粋な生」を思考することが「課題」であることを表明し、「純粋な生の意識は、人間とは何かという意識であろう。」（N. 302）と述べている。この時期のヘーゲルにとって、「純粋な生」について思惟することは人間の本質を問うことであった、と言っても許されるであろう。というのも、それは、個々のあらゆる生命の諸々の欲求や行動の「源泉」（N. 303）を探求することにほかならなかったからである。

ヘーゲルは、このような「生」を、「無限なものと有限なものとの連関」（N. 306）と規定し、したがってまた、「全一なる神性のうちに存在する」（N. 281）ものとも言い換えている。

このヘーゲルの草稿では、個と全体、有限なものと無限なものとの生き活きとした関係そのものが「生」と規定され、かかる全一的な「生」の観点から、イエスの「道徳」や「宗教」が語られ、かかるイエスの教えにもとづいて成立したキリスト教団がたどらざるをえなかった運命が叙述されるのである。すなわちヘーゲルはここで、イエスの「生」を、「人間をその全体性において再建する」（N. 266）ことをめざしたものとしてとらえ、それがいかに挫折する運命をたどらなければならなかったのかを究明しようとするのである。そしてこのフランクフルト期において、ヘーゲルは、イエスの教えとその宗教の運命をたどることによって、みずからを含めてキリスト教世界に生きる人間の「生」の在り方を真摯に模索していたと言えるであろう。

しかし振り返って考えてみると、このような全一的な「生」の理想は、ヘーゲルのフランクフルト期に突然表明されるようになったというよりも、彼の思想的出発点であるテュービンゲン期（一七八八〜一七九三）からすでに彼の世界観を根本から支えていた当のものでもあったと言うことができるのである。

よく知られているように、ヘーゲルがテュービンゲン大学の学生であったころ、当時の宗教的環境や政治的状況に異を唱えて、同窓のヘルダーリンやシェリングと共に「一にして全」(ヘン・カイ・パン)の標語を掲げて、来るべき「神の国」の実現を誓い合っていた。

かかる「一にして全」という、いわば青春時代の理想が、テュービンゲン期とその後のベルン期(一七九三〜一七九六)における一連のキリスト教批判を介して、フランクフルト期には再び「生」という概念となってその姿を現したのが『キリスト教の精神とその運命』に関する草稿群においてであったということができる。

そして人間の「生」に対するこのような若き日の理想は、やがて学問体系へと昇華されるときが来る。一八〇〇年十一月。三十歳のヘーゲルは、畏友シェリングにしたためた手紙の中で、それまでの自分を突き動かしてきた学問的関心と、これからそれに向かって進むべき将来の抱負を、短い言葉の中に、しかも深い思いを込めて告白するに至る。

「人間の諸々の下位の欲求から始まったぼくの学問的教養形成において、ぼくは学へと駆り立てられざるをえなかった。そして青年時代の理想は、反省形式に、同時に一つの体系へと変化せざるをえなかった。今もなおこのことに携わりながら、今ぼくは自問している。人間の生(das Leben des Menschen)へと歩み入るための、どのような還帰の道を見出すことができるのか、と。」(Br. I. 59-60)。(2)

この後、大学に職を得るべくイェーナに居を移したヘーゲルは、全一的な「生」を「反省形式」によって、言い換えれば「概念」を媒介にしてとらえ尽くそうと無窮の努力へと駆り立てられる。

人間の個々の「生」と、人間に関連するすべてのものを含む全一的な「生」、という二つの(しかも根源的に同一な)「生」を、「愛」や「直観」によってではなく「概念」によって結びつけようとするところに体系の哲学者ヘーゲルがその姿を現わす。かかる二つの「生」を「概念」が媒介せねばならないことを確信しえたとき、ヘーゲルは「生」の哲学者から「精神」の哲学者に生まれ変わるのである。『精神現象学』がヘーゲル哲学の「生誕地」

であると言われるのもかかる意味でなくてはならないだろう。「生」が「精神」へ止揚されたからといって、「生」の概念は姿を消すわけではなく、「精神」がそこから泡立つエレメントとして、基礎的で包括的な役割を担うことになる。それは、例えば、個別的な感覚的意識が、諸々の形態を経めぐって普遍的な精神へと至る体系を叙述する『精神現象学』をヘーゲルが、「全体にまでみずからを秩序づける精神の生」（III. 225）と規定していることからも明らかである。

後年の『論理学』（一八一二〜一八一六年）においても、その最終部「概念論」の中の最終章「理念」に「生」の概念がその姿を現わす。そこでは「生」は「直接的な理念」（VI. 470, 474, VIII. 373［§216］）と規定され、「理念は生という理念のこの（直接的な――引用者）規定性において把握され、認識されねばならない。」（VI. 470）と言われている。

このようにみてくると、「生」はヘーゲルの初期の諸論稿から晩年の著作に至るまで終始一貫して最も普遍的で包括的な概念として構想されていたことが分かるのである。

本章の意図するところは、最初、「生」と「概念」を対立したものとしてとらえていたヘーゲルが、思想的な紆余曲折を経て、いかにして、「生」を「概念」の中に、また「概念」を「生」の中に、認識するに至ったのかを見届けることにある。

二　若き日の「理想」――「生」概念の源泉

(a)「一にして全」

一七九一年二月のある日のことである。テュービンゲン大学で二年間の哲学課程を終え、そのまま更に三年間の神学課程に進んで間もない二十歳のヘーゲルは、病気療養のためにやむなく一時大学を離れて実家に帰ることになった。このとき学友たちはしばらくの別れを惜しんでヘーゲルの記念帖にそれぞれの思いを書き記している。

当時の学友のファロットは、「老人」とあだ名されていたヘーゲルの病気をおもんぱかってか、記念帖に、杖をついた老人の姿を描き、この絵に添えて「神さま、老人をお守りください。」と書き込んでいる。このようなユーモラスな表現の中にヘーゲルに対する学友たちの関係を垣間見ることができるが[3]、この時ヘーゲルの無二の親友であるヘルダーリンも、ゲーテの戯曲『イフィゲーニエ』の中から「意欲と愛は偉大な行為の翼である」（Lust und Liebe sind die Fittiche zu großen Thaten）という言葉を書き贈っている[4]。そして、このヘルダーリンの記した言葉に続けてヘーゲルの筆跡で「一にして全《ヘン・カイ・パン》」という標語が書きつけられている[5]。

この「一にして全」なる標語と上記のゲーテの言葉は、後年、青春のたそがれ時にヘルダーリンの上に悲劇が襲うまで、奇しくもヘーゲルとヘルダーリンを領導した理想を表わしていると言っても過言ではない。「意欲」と「愛」を両翼として、「一にして全」という理想に向かってひたすら羽ばたかんとしたところに、二人の若者の青春の証しともいうべきものを見て取ることができるからである[6]。この理想は、数年後二十四歳になったヘーゲルが、友人のシェリングに宛てた手紙の中で、ヒッペルの著書（『人生行路』）の一節を借りて、比喩的でかつ象徴的な言葉で表明されている。

「ぼくはいつも自分に『人生行路』の中からの文句を言い聞かせるのだ。『友よ、太陽に向かってつとめ給え、すると人類の幸福が間もなく熟する。さえぎる木の葉は、小枝は、何を求めているというのか。太陽のもとまで突き進め、そして疲れたら、それもよかろう。眠りがますます深くなるばかりだ！』」（Br. I. 24）。

「一にして全」は、言うまでもなくレッシングに由来する言葉である。二十歳の神学生であったヘーゲルがヘルダーリンら学友たちと共に読んで、「心ゆくまで議論した[7]」といわれるヤコービの『スピノザに関する書簡』

の中で、レッシングは、スピノザの神概念に与しつつ、そこから正統派のキリスト教の神概念の超越性を批判して、この言葉を吐く。

「神性に関する正統派の概念は私にはもはや存在しない。……ヘン・カイ・パン（「一にして全」）！　このこと以外は私の知るところではない。[8]」

「一にして全」なる言葉は、スピノザ自身のものではないが、スピノザの汎神論思想に通じる思想を展開した古代ギリシアの哲学者ヘラクレイトスの断片「万物は一つであることを、言われる通りに認めるのが智というものだ。[9]」「万物から一が出てくるし、一から万物も出てくる。[10]」などに淵源する造語であろう。

『ヒュペーリオン』の中で、ヘルダーリンは、「一にして全」あるいは「多様の一者」を「美の本質」あるいは「美の理想」と呼び、それをヘラクレイトスの言葉に結びつけている。

「かのヘラクレイトスの偉大なる言葉、『多様の一者』、この言葉を見出すことができたのは、ギリシア人以外にはありません。というのも、それが美の本質だからです。そしてそれが見出される以前には、哲学というものはなかったのです。全があった。だから個々の規定ができるようになった。[11]」

ヘーゲルも一七九六年八月にヘルダーリンに書き贈った詩『エレウシス』の中で、「自由なる真理」と「一にして全」を結びつけて次のように謳い上げている。

「ひたすら　自由なる真理のために生き　夢ゆめ　思いと情を封ずる掟とは　和を結ぶことなし……われ　無量のものに身をゆだね　われは　そのうちにあり　一切にして　ただ一切なり……」（I. 230-231）。

ここには後に「真なるものは全体である」という『精神現象学』「序文」の有名な一句と同じ思想がすでに胚胎していると言ってよいだろう。「無量のもの」のうちに身を置く者は、「自由なる真理」のただ中でみずからの生を享受する者であり、そこでは、「思いと情」、あるいは理性と感性は互いに生き活きと交流し合いハーモニーを奏で、こうしてみずからのうちに無限の生命の鼓動を感じながら自由におのれの生を享受するのである。

（b）「理性と自由」を具現した「神の国」

「一にして全」なるヘラス的境地をキリスト教の「神の国」と重ね合わせて、ヘーゲルとヘルダーリン、シェリングは、彼らの「合言葉」としていた。「神の国」は、いうまでもなく、新約聖書の『ルカによる福音書』（一七・20－22）に由来する言葉である。パリサイ人たちが、「神の国」はいつ来るか、と訊ねたことに対して、イエスは次のように答える。「神の国は、見える形では来ない。『ここにある』『あそこにある』と言えるものではない。実に、神の国はあなたがたのただ中にあるのだ。」

一なる神への愛を中心として、隣人への愛を実践しながら、心を一つにして「信仰のみ」によって結ばれる共同体であるルターの「見えざる教会」――かかる教会をカントは「神的で道徳的な立法のもとにある倫理的共同体」と規定し、それが経験的に可能なものでないがゆえに、「見えざる教会」（die unsichtbare Kirche）と呼んだ。[12]

徳の法則にしたがう普遍的共同体としての「見えざる教会」は、内面的な道徳的行為によって打ち立てられるかぎり、目に見える公共的な人間の法律の支配下にあると言うことはできない。カントは言う。「この理念（「見えざる教会」という理念――引用者）は……全体的なものをめざすものであるが、その全体的なものがそのものとしてまたわれわれの支配下にあるかどうかわれわれは知ることができないのである。[13]」

可能的経験の対象でない「見えざる教会」としての「神の国」は、こうしてカントにあっては、経験的な現実を超えた「単なる理念[14]」にとどまるべきものと考えられているが、ヘーゲルたちにおいては、「神の国」は「一にして全」なるヘラス的な理念と結びつけられることによって、この地上において実践理性を通じて現実化されるべきものであった。

ヘーゲルは一七九五年一月末のシェリング宛ての手紙に次のように書きつけている。

「神の国よ来たれ、そしてわれわれの手が何もしないで懐にとどまっていないように！……理性と自由があくまでもわれわれの合言葉だ。そしてわれわれが一体となるのは見えざる教会だ。」(Br. I. 18)。

同じ時期にヘルダーリンはヘーゲルに次のように書き送っていることからも、「神の国」の理念が彼らを結びつける固い絆の役割を果たしていたことがうかがわれる。

「愛する兄弟！われわれが「神の国」('Reich Gottes')の合言葉で、互いに別れてから、君は時おりぼくのことを思い出してくれていることを確信しています。お互いが変わってしまっていても、この合言葉でお互い再認し合えると思います。」(Br. I. 9)。

こうして、「自由と理性」「一にして全」「神の国」――これら三つの標語は、テュービンゲン大学でヘーゲルが青春を共にした二人の友――ヘルダーリンとシェリング――とのあいだに交わされた合言葉であり、彼らを結びつける盟約でもあったのである。

かかる「生」の全一性という理想の裏には、およそそれとは正反対の現実がヘーゲルたちの前に立ちはだかっていた。

当時の宗教的状況は以下のようであった。

ヘーゲルはテュービンゲン神学校ではルター派の正統派神学のもとで教育を受け、神学校の前期課程（哲学課程）ではシュヌラーやフラットの、後期課程（神学課程）では主としてシュトールの聖書解釈や教義学の講義を受けている。[15] シュトールは新しく登場してきた啓蒙の合理主義に対応すべく、聖書の「超自然主義」的解釈を打ち出す。

周知のようにカントは超感性的な対象が人間の理性を超えたものであるがゆえに、その存在を肯定もしなければ否定もしなかった。これに対してシュトールはカント哲学が超感性界を否定し破壊しかねないことを危惧して、カント哲学の結論をいわば逆手にとって、神の啓示に基づく聖書の「超自然主義」を正当化しようとする。すなわち理論的には認識不可能な超感性的な対象も、経験的世界から区別された独自な現実性を持つものとして感性的世界の彼岸に措定するのである。

こうしてシュトールは、カント哲学が啓示宗教の「超自然主義」と何ら矛盾することなく整合することを示し、理性を超えた真理への信仰を、実践理性が要請するものとして正当化するのである。カントにあっては、神はあくまでも道徳的な要請の結果であるが、シュトールにおいては、超越的な神の啓示が道徳的要請を促すのである。(16)

カント哲学をこのように改釈することによって、シュトールは神の超越性を承認し絶対化し、イエスが語る言葉を神から与えられたものとして既成化する。かくて、実践理性による道徳的行為は神の前では無力なものとなり、神の言葉が固定化されることによって聖書の権威が確立し、人間の理性を超えた「既成的なもの」への信仰が強要されるに至るのである。

既成的な宗教によって人間の理性と自由が抑圧され人間の尊厳が著しく損なわれている、というのがヘーゲルが当時の正統派キリスト教に対していだいていた批判意識であったと言えよう。

三　「民族宗教」論――「生」概念の生成

(a)「感性」と「理性」の調和としての「民族宗教」

以上述べてきたことからも明らかなように、その思想的出発点からヘーゲルを取り巻いていたのは、人間の全体性がさまざまな形で分断され、自己と他者、此岸と彼岸との分裂と対立がさまざまな領域に浸透することによって人間の自由が抑圧され、人間の本質である主体的な自由が、自分に疎遠な他者や彼岸のうちに失われている、という状況であった。

このような現実の状況のアンチテーゼとして、ヘーゲルたちは「自由と理性」「一にして全」「神の国」という標語を掲げ、現実に立ち向かおうとしたのである。それゆえに、テュービンゲン期以来の最初期の一連の宗教研究の根底には、これらの標語あるいは理想を宗教批判や社会批判を通じていかに実現するか、その方途を探るというヘーゲルの差し迫った問題意識が横たわっていることを忘れてはならないだろう。

宗教的には此岸（地上の国）と彼岸（神の国）が、社会的には個人と全体（国家）が引き裂かれ、個々の人間は自分に疎遠なものの中にみずからの主体的な本質を見失っている現状にあって、人間はいかにしてその全体性を回復することができるのか——かかる問題意識は、ヘーゲルの思想的な生涯全体を貫く赤い糸とも言うべきものである。その意味で「一にして全」なる最初期の理想は、人間の「生」の理念を生涯にわたって求め続けたヘーゲルの思想的発展を最後まで領導したものということができるであろう。

「理性」と「自由」を通じて、「一にして全」なる「神の国」を求めんとして最初に構想したものが、ヘーゲルの処女論稿と言ってよい『民族宗教とキリスト教』（一七九二～一七九四年）と後の編纂者によって題された一連の草稿である。

この草稿でヘーゲルは、政治と並んで人間の生のうちで最も大切な事がらの一つである「宗教」について論じようとするのであるが、すでに述べたように、ヘーゲルは宗教をそれだけで孤立したものとして取り扱うのではなく、政治や歴史、教育といった他の諸々の領域との関連を視野において全一的な観点から考察しようとする（本書第一章の二を参照）。それゆえ宗教は単なる個人の救済を目的とする「私的な宗教」（N. 19）ではなくて、「民族精神の形成」（Bildung eines Volksgeistes）（N. 21）に資するところの「民族宗教」でなければならない。「民族の精神、歴史、宗教、民族の政治的自由の段階――それらは、相互の影響からしても、また、それらの性格からしても、切り離して考察することはできない――、それらは、一つの紐帯に編み合わされている。」（N. 27）。

宗教は他の領域から離れて、それ自身で孤立して存在しているのではなく、「民族宗教」として、民族の歴史、政治、教育、芸術など、人間の生を紡いでいる他の文化的諸領域と相互に関連し合いながら、「民族精神」という一つの全体の形成に寄与しているのである。

それゆえ、ヘーゲルは「民族宗教の仕事」を次のように言い表わしている。

「人間というは、非常に多面的なものであって、すべてのものが人間からつくられるしまた、人間の諸々の感覚がきわめて多種多様に編み合わされてできた織物には、実にさまざまな末端があるので、すべてのものは、ある一つの末端からはつなげなくても、別の末端から――この織物に結びつくことができる。……自然のこの美しい糸を自然にそくして編んで、上品な帯に仕上げること――これこそ、とりわけ民族宗教の仕事でなければならない。」（N. 19）。

多種多様に広がっている人間の「感覚」（Empfindung）や「想像力」（Phantasie）あるいは「感性」（Sinnlichkeit）や「構想力」（Einbildungskraft）に直接はたらきかけることによって、「偉大な、崇高な徳に欠かすことのできない精神」（N. 19）を人間の魂の中に刻みつけることが、民族宗教の眼目とするところなのである。

ヘーゲルはここで問題にする宗教が、個人の魂の慰めや高揚をめざすものではなく、「ある国民の精神の高揚と教化」（N. 5）をその目的としていることを強調している。それは同じ信仰のもとに神への愛と隣人愛の実践によって結ばれた聖なる共同体としての「神の国」の実現をめざしていた当時のヘーゲルにとってごく自然な宗教観であったと言える。

ヘーゲルは、民族宗教の特徴として次の三つの点を挙げている（vgl. N. 21）。

1．「普遍的理性」（die allgemeine Vernunft）にその基礎を置いていること。

2．「想像力と心情と感性」（Phantasie, Herz, und Sinnlichkeit）がそれ相応の役割を演じていること。

3．人間生活のあらゆる欲求や公的活動が民族宗教に結びついていること。

ヘーゲルはカントの実践哲学を受け容れて、宗教は、何よりもまず、実践理性が要求する道徳法則に基づくものでなくてはならないと考える。しかし、感性と理性を厳格に区別して感性的な動機を道徳的行為から排除するカントとは異なって、ヘーゲルは、「感情」にもその役割を認めている。理性によって活気づけられた感性が、道徳的行為に影響を与えるかぎり、「感性」、「心情」、「想像力」も宗教的行為にとって、必要な、というよりもむしろ無くてはならぬものなのである。

宗教が民族宗教であるかぎり、民衆の善良で純真な心に訴えかけて、民衆みずからが生き生きと主体的に行動するように促すものでなければならない、というわけである。そのためには宗教は、まず人間の「心情」に、すなわち感性的なものに訴えかけなければならない。

「感性こそが人間のすべての行動や努力の主要なエレメント」（N. 4）だとするならば、宗教は何よりもまず感性的なものでなければならないというのが、民族宗教を論じる若いヘーゲルの確信するところであった（vgl. N. 5）。自然は人間の中に道徳的なものに対する細やかな感情や感受性を植えつけておいたのであるから、かかる感情や感受性を陶治して、道徳的なものへと目を向けるようにするのが宗教の役割であり任務なのである（vgl. N. 8）。

かくて宗教は人間の感性に実践的にはたらきかけることによって、国民の魂に道徳的なものへの感受性と直接に響き合うような繊細な感情を呼びおこすものでなければならない。宗教が「民族宗教」として人びとの心に実践的にはたらきかけるためには、それは何よりもまず感性的で直接的なものでなければならない、というのがこの時期のヘーゲルの確信であったと言えるであろう。

それゆえヘーゲルの初期の一連の宗教的論稿にみられる特徴的な思想的立場を一言で言い表わせば、それは「直接的なものへの信頼」という言葉で表現できよう。

感受性と道徳性、あるいは「感性」と「理性」の直接的で生き活きとした交感、そこにこそ宗教が民族宗教として存立することを可能にし、人間相互の関係を生き活きと高揚したものにするのである。

(b) 悟性的「啓蒙」の批判

感覚と理性の生き活きとした豊かな関係を断ち切って、双方を孤立化し固定化することによって、感性と理性が共同してつくり上げた美しい織物全体を引き裂き、相互に血の通わないものにしてしまうのが、「冷たい悟性」という刃をふりかざして切りかかる「悟性の啓蒙」（N. 12）である。「悟性」は人間の心情や実践に水をかけるのである。

「宗教は悟性によって得るものはごくわずかしかなく、悟性の操作、悟性の迷いは、逆に、心を温かくするよりは、冷たくしかねない。」（N. 10）。「悟性は、決して、原理を実践的なものにはしない。」（N.12）。「悟性の啓蒙は、確かに、人をいままでより利口にはする。しかし、善良にするわけではない。」（N. 12）。

ヘーゲルは全体の生き活きとした調和を引き裂く「悟性」と、この「悟性」を盾にしてあらゆるものにはたらきかけようとする「啓蒙」に対して、上記のような厳しい言葉を投げつけているが、ここで見逃してはならないのは、かかる「啓蒙」や「悟性」に対する批判は、啓蒙的悟性に対するヘーゲルのゆるぎない評価を前提にしているということである。

「悟性の啓蒙」は、偏見や誤謬の源泉でもある感覚や想像力を吟味して、それらを無条件に評価しえないことを教え、またそれは、「義務についての明断な知識」（N. 15）を与えた。こうして啓蒙は、「諸々の原理を純化した形で叙述する」（N. 12）ことで大きな成果を上げたことは、啓蒙批判の反面としてヘーゲルは充分に認めていることを忘れてはならないであろう(17)。

啓蒙的悟性に対する強い批判的言及の裏に、上記のような肯定的評価が控えているからこそ、われわれが後で示すように、ヘーゲルにとって「反省」や「悟性」に対する肯否両面にわたる把握が可能となり、それが弁証法的理性の生誕を促すことになったと言いうるのである。

とまれ、「民族宗教」を論じるこの時期のヘーゲルにあっては、啓蒙（悟性）に対する否定的評価が前面に押し出され、その肯定的評価は後景に退いていることに注意しておきたい。

悟性的啓蒙はたしかに、感性や想像力の思い込みや誤りを正すことはできたが、その結果思惟と感情、頭と心を切り離し、感情のない悟性、想像力のない思惟を生み出すことによって人間の心を冷たくし、人間を「利口」にはしたけれど「善良」にすることはできなかったのである。

この悟性は、人間の行動の原理を純化して、そこから義務の知識を明確に教えてくれるが、かかる義務の知識は、そのまま義務の実践へと導くことはできない。というのも「悟性」は「知識」と「知恵」、「利口」と「善良さ」を分離してしまうからである。

「知恵は、啓蒙、論弁（Räsonnement）とは異なるものである。――しかし、知恵は知識ではない。――知恵は、魂の高揚であって、魂は経験を通じて、思索と結びつき、思い込みや感覚的印象に依存しない状態にまで高まっていくのである。――そして、必ず、それが実践的な知恵である。」（N. 15）。

かくて悟性を標榜する啓蒙は、「感性」（「心情」、「想像力」）と「悟性」（「記憶」）、「知恵」（Weisheit）と「知識」（Wissenschaft）を区別し分断することによって、人間の全体性を引き裂き、かかる二元性が人間の生の領域全体を覆うことになる。

（c）生き活きとした（lebendig）宗教としての「主体的宗教」

人間の生の中で最も大切なものの一つとヘーゲルが考える宗教の領域においても、それは「主体的宗教」と「客体的宗教」、「公的宗教」と「私的宗教」という二元的な対立として現われる。「感性」と「悟性」、「知恵」と「知識」、「主体的宗教」と「客体的宗教」等々――周知のようにヘーゲルはここで、二つの対立した概念をもちいて、みずからの「民族宗教」論を展開しようとする。かかる対立概念のうち、前者はそれぞれ、人間のうちに本来存在する生き活きとした自然性（＝直接性）に根差しているので「主体的」であり、「公共的」であり「実践的」であるのに対して、後者は人間の自然性をいかようにか抑圧し、抽象化してしまうがゆえに、人間の道徳心に直接に訴えかけることができず、「非実践的」で「私的」なものにとどまらざるをえない（vgl. N. 7）。

こうして、「主体的宗教」にあっては、個と全体とが相互に依存し合いながら、個体がそれぞれみずからの生を楽しみ合いつつ、同時に一つの有機的全体を形成している。それゆえこの宗教の特徴は、生動的（lebendig）であって、個性的で、活動的である、ということになろう。

「主体的宗教には、すべてが関わりをもってくる。」（N. 8）というヘーゲルの言の中に、個と全体との生き活きとした（lebendig）関係の全体が「主体的宗教」の名で言い表わされていると言ってよいであろう。それに対し、「客体的宗教」は、個々のものを切り離し、固定化し、剥製化することによって、人間の恣意的な目的のもとに、個々のものを画一化してしまう。それゆえ、「感覚」や「心情」から切り離されて、ただ「知識」の集成であるにすぎない「学問」にのみ基づくような教義は、「神学」であっても、「宗教」ではありえない。

このような「主体的宗教」としての「民族宗教」の立場から、「客体的宗教」としての「キリスト教」を批判しようというのが、「民族宗教」論の基本的視角であるが、そこには「一にして全」なる世界観に基づいて構想されたヘーゲルの宗教的理想からなされた当時のテュービンゲン神学への批判が含意されていることは言を俟たない。

宗教は、「神学」のような「神についての単なる学識」（N. 5）であってはならず、人びとの道徳心に直接訴えかけて、魂を高揚させる実践的なものでなくてはならない。「神の認識は、人間の道徳的本性の中に、実践的欲求の中に、その根源をもっている」（N. 48）というのが、若いヘーゲルが拠って立つ宗教観である。そして宗教が人びとの心に実践的な力を吹き込むためには、感性的で直接的なものがそれ相応の役割を果たさなければならない、というのがこの時期のヘーゲルの確信であったことは、先にもみたとおりである。それゆえにヘーゲルは言う。

「私が宗教について語るとき、私は、神、神とわれわれとの関係、神と世界全体との関係などについての一切の学問的な、というよりもむしろ形而上学的な認識をまったく捨て去る。そういう認識は、もっぱら屁理屈をこねる悟性がたずさわる仕事であって、神学ではあっても、もはや宗教ではない。」（N. 8）

ここには、「区別や規定性を含まない神」（VIII. 234［§112 Zusatz］）を抽象的な悟性の産物として厳しくしりぞけ、「理性によって神を認識すること」を「学問の最高の任務」（VIII. 104［§36 Zusatz］）とする後年の体系家ヘーゲルの宗教観とは相反するものをわれわれは見出す。

後年（フランクフルト期末）ヘーゲルは、人間（有限者）と神（無限者）との関係についての「形而上学的な認識」は、悟性（反省）が生み出す「概念」による「媒介」を必要とすることを認めるに至る（vgl. 146）。しかし、ここテュービンゲン期においては、このような「概念」による「媒介」的認識は、「屁理屈をこねる悟性」をふりまわす「神学」の仕事として、実践理性の立場から真っ向から否定されるのである。「媒介」は、人間と神との直接的な和合を妨げることによって、人間の実践的な行為への欲求を圧し殺すというわけである。

人間の本来の善性から自然に湧き出てくる生き活きとした道徳感情——ヘーゲルはそれを人間のうちにある「神的火花」(N. 67 usw.) とも言い換えている——かかる道徳感情のうちに神的なものと直接に一体化すること、かかる「主体的宗教」の立場から、人間の中の自然な道徳感情を抑圧して、神的なものを人間の手の届かないところに押しやるキリスト教を批判したのが、ヘーゲルの「民族宗教」論であった。

「感性」と「理性」の交感を通じて、神的なものと生き活きと関わる実践的、主体的立場から、神を絶対化し客体化するキリスト教をいわば超越的に批判したのが、ヘーゲルの「民族宗教」論であったと言えよう。

キリスト教における神の絶対化＝客体化が、本来は主体的な教えであったはずの「イエスの宗教」からどのようにして生じたのか、その歴史的経緯をたどることによって、現にあるキリスト教の客体的で、既成的な性格の由来を究明しようとしたのが、「民族宗教」論の直後に書かれた『キリスト教の既成性』(一七九五／九六年、一八〇〇年改稿) と呼ばれている草稿である。この草稿では、イエスの道徳的主体性の立場が、「心情」、「自由」、「理性」などの言葉によって特徴づけられるのに対して、「権威」、「命令」、「奇蹟」「服従」などを生ぜしめる事態が、「既成性」の名のもとに批判される。

この『既成性論稿』においてヘーゲルは、イエスの道徳的な教えがその後に成立したキリスト教会の支配によって、直接に人びとの心情に訴える本来の力を失い、イエスの「権威」という「回り道」を通じて、人びとの精神を支配するに至った経緯を明らかにしようとする (vgl. N. 161)。

「民族宗教」論においても、「回り道」としてのキリストは、人間の自然な善性の立場から批判されていた (vgl.

N. 34, 59, 68 usw.)。かかるヘーゲルの立場は、『既成性論稿』においても基本的に変わっていない。ただここではイエスの自由な教えが、いかにその反対物へ転化せざるをえなかったのか、が歴史的に究明されるのである。『既成性論稿』が歴史的叙述の形で示した結論は、イエスの道徳的は教えが、ユダヤ律法の既成性を克服することを意図したにもかかわらず、みずからも既成化の運命をたどらざるをえなかった、ということであった。ここにヘーゲルは、カントの「道徳性」に依拠しているかぎり、キリスト教の既成性を全体として克服できないことを見て取ったと言わなければならないだろう。

四　『キリスト教の精神とその運命』――「生」概念の成立

(a)「一にして全」から「生」の概念へ

カントの「道徳性」の立場からキリスト教の「既成性」を批判した『既成性論稿』は、「道徳性」(自律)対「既成性」(他律)という二項対立の上に立って、前者による後者の克服の可能性を模索していた。しかし、かかる二項対立を前提にした上での、一方による他方の克服は、両者の真の統一ではありえず、かえって一方による他方の「支配」を帰結することにヘーゲルは気づくことになる。

人間の外部に超越者(神)をもっている既成的宗教の信者と、道徳律に基づいてみずからの義務の命令に従う者との間には、前者は超越者の奴隷であるのに対して、後者は自由な存在である、というような区別はそもそもない。前者がみずからの主人を自分の外部にもっているのに対して、後者は自分(特殊者)を支配する普遍者(道徳律)を自分の内部にもっているにすぎない。両者どちらも超越者(神)あるいは普遍者(道徳律)に支配された奴隷であることに変わりはないというわけである(vgl. N. 266)。(この点については、本書、第二章の三を参照。)

こうした反省に立って、フランクフルト初期のヘーゲルは、人間と超越者、特殊と普遍、主観と客観とを統一づけるものを、新たな観点から包括的に考えようとするに至る。すなわち特殊に対立する普遍、主観に対立する客観ではなく、両者を分離できないものとしてみずからの中に包摂する普遍的なものに目を向けるようになるのである。

フランクフルト期の初めに書かれた断片的な草稿の中でヘーゲルは次のように書きつけることになる。

「主体と客体、もしくは自由と自然が次のような仕方で統一されていると考えられるところに、つまり、自然がそのまま自由であり、主体と客体が分離されえないように合一していると考えられるところに神的なものが存在する。――このような理想がすべての宗教の対象なのである。」（N. 376）。

こうして、青年時代の理想である「一にして全」は、既成的な宗教を克服するものとして、不可分離で直接的な合一という形をとって前景に押し出され、いまや自由と自然、主体と客体が分離されえないように合一するものこそ真なる宗教の理想とされるのである。

主観と客観、特殊と普遍とが分離できない形で統一されているものを、フランクフルト期のヘーゲルは周知のように、「生」（Leben）と呼んでいる。フランクフルト期のヘーゲルの思索は、かかる「生」の概念をめぐって展開される。

ヘーゲルは、人間の外部においてであれ、内部においてであれ、個別と普遍、主体と客体の対立を固定化し絶対化してしまう既成的宗教やカントの道徳性概念を批判して、個別と普遍の真の統一として「生」の概念を構想する。

「普遍性は死せるものである。なぜならそれは個別的なものに対立しているからである。それに対して、生は両者の合一（Vereinigung）である。――他方、道徳性は私自身への従属であり、それ自身における分裂である。」

（N. 390）。

ここからも明らかなように、ヘーゲルは「生」を特殊と普遍の統一として、何よりも全一的なものとして考えている。とはいえ、かかる全一的なものは、区別や多様なものを排除するものではなく、逆にそれらのものをみずからに内包しているところの統一である。

「無限に分割するもののうちに……生がある。対立するもの、死せるものとしての個々のもの、限定されたものは、同時に無限な生の木の小枝である。全体は個々の部分の外にあるが、個々の部分は同時に全体的なものであり、一なる生である。」（N. 307）。

ここに、テュービンゲン期以来の理想である「一にして全」の思想が、より具体的な形をとって再現しているのをわれわれは見る。

「生」においては、全体（普遍）と個（個別）は矛盾し対立している。個は全体と対立しているかぎり個であるが、同時に個はそれ自身として自存しているのではなく、全体の一分肢としてその存立を保っている。こうして、生あるものの中では、部分と全体、個と普遍は対立し矛盾していると同時に、両者は分離できないものとして「同一の一者」でもある（vgl. N. 308）。「生」の全一性は、多様なもの（部分）の分離＝対立の合一なくしては存在せず、多様なものの分離を媒介としてのみ真の全体性として成就されるのである。したがってヘーゲルは次のように言う。

「生は未展開の合一から、形成（Bildung）を通じて、完成された合一へと円環を経めぐったのである。」（N. 379）。

「生」はさまざまに規定されるが、その要諦は、分離＝対立をみずからのうちに含む全一性ということである。「生」は直接的な「合一」をその始源とし、「分離」と「対立」を通じておのれを形成し、完全な合一へと至るところの生ける「円環」運動なのである。それゆえ、「生」は生ける全体性として、「全一なる神性のうちにある」（N. 280）と言われる。

(b) ヘルダーリンとヘーゲル――「生」と「愛」をめぐって

ヘーゲルが「生」の概念を構想するに至った背景には、まずヘルダーリンの思想が挙げられる。

ヘーゲルが一七九七年にベルンからフランクフルトへ居を移した直後に、ヘルダーリンの『ヒュペーリオン』の第一部が出版されるが、人間と自然が一体となることを高らかに謳い上げたこの物語のなかで、ヘルダーリンはその主人公に次のように語らしめている。

「すべてのものと一つになること、それこそが神的なものの生であり、人間の至境である。生けるすべてのものと一つになること、自己を忘れて至福のうちに自然の一切の中へ帰ってゆくこと、それこそが思想と喜びとの頂点である。[18]」

「一にして全」、すなわちすべての生きとし生けるものと一体となる生、それが人間の生の究極目的であり、人間の至福の頂点である。かかる神的な生をヘルダーリンは、シラーの先例[19]に倣って、「美」と名づける。

「最高にして最善のものを求めている君たちよ。……君たちはその名を知っているか。一にして全であるものの名を。その名は美だ。[20]」

ヘルダーリンは「一にして全」を、ヘラクレイトスの思想に因んで、「多様の一者」とも呼び、これを「神的なもの」であり、「美の本質」「美の理想」と言い換えている（本書第一章の末尾［三四頁］を参照）。そしてヘルダーリンは、「美の本質」である「無限なる一者」において、個々の多様なものに対する「全体」の先在性を主張する。

「全体があった。だから個々の規定ができるようになった。花が満開になった。そこで解体ができるようになった。いまや美の時機が人間のあいだで告知された。この無限なる一者が、生活にも精神にも存在するようになった。そこで、人はそれを精神の中で分析し、分解することができるようになった。[21]」

かかる根源的な全一性への愛、すなわち「美への愛」――ヘルダーリンはこれを「宗教」と言い換えてもいる――がなければ、人間のどのような思想も行動も、生命のないものに、いわば、「梢のない樹、柱頭を打ち落とされた円柱」のようなものになりさがってしまう、とヘルダーリンは、ヒュペーリオンの口を通して語る。[22]

ヘルダーリンにおいて、「生」は原初の一なるものから、多様なるものへとおのれを展開し、再び一なるものへと戻ってくる円環運動だとすると、かかる大きな「生」の一分肢でもある個々の人間の「生」も、かかる円環運動をみずからの精神の中にも反映せざるをえないであろう。

「およそ生は、展開と閉鎖、拡大と自分自身への還帰の交替から成り立っているとすれば、人間の心もそうでないことがあるだろうか。[23]」

ヘルダーリンは、『ヒュペーリオン』において、かかる至高の「生」を「美への愛」を通じて成就しようとするのである。

かかるヘルダーリンの「生」に関する思想の影響をうけて、フランクフルト初期のヘーゲルは、全体的「生」の現前化を「愛」の中に求めようとする。フランクフルト時代の初期（一八九七年十一月ごろ）に書かれた「愛」についての断片では、次のように言われている。

「真実の合一、本来の愛は生きたものに対してのみ生じる、真実の合一はすべての対立を排除する。」（N. 379）。

ここでは、「愛」が「一つの感情」であるがゆえに、愛する者のあいだには、「区別」や「対立」が入り込んだり、悟性によって「客体」化される余地はないことが強調される。「愛」はあくまでも愛する者たちの間においてのみ成就されるのである。

「愛において合一が完成するのだとしても、それは愛し合うものたちのあいだにおけることである。」（N. 379）。

愛し合う者たちの間では、お互いに与え合うとともに受け取り合う。通常、客体的な物においては、それを相手に与えれば、その分みずからが貧しくなるが、それとは逆に、「愛」においては、与えることによってますます自分が豊かになる。「与えればあたえるほどわたしのものも増えるのです」というロミオのジュリエットへの言葉は、「愛」における双方の合一の直接性＝完全性を端的に表わしているが、しかしかかる愛の完全性は、愛し合う者の間にのみ成立するものである（vgl. N. 380）。

それゆえ、「愛」においては、みずからに疎遠なものは存在しない。「神」が疎遠なものとして人間に対立するのは、人間相互の関係が「愛」によって結ばれているからではなく、逆に人間が対立し合っていることの必然的な結果なのである。それゆえヘーゲルは次のように言う。

「対立し合っているものは、相互に制約し、制約されている。……規定するものは規定されるものなしには存在しえず、またその逆も同様である。どちらも無条件に存在するものではない。どちらも自分の存在の根を自己のうちにもっておらず、どちらも相対的にのみ必然的である。一方が他方に対して存在し、それゆえそれが自分だけで存在するのも、疎遠な力がはたらいているからにほかならず、その疎遠な力の好意と恩恵による。」（N. 378）。

愛し合う者のあいだでは、お互いに相手の中に直接に自分自身を認めるがゆえに、自分の存在根拠を相手の中に、ということは同時に自分自身の中にもっているが、これに反して対立し合っている者は、双方とも相手によって制約されているがゆえに、無条件に存在しているのではなく、自分の存在根拠を自分自身のうちにもたない。こうして相互に対立する人間は、その存在根拠を自分を超えた疎遠な存在＝神に仰がざるをえなくなるというわけである。ヘーゲルは、ここで、キリスト教の「既成性」を、「愛」の直接的な合一性によって克服しようとするのである。

しかし、「愛」に関する上記のような断片が書かれた約一年後（一七九八年秋）に、この断片をヘーゲルは書き直すことになる。この「愛」の断片の改稿では、「愛」について次のように言い換えられている。

「愛においては、その合一と分離が合一されている。」（N. 368）。

「愛のうちには分離されたものも存在するが、もはや分離されたものとしてではなく、合一されたものとしてである。」（N. 350）。

「この愛の合一は完全なものであるけれども、合一が完全なものでありうるのは、分離したものが感情において合一しうるかぎりであるし、分離したものが対立し合うとしても、その一方が愛するものであり、他方は愛されるものであり、したがって分離したものの各々が、一個の生きた器官であるというようにしてである。」（N. 381）。

「愛」に関するこの改稿では、初稿と違って、「愛」を単に、愛する者と愛される者とのあいだの直接的な合一として考えるのではなく、「分離」あるいは「対立」を含んだ合一としてとらえられている。

（c）「愛」―「反省」（「所有」）―「生」

しかしここで注意しなければならないのは、「愛」における統一が可能なのは、同じ「精神」を持つ者同士のあいだにおいてである。

「愛はただ同じものに対して、われわれの本質の鏡や反響に対してのみ生じる。」(N. 377) と、ヘーゲルは言う。端的に言えば、「愛」は、「精神」という同じ本質をもつ者同士のあいだで、すなわち人間同士のあいだでのみ成り立つ。しかしながら、「愛」においては、双方が直ちに同一ではなく、相互に区別され、対立する者であることを意識すると同時に、そうした他者の中に同じ精神としての自分を認めるのである。

「愛される者は、われわれに対立しているのではなく、われわれの本質と一つである。われわれは愛される者のうちに、われわれだけを見る。――しかし、そのとき愛される者は、再びわれわれ自身ではない――われわれが把握することができない不可思議 (ein Wunder)」(N. 377)。

愛し合う者との間では、お互い分離し対立し合っていると同時に、直ちに相手の中に自分と同一のもの見出すが、かかる「愛」の矛盾した関係は、無矛盾を絶対的な規則とする「悟性」あるいは「反省」にとってはひとつの「不可思議」である。しかし、かかる「愛」による合一は、あくまでも愛する者と愛される者とのあいだにかぎられる。

「愛のうちには分離されたものは依然として存在しているが、それはもはや分離されたものとしてではなく、合一されたものとして、存在している。そしてそこでは、生ける者が生ける者を感じるのである。」(N. 379)。

このヘーゲルの言から明らかなように、たしかに「愛」の改稿では、「愛」のうちに「分離」を認めるようになるが、しかし、それは、あくまでも同質の関係、すなわち異質なもののあいだに生じる支配と隷従の関係を免れた関係としてとらえられることになる。したがって「愛」においては、「分離」や「対立」は、「止揚」されるのではなく「排除」されるのである (vgl. N. 379)。

しかしながら人間は、「愛」の関係の外に、「所有」や「取得」や「占有」など多くの「死せるもの」と関わらざるをえない。かかる「死せるもの」は、「愛」にとって、あくまでも疎遠で対立したものにとどまる。こうして「愛」は、「所有」や「占有」といった死せるもの（＝客体的なもの）とのさまざまな対立に巻き込まれざるをえないであろう（vgl. 381f.）。

「愛」は、「精神」と「精神」の関係において、すなわち同質のものとの関係において成り立つが、「所有」や「国家」のようなみずからと異質なものに出会うと、挫折せざるをえない。かかる「愛」の運命を見据えて、ヘーゲルは、「愛」によって諸々の敵対的な関係を止揚しようとしたイエスの「運命」を叙述する。

イエスが高く掲げた「愛」の宗教は、結局のところ「所有」や「国家」につまずき、みずからの愛の共同体を、教団内の少数の者に限定せざるをえず、こうして、「所有」を中心とした市民的関係や、「国家」をめぐる政治的関係から逃避することによって、全体的「生」の諸関係を放棄するに至るのである（vgl. N. 305）。端的に言えば、「愛」は「生」の全体を覆い尽くすことができない、というのがヘーゲルの結論であった。

確かに愛は「生」の自己感情であり、「全体の感覚」（N. 270）、「調和の感情」あるいは「等しい生の感情」（N. 296）であるにしても、それが「感情」であるかぎり、個別的なもの、部分的なものであって、決して分離したものや対立したものを、全体として止揚することができない。「生」のうちに含まれている個々の特殊なものが相互に対立している契機は「愛」においては排除され廃棄はされても、止揚され展開されることはないのである。

ヘーゲルが「愛」のうちに「生」の全体を見出そうとした背景には、「反省」（＝「悟性」）と「理性」という人間の思惟能力に対するヘーゲルの否定的評価が存在したからであると言いうるであろう。

「生」が全一的な存在であり、「有限なものと無限なもの」の合一だとするなら、かかる有限と無限の関連が「反省」あるいは「悟性」にとっては、「不可思議」（ein Wunder）（N. 377）であり「聖なる秘密」（ein heiliges Geheimnis）（N. 304）である。なぜなら「悟性」は、多様な個々のものを、多様なままに規定し区別する人間の能力であり、あくまでも有限なものを規定することに終始する。したがって有限と無限の真の綜合である「生」

の全体は、悟性（反省）にとっては「聖なる秘密」でしかありえないのである。

　悟性の産物である「反省言語」は、多様な個々のものを、それぞれ分離し独立したものとして規定するがゆえに、「反省」（悟性）による諸々の規定は、そのままで他の規定と対立し背反することになる。「神的なもの（すなわち全体的なもの――引用者）に関して、反省形式で表現されたものは、すべて直ちに背理である。」「悟性にとって神的なものは矛盾である」（N. 306）とヘーゲルが言う所以である。

　この時点では、ヘーゲルは、悟性＝反省が生み出す諸規定が、矛盾・対立を招来するがゆえに、悟性によっては無限な「生」を認識することができず、「反省」はあくまでも有限な認識に立ち止まらなければならない、と考え、「矛盾」「対立」そのものが、より一層高次な認識能力（理性）へと自分自身を止揚する論理に気づかない。ここではヘーゲルはまだカントの「批判理性」の立場にとどまっているのである。したがって「理性」の役割は、ここではカントと同様、理性の規定を規定されたものに対置することによって、「理性」の有限性を示すことにほかならない（vgl. N. 300）。

　人間の思惟能力である「悟性」も「理性」も、「生」の全体をとらえることができないがゆえに、ヘーゲルは、「愛」の中に全体的「生」に至る可能性を見出そうとしたわけであるが、しかし、これまで述べてきたように、「愛」が「感情」という直接的なものをエレメントとしているかぎり、諸々の対立せるものを排除はしても止揚できないことに気づくことになる。

　ここでヘーゲルは改めて、真の宗教の対象である主体（自由）と客体（自然）の直接的合一と人間の思惟との関係を問う必要に迫られることになるのである。

五 「生」の認識への道

(a)『信仰と存在』(一七九八年) ――「悟性」(「概念」)・「アンチノミー」・「信仰」

主体と客体の端的な統一としての宗教の真の対象と人間の思惟との関係を、ヘーゲルは、断片草稿『信仰と存在』(一七九八年)で、解明しよう試みている。

この草稿でヘーゲルは、主体と客体の直接的な合一を「存在《ザイン》」と呼び、かかる「存在」を人間の思惟能力がとらえることができるかどうかを吟味しようとしている。

ヘーゲルはまず、パルメニデスに倣って、「合一と存在は同義である」(N. 383)と述べる。というのも、いかなる命題においても、主語と述語を結びつける「あ(有)る」という連辞は、「存在」を表わすと同時に主語と述語の「合一」をも言い表わしているからである。したがって、「存在」は、すべての分離したもの、対立したものの根底にある無制約で根源的な合一を意味する。

先にみたように、分離し対立したものは、制約されたものとして、それ自身では存立することができず、みずからの存在根拠を、対立し合ったものの「合一」のうちにもっている。「相対立し限定されたものは、そのようなものとしては存立できず、それらは自分を廃棄せざるをえない。したがって、それらが存在しうるためには、合一(die Vereinigung)を前提としていることが示される。」(N. 382)とヘーゲルは言う。すなわち、「合一」であるところの「存在」が、最初のものであり根源的なものであって、分離され限定されたものは、その存在根拠を「合一」=「存在」のうちにもっているのである。

したがって、互いに制約し限定し依存し合っているものが、相互に対立し抗争し合うものとして認識されるのは、両項が合一されたものとして関係づけられるからにほかならない。かかる事態をさして、ヘーゲルは「アンチノミー」(N. 382) と呼んでいる。

「アンチノミー」という表現は、言うまでもなくカントから借りてきたものであるが、カントにおいては命題間の矛盾・対立を指すのに対して、ヘーゲルの場合は、思惟(悟性)規定が生み出す概念と概念の間の矛盾・対立を意味する。

ところで、人間の思惟は「合一」としての存在を認識することができるのであろうか。

この時点でのヘーゲルは、このような問いに対して否定的に答えざるをえない。

思惟とは、カントの場合と同様、ヘーゲルにとっても、「概念」を生み出す能力である。「概念」は悟性の能力として、制約(限定)されたものを制約(限定)されたものとして規定する。思惟が制約されたものと制約されたものとの関係を、「概念」を通して「アンチノミー」として提示するとき、思惟はアンチノミーそのものを存立させている「合一」が存在することを証明しているのではない。

悟性の制限された規定、すなわち「概念」が相互に関係づけられることによって「アンチノミー」を招来するとき、「アンチノミー」そのものを存立させている「合一」が先在しなければならないことが証明されている。というのも制約された概念同士が、矛盾し、対立したものとして関係づけられるとき、両者は個々に自存しているのではなく、かえって両者の関係全体、すなわち両者の「合一」にその存在根拠をもっているからである。

ここでは言うまでもなく、先に言及したヘルダーリンの『ヒュペーリオン』の中で表明されていたのと同じ存在観、すなわち、全体的生(合一)が先に存在してはじめて、個々のものが存立するという存在観が前提されている。そうだとするなら、個々のものを規定する思惟によって生み出される「アンチノミー」は、「合一」(全体)が存在すべきである、ということを証明するが、「合一」が存在する、ということは証明していないのである。

「相対立し限定されたものは、……それらが存在しうるためには、合一を前提としていること……このことが示されるとき、相対立し限定されたものは、合一されなければならないことが証明される。……しかし合一そのもの、合一がある、ということは、それによって証明されるのではなく、……信じられるのである。」（N. 382-383）。

思惟（悟性規定）が生み出す「アンチノミー」は、「合一」（すなわち無限なる存在）が存在すべきことを推論することができるが、「合一」の存在そのものは、人間の思惟を越えたものとして、信仰の対象でしかありえないのである。ヘーゲルはこの時期、「アンチノミー」の中に、無限なもの（神）の認識の可能性を予感しているが、それをまだ論理化するまでには至っていない。逆に、「アンチノミー」のうちに思惟（悟性）の限界のみを見てとり、「合一」（無限なもの）を思惟の彼岸におくことによって信仰の対象にしてしまうのである。

ヘーゲルはこの時点で、悟性と理性をそのエレメントとする「思惟」によっても、また「感情」をエレメントとする「愛」によっても、無限な存在としての「生」をとらえることができない、という結論に至らざるをえなかった、と言うべきであろう。

(b)「個」と「生」を媒介するものとしての「反省」(「悟性」）概念の成立

制約されたものを制約されたものとして規定する「悟性」（＝「反省」）の統一は、制約されたものの間の対立をそのままに残す統一であって、全体的な「生」には決して到達しないところの有限な認識にとどまる。「理性」は、悟性の有限な規定に、いま一つの有限な規定を対置することによって、悟性規定の一面性（有限性）を認識するにすぎない。

したがって、「思惟」（すなわち「悟性」と「理性」）をエレメントとする「哲学」は、あくまでも有限な認識にとどまっていて、無限な「生」は、哲学的認識の彼岸に置かれる。それゆえヘーゲルは、「愛」による統一（和解）によって、「生」の全体に至ろうと試みるが、すでにみたように、「愛」が「感情」であり「直観」であるかぎり、愛による統一は、「分離」や「対立」を回避し遠ざけることはできても「止揚」することはできない。「愛」が、「国家」や「所有」という「運命」に向き合うとき、それらと和解することができず、「運命」に翻弄されてしまうのである。

「愛を自分自身に局限し、あらゆる形態から逃避すること、あらゆる運命からこのように遠ざかることが、まさに愛の最大の運命である。」（N. 324）。

哲学のエレメントである「悟性」（反省）や「理性」は、「生」の全体を分断して、個々のものの分離と対立をそのものとして固定化することによって、全体的な「生」をみずからの外部に定立する。これに対して、「愛」は、「生」の全体を満たしているようにみえるが、しかし、「愛」が「感情」や「直観」に基づく直接的なものであるかぎり、それは一つの制限されたものであるがゆえに、みずからの中に無限な「生」を包み込むことはできない。

このように、「愛」も哲学的「思惟」も無限な「生」の一面しかとらえることができないとするなら、一体、「生」の全体としての神的なものに人間はいかにして至りつくことができるのか。この時点でヘーゲルは、「愛」と「反省」を結びつけるものを宗教に求める。

「宗教的なものは愛のプレーローマ（反省と愛が合一され、両者が結びつけられて思惟されたもの）である。」（N. 302）。

ヘーゲルは、「愛」と「反省」という端的に対立するものを外面的に結びつけるだけの「宗教的なもの」に関して、それがいかなるものか、その具体的内容を明らかにしえない。

しかし同時に、いま引用したヘーゲルの言からも読み取れるように、ヘーゲルは、思惟を通して「愛」と「反省」（「悟性」）を結びつけ、こうして両者の一面性を止揚し、全体的「生」を把捉しようと試みるようになる。これまで「愛」による合一によって、「生」の全一性へと至ろうと模索していたヘーゲルは、それが不可能であることを見てとった後、ひるがえって「反省」（「悟性」）を媒介として全体的「生」に至る道を歩み始めたと言うべきであろう。それは『キリスト教の精神とその運命』の草稿群中の次の文章に認められる。

「生は、さらに反省された生として、すなわち分割の観点から、主語と述語としての観点からもまた生であり、把握された生（光・すなわち真理）である。」（N. 307）。

「反省」あるいは「悟性」が定立するものは、多様な個々のものであり、全体の生から切り離された死せるものである。しかし、「反省」によって無限に分割されたものも、「生」の一様態である。ヘーゲルは、個と全、部分と全体を有機体の論理でとらえる。

「無限に分割するもののうちに……生がある。対立するもの、死せるものとしての個々のもの、限定されたものは、同時に無限な生の木の小枝である。」（N. 307）。

それゆえに、個と全体的「生」との関係は二重の矛盾した関係のうちにある。一方では、個は、全体から切り離され分割された「死せるもの」として、「生」の全体と対立している。他方では、個々のものは、「反省された生」として生の一分肢でもあり、そのかぎり全体の生と一である。つまり、「反省」された個々のものは全体的「生」の外部に存在すると同時に、「生」の一分肢として、その内部にも存在する。

かかる矛盾は「悟性」や「反省」にとって、不合理であり「謎」でしかありえない。「神的なもの（つまり「生」の全体——引用者）に関して、反省形式で表現されたものは、すべて直ちに背理（widersinnig）である。」（N. 306）とヘーゲルが言う所以である。[24]

（c）「反省」（「悟性」）・「アンチノミー」・「理性」

われわれは先に断片草稿『信仰と存在』の中で、思惟規定が相互に「アンチノミー」を招来するのは、思惟規定が、無限な存在を把握できない証左である、とヘーゲルが結論づけているのをみた。それゆえに無限な「生」は、思惟を超えた信仰の対象にされるのである。

しかし、ひるがえって考えれば、「アンチノミー」は、悟性（反省）能力の限界を示していると同時に、無限な「生」が悟性に映現したものとして、それ自身無限な「生」の現われ（現象）でもあるはずである。

そうであるとするならば、「アンチノミー」は、「合一」（「生」）が存在すべきであることを証明しているのではなく、「アンチノミー」全体（すなわち矛盾し対立するものの「合一」）が、全体的「生」の現われそのものにほかならないことになるであろう。

「アンチノミー」という形をとって「生」の全体が、悟性（＝反省）に映現しているなら、そもそも「アンチノミー」を「合一」するものは何なのかをもう一度問わざるをえなくなるであろう。なぜなら、全体的な「生」は、もはや人間の認識を超えた信仰の対象ではなく、「アンチノミー」という形式で悟性に現前しているからである。そうだとすれば、悟性（＝反省）はもはや、単なる「生」を切り刻む「冷たい悟性」ではなく、「生」の「現象」をとらえるものとして、「生」の認識のための必然的な一段階でなくてはならないだろう。

ヘーゲルによれば、悟性規定がアンチノミーに陥るのは、悟性概念によっては「生」の「現象」は認識することができても、「生」の全体《トタリテート》をとらえることができないことの証左なのである。

ここでヘーゲルは、「理性」概念についてあらためて考え直さざるをえなくなったに違いない。これまでヘーゲルとって、悟性は「生」を分断し、死せるもの、あるいは客体的なものを定立する能力であり、実践理性は悟性の生み出す客体的なものに対置される限りでの主体的なものであった。ヘーゲルは言う。

「（悟性の――引用者）理論的綜合は、全面的に客体的になり、主体にまったく対立させられる。――（理性の――引用者）実践的活動は、客体を無きものにして全面的に主体的になっている。」（N. 376）。

実践理性の主体的活動も悟性の客体化作用も両者が対立しているかぎり、両者の統一はおぼつかない。それならば、理論理性の方はどうか。

「理性は、みずからがおこなう規定活動を、規定されたものに端的に対立させる。」（N. 379）というヘーゲルの言が端的に示しているように、フランクフルト期のヘーゲルにとって、理性の役割は、悟性が絶対的なものとして定立する規定に、それと対立する規定を対置することによって、悟性認識の一面性、有限性を知らしめることである。

したがって理性をエレメントとする「哲学」の仕事は、悟性が定立する有限なものの有限性を証示することに限られる。この時点で、ヘーゲルが「哲学は宗教の手前でとどまらなければならない」（N. 349）と言う所以である。

ここでヘーゲルが与える理性の能力は、カントの「批判理性」に相当するものである。すなわち理性の役割は、悟性規定の有限性を示すことによって、有限なものと無限なものと峻別し、真に無限なものを自分の外に定立することなのである。かくて理性はあくまでも有限な認識にかぎられ、無限なものの認識は理性の彼岸に置かれる。かかる理性の無力に対する認識があったからこそ、ヘーゲルは「愛」や「宗教」によって無限なものに到りつく方途を模索したのであるが、既述したように「愛」も「宗教」も「感情」という直接的なものをそのエレメントとしているため、「生」の全体を覆い尽くすことはできない。

そこでヘーゲルは、もう一度、悟性（反省）と理性の関係を再考せざるをえなかったに違いない。振り返ればヘーゲルとって、その思想的出発点から「一にして全」「理性と自由」なる理念は彼の学問的経歴を教導してきたものであった。理性の力によって「一にして全」なる世界を展望し、自由な世界に生きることを求めて青春を駆け抜けたと言ってもよいであろう。そうであるとすれば、ヘーゲルにとって「理性」は絶対的なものであって、「一にして全」なる全体的な「生」へと飛び立つための翼であったに違いない。事実、理性に対する確信こそが、若きヘーゲルの学問の立脚点であることはこれまで見てきたとおりである。

理性が絶対的なものであるなら、カントのように単に有限と無限を峻別する「批判理性」のような消極的な役割にとどまることができないであろう。むしろ理性は、有限と無限を真に綜合するものでなければならないはずである。

先にわれわれは、悟性が「アンチノミー」という形で全体的「生」の「現象」をとらえていることに言及した。ヘーゲルはこの時点では、カントと同じように、「アンチノミー」のうちに、人間の認識は「現象」を越えてはならない証左を読み取っていたのである。

しかし全体的な「生」が、悟性(反省)によって規定された個々のものの「外」にあるだけではなく、個々のものは「生」の「現象」すなわち「生の外化、生の表現」(Äußerungen des Lebens, Darstellungen desselben)(N. 346)として、「生」の「内」にもなければならない、ということ――換言すれば、「生」の全体が、悟性(反省)の「内」と「外」に同時に存在するという矛盾――かかる矛盾が統一されているところに「生」の総体が現前しているとすれば、「アンチノミー」は、もはやカントの言うような認識の限界を一方的に示すだけのものではなく、同時に悟性の「アンチノミー」を越えた、より高次なものが要請されていると見なければならないだろう。

こうしてアンチミーを全体的に止揚する「より高次なもの」として「理性」が名指される。

いまや「理性」は、有限な「概念」(悟性概念)と無限な概念(理性概念)を区別する単なる「批判理性」ではなく、悟性概念が逢着する「アンチノミー」を跳躍台として、それを無限なもの(全体的なもの)を認識するための媒介たらしめるものとして把握されることになるのである。

以上のような思考回路があったからこそ、フランクフルト末期に書かれた『キリスト教の既成性』の改稿（一八〇〇年秋）でヘーゲルは、「有限なものと無限なものとの関係についての形而上学的考察」が、「概念」による「媒介」を必要とすることを示唆するに到るのである（vgl. N. 146）。

かくてヘーゲルは、「反省」（悟性）概念と「生」との関係を究明する中で、宗教的なものの「形而上学的考察」を承認することになるのである。

われわれが見てきたように、思想的出発点であったテュービンゲン期に、「一にして全」なる「生」の理念から民族宗教を構想したヘーゲルが、あれほど厳しく宗教の形而上学的考察を拒否していたにもかかわらず、フランクフルト期の末に至って、「概念」の「媒介」によって、有限と無限の真の綜合を「哲学」（形而上学）に求めることになる。

これはヘーゲルが「一にして全」という若き日の「生」の理想を放棄して、冷徹な形而上学者になったことを意味するのであろうか——。そうではないであろう。

「感性」と「理性」との生き活きとした交感——これこそが、ヘーゲルがその思想的出発点から構想していた「生」の内実そのものであったと言える。問題は「感性」と「理性」のあいだにある「悟性」（「反省」）をいかなるものとして位置づけ、評価するか、ということにある。

「民族宗教」論や「既成性」論稿においては、悟性は、「感性」と「理性」を引き裂く「冷たい悟性」として、すべてのものを分離し、固定するものと考えられていたが、これまで見てきたように、フランクフルト末期になると、「悟性」は「感性」と「理性」を媒介するものとして位置づけられる。つまり、「悟性」は単にものごとを分離し固定化するだけではなく、固定化したものを流動化――「アンチノミー」の定立とその止揚――することによって、全体的な「生」を把握するための橋渡し（＝媒介）とみなされるに至るのである。

こうして、「生」の概念が、ヘーゲルの学問体系をおおうことになる。このことはイェーナ期の初めに語られた以下のヘーゲルの言の中にはっきりと読み取ることができる。

「自分の中に生を、生の中に概念を見出すことを教えると、概念はみずから自分と生との間を媒介するものとなる。こうした確信を与えることができるのは、まさに学そのものなのである。[25]」

「一にして全」という初期の「生」の理想は、フランクフルト期になって捨て去られたのではなく、ヘーゲルの形而上学的世界観の中に、厳密な意味においてaufhebenされたと言うべきであろう。

註

（1）「生」の概念から「精神」の概念への移り行きに関しては、以下の拙論をご参看ねがいたい。「Leben からGeist へ――ヘーゲル哲学形成の一側面――」（『広島経済大学創立二十周年記念論文集』［一九八八年三月］）。

（2）この引用文はよく知られているが、ここで語られている「青年時代の理想」とは何か、に関しては、必ずしも研究者の間で一致しているわけではない。筆者は、媒介概念の成立という観点から、筆者なりに「青年時代の理想」の内実を、本書全体にわたって考察したつもりである。そうした意味で、本書でこの周知の引用文に繰り返し言及することをお許し願いたい。

（3）Vgl. K. Rosenkranz, *G. W. F. Hegels Leben*. Berlin 1844. Nachdruck: Darmstadt 1971. S. 30.
ローゼンクランツは、当時のヘーゲルが実直で快活な性格のゆえに、多くの学生仲間に好かれていた、と報告している。

（4）ゲーテ『タウリス島のイフィゲーニエ』第二幕第一場で、オレスト（オレステス）の幼なじみのピュラデスが口にする台詞。

（5）Vgl. Rosenkranz, *a. a. O.* S. 40.
ローゼンクランツはここで、あたかもヘルダーリンが、ゲーテからの引用に引きつづいて「一にして全」という言葉をも書き込んだように語っているが、この「一にして全」の筆跡はヘーゲルのものであるようである（vgl. Ch. Jamme, *Ein ungelehrtes Buch ――Die philosophische Gemeinschaft zwischen Hölderlin und Hegel in Frankfurt (1797-1800)――*. Bonn 1983. S. 99.）。

しかし、どちらが書き入れたにせよ、「一にして全」は両者に共通の標語であったことは言うまでもない。

（6）速水敬二は、そのヘーゲルに関する著作の中で、ヘルダーリンが書き込んだこのゲーテの言葉が、後年のヘーゲルに的中しているとして、次のように述べる。「大事業をなしたヘーゲルにとってはまさに二つの翼、哲学することの愉しさとギリシアへの愛とが役立った。」（速水敬二『ヘーゲルの修業遍歴時代』〔筑摩書房、一九七四年〕六八頁）。

速水は、ここのゲーテの言葉である「意欲（Lust）と愛（Liebe）」を「愉しさと愛」と訳し、「愉しさ」を「哲学することの愉しさ」に、「愛」を「ギリシアへの愛」と解釈するのであるが、かかる解釈はこの箇所の文脈から離れたかなり恣意的な解釈と言わざるをえない。ここのゲーテの言葉に続けて書かれた「一にして全」がヘーゲルの筆跡だとするなら、ヘーゲルはあくまでも、「一にして全」なる標語の実現化のための実践的エレメントとして、ゲーテの「意欲と愛」という言葉を理解しようとしていると言うべきだろう。

（7）Rosenkranz, *a. a. O.*, S. 40.

（8）この点に関しては次の著書を参照されたい。藤田正勝『若きヘーゲル』（創文社、一九八六年）一五頁以下。いくつかの論点で筆者の考えと異なるところがあるが、藤田氏のこの労作から多くのご教示を受けた。記して感謝申し上げる。

（9）H. Diels = W. Kranz, *Die Fragmente der Vorsokratiker*. Berlin 1954. Fr. 50.

（10）H. Diels = W. Kranz, *a. a. O.*, Fr. 10.

（11）Hölderlin, *Hyperion oder Der Eremit in Griechenland*. Sämtliche Werke und Briefe. Bd. I. Carl Hanser Verlag. 1970. S. 660.

（12）Vgl. Kant, *Die Religion innerhalb der Grenzen der blossen Vernunft*. A 101.

（13）Kant, *a. a. O.*, A 98.

（14）Kant, *a. a. O.*, A 101, vgl. A 136.

（15）K. Rosenkranz, *a. a. O.*, S. 25.

（16）久保陽一『初期ヘーゲル哲学研究』（東京大学出版会、一九九三年）三〇頁参照

（17）藤田正勝、前掲書、一二一―一三頁参照。

（18）Hölderlin, *a. a. O.*, S. 583.

（19）シラーは『人間の美的教育について』の中で、「感性的な力」と「精神的な力」という相対立するものが一致し合うところに「人間の完全性」を見、両者の相対立する力を止揚するのが「美的教育」の眼目である、と言っている。「二つの相対立する制約（すなわち「感性的な力」と「精神的な力」――引用者）は、……美によって高められることになるでしょう。この美

は、緊張した人間には調和を、そして弛緩した人間には力を回復させ、このようにして、その本性に従って制限された状態を絶対的な状態に戻し、人間を自己自身において完成した全体にするのです。」（Schiller, *Über die ästhetische Erziehung des Menschen in einer Reihe von Briefen.* In: Schillers Werke. Bd. 4. Insel Verlag. Frankfurt a. M. 1966. S. 483.

（20）Hölderlin, *a. a. O.*, S. 629.

（21）Hölderlin, *a. a. O.*, S. 660.

（22）Hölderlin, *a. a. O.*, S. 658.

（23）Hölderlin, *a. a. O.*, S. 613.

（24）この考え方はその後一貫して変わらない。この時点でヘーゲルは、「生」を「反省形式」で表現すると「背理」に陥るがゆえに、「生」の全体を人間の認識によっては把握できないと考えるのに対して、体系期以後のヘーゲルは、反省（悟性）形式が矛盾を招来するのは、反省の生み出す有限な概念によっては無限な全体が認識できない、ということを告げ知らせているのであって、この悟性の限界を止揚するものとして「理性」が必然的に要請されている、とみなすのである。要するに、悟性概念によっては全体をとらえられない、という主張は首尾一貫しているが、悟性概念が陥る「アンチノミー」を全体認識への「媒介」とするか否かが、体系期以前と以後を分けている。このことは、ヘーゲルのカント評価と軌を一にしていることは言うまでもない（vgl. II. 340f., V. 216）。

（25）Rosenkranz, *a. a. O.*, S. 182.

第五章　イェーナ初期のヘーゲル

――「媒介」概念の成立過程

本章では、まずヘーゲルが「媒介」概念を構想するに至った経緯が叙述される（一）。次にイェーナ初期（一八〇一～一八〇二）のヘーゲルが、同時代の哲学に対して、彼自身の「媒介」の立場から、いかなる批判的検討をくわえているかを考察する（二、三、四）。最後に、かかる批判的吟味を踏まえて、ヘーゲルが彼独自の「媒介」概念に基づく「真の哲学」を構想するに至った所以が示される（五）。

一　「媒介」概念成立に至るヘーゲルの思想的道程

本書の第二章でも言及したように、ヘーゲルがその思想的な歩みを始めるにあたって深く体験していたことは、人間の「生」の分裂という事実であった。かかる冷厳な事実を前にして、人間はいかなる方途によって、その「全体性《トタリテート》」（vgl. N. 266, II. 24, 121 usw.）を取り戻しうるのか――この問題が、青年時代から晩年に至るまで、ヘーゲルの思想全体を貫いているいわば超テーマであった、と言えよう。

ベルン期の若きヘーゲルが畏友ヘルダーリンにささげた自作の詩の中で、「われ　無量のものに身をゆだねわれは　そのうちにあり　一切にして　ただ一切なり」（I. 231）と謳い上げるとき、彼は、いささか高揚した気分の中に、思想家としてのみずからの使命を感じとっていたに違いない。「一にして全《ヘン・カイ・パン》」という理想は、ヘーゲルにとっては、単に実現不可能な古代の理想ではなく、近代というロードスの上で実現されなければならぬものであった。しかし、ヘーゲルもその中で生を受けている近代は、「分裂」と「対立」に刻印づけられた理想不在の時代である。

彼はまず、宗教（キリスト教）を通して、近代を根本的に規定している時代精神の運命を見極めようとする。というのも、宗教は、政治とともに、人間の生をその根本から規定しているものだからである。ヘーゲルが「キリスト教の既成性」や「キリスト教の運命」について語るのも、宗教に色濃く影を落としている近代の時代精神を確認し、その運命を乗り越える道を模索する、という実践的な動機からであった。

ヘーゲルが「キリスト教の運命」の中に見たものは、まさに近代そのものの運命であったと言える。

「教会と国家、礼拝と生活、敬虔と徳、霊的な営みと世俗的な営みとが決して一つに融け合うことができないということが、キリスト教会の運命なのである。」（N. 342）。

このように結論づけるフランクフルト期のヘーゲルは、彼が構想したいわゆる「愛による運命との和解」が現実に不可能であることを深く実感したに相違ない。若きヘーゲルは、人間の「生」における諸々の対立――神の国と地上の国、精神と自然、理想と現実等々、一言で言えば有限と無限の対立――を、「愛」によって止揚しようと目論むわけであるが、しかしこの目論見は、「愛」の直接性のゆえに挫折せざるをえない。「愛はあらゆる対立を排除する」（N. 379）という言が端的に示しているように、ヘーゲルは「愛」によって諸々の対立を止揚することが根本的に不可能であることを見てとる。「愛」が「生」の分裂を止揚する「媒介」たり得ない、というのがフランクフルト期のヘーゲルがたどりついた結論であった。「愛」が、「区別」と「対立」をその本質とする有限なものを排除するのに対して、「反省」（＝悟性）と「理性」をそのエレメントとする哲学は、有限なものの認識に限られる（vgl. N. 348）。「愛」も「哲学」も、有限者と無限者とを結びつけることができないとすると、両者の統一はいかにして可能なのか。

フランクフルト期のヘーゲルは、かかる統一（同一性）を、有限なものの対立関係から推論すべきことを予感してはいるが、いまだそれを論理化できずにいる。それゆえ、有限と無限の統一は、哲学（＝概念）によって把握されるのではなく、信仰の役割に帰せられる。

「相対立し限定されたものは、……それらが存在しうるためには、合一（Vereinigung）を前提としていること……このことが示されるとき、相対立し限定されたものは、合一されなければならないことが証明される。……しかし合一そのもの、合一があるということは、それによって証明されるのではなく……信じられるのである。」（N. 382-383）。

こうしてフランクフルト期のヘーゲルは、有限と無限を統一する「媒介」の論理を見出せぬまま、両者の合一を「宗教」に求めざるをえなかったのである。しかし、「宗教」もまた愛と同様「感情」をそのエレメントしているかぎり、有限者と無限者とを真に架橋することはできず、かえって有限者を自己の外へと定立することによって、両者の対立を固定化し永遠化してしまう、というアポリアに逢着せざるをえない。

かかるアポリアを解消するためには、まず有限者を排除せずに自己のうちに引き受けつつ有限者を止揚する論理が発見されなければならないだろう。フランクフルト末期になると、ヘーゲルは、ベルン期以来の彼のテーマであった宗教の「既成性」の克服の問題を、究極的には、有限なものと無限なものとの「媒介」関係を明らかにする「形而上学的考察」のうちに求めなければならぬことを自覚するに至る（vgl. N. 146）。

かかる「媒介」の思想が成立するためには、それまで有限性のエレメントの中につながれ、無限なものをとらえることができないとされていた「反省」（悟性）と「理性」の能力をもう一度新たな観点から吟味することが必然的に要請される。ヘーゲルにおける「媒介」概念の成立過程を理解するためには、われわれはまず、「媒介」概念と深い関わりのある「悟性」（反省）と「理性」の関係をフランクフルト期までのヘーゲルがどのように考えていたか、ということを簡単にでも振り返っておかなくてはならない。

フランクフルト期までのヘーゲルは、「悟性」（反省）と「理性」の役割をおおむねカント哲学に沿って理解していたといえる。すなわち、「悟性」は、客体的な規定に関わる能力とされ、これに対して「理性」はカント的な実践理性の立場から、主体的な能力として理解されるのである。テュービンゲン期からベルン期にかけて書かれた草稿、『民族宗教とキリスト教』（一七九二～一七九四年）の中で、ヘーゲルが「冷やかな悟性」（N. 5, 57）という言葉を使用していることにも端的に表われているように、「悟性」は、「原理を実践的なものにしない」（N. 12）がゆえに、宗教を客体的なものたらしめる当のものであるとされるのに対して、「理性」は、「自分自身を一切の理性的存在者の中に再認識する」（N. 18）がゆえに、「愛」と同様に、主体的で実践的なものとして把握される。その後に書かれた論稿『キリスト教の既成性』（一七九五／一七九六年、一八〇〇年改稿）においても、先の『民族宗教とキリスト教』と同様カントの実践理性の立場から、「悟性」の客体的な原理に基づくキリスト教会が「理性に矛盾」（N. 157, vgl. N. 142）する既成的なものとして批判される。

「キリスト教にあっては、理性の道徳命令は悟性の規則のように取り扱われている。理性は主体的であり、悟性は客体的である。しかし、キリスト教会は、理性の主体的にものを客体的なもののように規則として定めるのである。」（N. 211）。

キリスト教が「人間蔑視の体系」として既成的なものへと堕落したのは、ヘーゲルによれば、それが理性と悟性の区別を混同し、主体的なものを客体的なものと取り違えることによって、「理性の権利を見誤った」からにほかならない（vgl. N. 211）。

フランクフルト期になると、周知のように、カントの実践理性の自己立法的な道徳法則も、「主人をみずからの内にもつ」ものであって、「自分自身の奴隷であるにすぎない」ことにヘーゲルは気づくようになる（vgl. N. 266）が、それと共に、単なるカント的な実践理性の主体的な要求によっては客体的なものを真に止揚できないことが自覚される。

「（悟性の——引用者）理論的綜合は、全面的に客体的になり、主体にまったく対立させられる。——（理性の——引用者）実践的活動は、客体を無きものにして全面的に主体的になっている。」（N. 376）。

このように言うヘーゲルは、理性が客体的なものと対立させられるかぎり、主体と客体の和解は根本的に不可能であることを見て取る。(1)

理性は、上記のような実践レヴェルにおいてだけでなく、認識（理論）レヴェルにおいても悟性（＝反省）に端的に対立するものとしてとらえられる。「理性は、みずからがおこなう規定活動を、規定されたものに端的に対立させる。」（N. 379）という言に示されているように、フランクフルト期のヘーゲルは、理性を、悟性が定立する有限で客体的な規定を廃棄する主体的な能力として把握する。

理性の役割は、悟性が絶対的なものとして定立する有限な規定に、それと対立するいま一つの有限な規定を対置することによって、悟性の規定の一面性を認識することにある、というわけである。理性は、ここでは無限なものを認識する能力ではなく、もっぱら悟性が規定するものの有限性を示し、「真に無限なものを自己の領域外に定立」（N. 348）することによって、有限者と無限者を峻別する能力なのである。

このように、理性は、カント的な意味での「批判理性」（KrV. A 270=B 326）[2]としての役割しか与えられないがゆえに、有限と無限の綜合は、理性の彼岸に定立されざるをえない。かかる理性の無力の自覚が、ヘーゲルをして「愛」と「宗教」へ赴かせた所以であるが、しかし既に幾度か述べたごとく、「愛」や「宗教」は、本質的に「感情」という直接的なものに基づいているがゆえに、有限と無限の対立を真に止揚することができず、かえって対立を自己の外に置かざるをえないのである。[3]

有限と無限の真の綜合が可能であるためには、「愛」や「宗教」が要請する「統一」が悟性（反省）の定立する有限なものを排除するのではなく、逆にそれを自己の中に含み、かつ止揚するような観点に立たねばならない。そのためには、理性は、それまでのように単なる「批判理性」という消極的な役割に甘んじることはできないであろう。いまや「批判理性」は、みずからを止揚して、有限と無限との媒介的な綜合を可能にする「思弁理性」へと高まらなければならないのである。

かくて、有限者を定立する「反省」（悟性）が「批判理性」を介して、いかにして無限者を構成する「思弁」へと高まらなければならないのか、という問題がイェーナ期ヘーゲルの中心問題となる。有限と無限を架橋する媒介概念が成立するためには、なによりもまずヘーゲルがそれまで依拠していた「反省」（悟性）と「理性」に関するカント的な見方が改めて吟味されなければならない。

われわれに直接与えられているのは無限者ではなく有限者である以上、有限と無限の綜合が可能となるためには、有限なものの認識能力たる「反省」を排除するのではなく、逆にそれを媒介にするほかないであろう。問題は、「反省」を単に制約された有限なものの認識に局限してしまうのではなく、逆に「反省」を踏み台として無限なものを概念的に把握するための媒介者たらしめること――このことが論理化されなければならない。そのためには有限者を単に無限者との対立において把握するだけではなく、同時に、「有限者を無限者の中に定立すること」（II. 120）が理性の課題とならなければならない。

イェーナ期ヘーゲルが問題の中心に置いたのは、有限（現象）と無限（絶対者）、「反省」と「理性」等々といった相対立するものを相互にその被媒介性において把握することであった。ヘーゲルがイェーナ到着後まもなくにして書いた論文『フィヒテとシェリングの哲学体系の差異』（一八〇一年）（以下『差異論文』と略）においていち早く、「哲学の課題は、存在を非存在の中へ生成として、分裂を絶対者の中へその現象として、有限なものを無限なものの中へ生として定立するところにある」（II. 25）と言明するとき、彼は有限と無限の相互媒介のうちに「青年時代の理想(4)」たる「全体性の回復」の実現可能性を託しているわけである。

以上みてきたように、ヘーゲルの「媒介」思想は、彼の思想的発展の必然的な結果であると言えるが、しかし、かかる「媒介」の立場は、単にヘーゲル個人の思索が辿った哲学的な歩みによって必然化されているばかりではなく、彼の生きた時代そのものによっても要請されたものである。

ヘーゲルはイェーナ期になると、彼が求める「哲学」が、「分裂」と「対立」に染め上げられた近代の「反省文化」（II. 181. 298）そのものの中から出現した必然的な要求であることを自覚する。『差異論文』の中でヘーゲルは次のように言う。

「哲学はその時代から現われ出るものであるが、……それは時代の混迷に立ち向かっている人間をみずからの手で回復し、時代が引き裂いてしまった全体性を獲得するためなのである。」（II. 120f.）。

ヘーゲルは、デカルト以来の近代ヨーロッパ文化がその根本において、二元性に刻印づけられているとみなす（vgl. II. 184）。近代においては、「反省」が人間の全体的「生」を分断した結果、精神と自然、主観と客観、有限と無限といった具合にさまざまな分野において「分裂」と「対立」が支配するに至る。「反省」が引き裂いたかかる近代の二元的文化がその極点に達している、というのがヘーゲルの時代認識であった。

「最高の生命性のうちにある全体性は、最高の分離からの再興によってのみ可能である」（II. 21）とヘーゲルが言うとき、彼は全体性の回復が時代そのものによって必然化され、その実現を迫っているものとみなすのである[5]。かかる意味においてまさに「分裂は哲学の要求の源泉」（II. 20）なのである。こうして分裂にすみずみまで浸透された近代の「反省文化」総体を止揚することが、時代そのものによっても、またヘーゲル個人においても必然的なものとして課せられているのである。

ヘーゲルが、イェーナに居を移して、カント、ヤコービ、フィヒテの三者の哲学を、いわゆる「反省哲学」の名を冠して批判的に吟味するのも、これらの哲学が「反省文化」のうちに現われうる思想の諸形態を代表し、それぞれの立場から「反省文化」を体系化しているからにほかならない（vgl. II. 430f.）。

ヘーゲルは「反省文化」の落とし子たるカント、ヤコービ、フィヒテの哲学を批判的に検討することによって、「反省文化」そのものを乗り越えようとするわけである。「反省文化」が依って立つ二元論的世界観をヘーゲル独自の「媒介」論に基づく「真の哲学」（II. 302. 431）によって止揚すること――これがイェーナ期ヘーゲルの中心的なテーマであった。

それでは、同時代の「反省哲学」の批判的検討を通じて、ヘーゲルはいかなる哲学を構想しようとするのか。この問題を以下において「媒介」概念の成立という視点から考察することにしよう。

周知のように一八〇二年に公にされた『信と知』の中でヘーゲルは、カント、ヤコービ、フィヒテの哲学を「主観性の反省哲学」という観点から一括して批判している。これら、三者の哲学がヘーゲルによって「主観性の反省哲学」と規定されるのは、それらの哲学に共通する根本原理が、（a）有限なものを絶対化し、そのことによって、（b）「有限なものと無限なものとの絶対的な対立」（II. 294）を固持し、（c）無限なものを認識不可能なものとして有限なものの彼岸に置くからである（vgl. II. 295f.）。

ヘーゲルによれば、かかる「反省哲学」に共通する根本原理の内部で、さらに相互に対立しつつ原理上可能な諸形態を形成している。「（α）カント哲学は、この全領域の客観的側面をなしている。……（β）ヤコービ哲学は主観的側面である。（γ）フィヒテ哲学は両側面の綜合である。」（II. 296）。

カント哲学が「反省哲学」の「客観的側面」を表わしているのは、この哲学にあっては「有限性と主観性とは概念という客観的な形式をもっている」（II. 333）からである。しかしカントはかかる概念の客観性を主張するにもかかわらず、概念をなにか主観的なものに貶めることによって概念による無限者（物自体）の媒介的認識を放棄してしまう。

これに対してヤコービは、主観性をカントのように概念という客観性においてとらえず、「憧憬《ゼーネン》」や「苦悩《シュメルツ》」（III. 393, vgl. II. 296, 357, 394 usw.）という主観的で偶然的な感情が有限者と無限者を媒介するものであると考えられるため、真の無限者は、「感情における絶対的彼岸」（II. 388）へと移し置かれるのである。このような理由からヘーゲルは、ヤコービ哲学を「反省哲学」の「主観的側面」とみなすのである。

ヤコービ哲学における主観的な「憧憬」は、フィヒテ哲学にあっては、「カント的な客観性と綜合されている」（II. 393）が、しかしこの場合、かかる主観的形式と客観的形式との綜合は、そこから真の同一性としての無限者が対立項の「媒介者」として出てくるという風にではなく、逆に主観的なものが絶対的なものとされる結果、無限者は「認識にとっては無」（II. 410）とならざるをえない。

「フィヒテにとって絶対的同一性はまったく知の外にあり、知はヤコービが要求するのと同じように単に形式的なものでしかなく、自我は自我に等しくないという差別においてある。」（II. 409）。

かくてフィヒテの体系にあっても主観性が絶対化されるため、「絶対的同一性」という真の媒介者は存在せず、無限なものは「絶対的な要請」（II. 394）にとどまらざるをえないのである。

以上簡単にみてきたように、ヘーゲルはフィヒテ哲学を、「反省哲学」の「客観的側面」（カント）と「主観的側面」（ヤコービ）との綜合として位置づけることによって、フィヒテ哲学が「反省哲学」の最も高次の形態であると考えているわけである。

しかしながら、ここでのヘーゲルの眼目は、単に「反省哲学」の完成形態たるフィヒテ哲学を乗り越えることにあるというよりも、むしろカント哲学が「統覚の根源的統一」の中に定立した「主観と客観の同一性」（II. 10）としての真の「思弁の原理」（ibid）を、ほかならぬカント自身が、そしてヤコービ、フィヒテが、「反省」によって分断し、「反省の統一を最高のもの」（II. 301）にした所以を究明することを通じて「真の哲学」を提示することであった。

だから問題の根源は、あくまでもカント哲学の中にあり、カント哲学が提示した問題を首尾一貫した形で考え抜くことにある。『差異論文』におけるヘーゲルの次のような言からも、彼の求める「真の哲学」が、「カント哲学の精神」を正当に継承するものであるという自負の上に立っていることがうかがえる。

「カント哲学にとって必要だったことは、その精神を文字から切り離し、純粋に思弁的な原理と、論弁的反省に属するか、またはそのために用いられることが可能な余計なものから取り出すことであった。カテゴリーの演繹の原理において、この哲学は真の観念論であり、この原理こそ、フィヒテが純粋で厳密な形式において取り出し、カント哲学の精神と呼んだものである。」（II. 9）。

カント哲学の「精神」を、その書かれた「文字」から区別すること、言い換えれば、カント哲学のいわば「秘教的（esoterisch）教義」を、その「公教的（exoterisch）教義（V. 13）から救い上げること、このことこそ「反省文化」一般をその原理において止揚するためには避けて通れない作業であるとヘーゲルは考える。

ヘーゲルが「反省哲学」に対置した形で、彼の求める「真の哲学の課題」（II. 302）を次のように表明するとき、彼は真の知の理念をカント哲学の「精神」から継承していると言えよう。「(真の——引用者)哲学にとって実在性と真の客観性とをもつ唯一の理念とは、対立が絶対的に止揚されていることなのであり、この絶対的同一性は、主観的で実現されえない要請なのではなく、唯一の真なる実在性なのである。」(II. 302)。

有限と無限の絶対的同一性たる「最高の理念」(ibid.)は、ヘーゲルにとって実現可能なものでなければならず、またそれは知の体系にまで構成されることによって実在性と客観性をもちうるのである。(6)

それでは、かかる知の理念を、ヘーゲルは、「反省哲学」の批判的吟味を通じていかにして取り出すのか。この問題を以下においてやや立ち入って考察することにしよう。

二　カント哲学——「媒介」の主観化

周知のように、カントは、「ア・プリオリな綜合判断はいかにして可能か」という問いの中に、学として形而上学の成立根拠の可能性を問うた。カントによれば、われわれの認識は直観と概念を結びつける綜合判断によって可能である以上、真なる認識は、ア・プリオリな純粋直観とア・プリオリな純粋概念を結びつけるア・プリオリな綜合判断によって可能でなければならない。

しかるにカントはかかる綜合判断の可能性を、有限な経験的認識の中に求め、もっぱら「認識能力の批判」という消極的な態度に終始した。その結果、有限と無限との綜合たる形而上学的(＝理性的)認識が否定されることになる。しかしヘーゲルによれば、ア・プリオリな綜合判断の可能性の中にこそ、「真の理性の理念」(II. 304)が隠されているのである。

「ア・プリオリな綜合判断はいかにして可能か。この問題は、綜合判断における主語と述語――前者は特殊で後者は普遍であり、また前者は存在の形式のうちに、後者は思惟の形式の内にある――というこの非同一的なものが同時にア・プリオリに、すなわち、絶対的に同一であるという理念以外の何ものをも表わしていない。この定立の可能性が、しかし理性なのである。理性はこのような非同一なもののかかる同一性にほかならない。」(II. 304)。

ヘーゲルは、カントがア・プリオリな綜合判断の可能性への問いを、主観の認識能力の批判に限定して、この問いの存在論的な意味を等閑に付したことを非難するのである。ヘーゲルによれば、ア・プリオリな綜合判断の中にこそ、「非同一的なものの根源的な絶対的同一性」(II. 307) としての「理性の理念」(II. 318) が言い表わされているのである。(7)

周知のように、カントがア・プリオリな綜合判断の可能性を具体的に述べるのは、『純粋理性批判』の中の「先験的演繹論」においてである。ヘーゲルは、カントの「先験的演繹論」をいかに解釈しているのか――以下この問題を考察しよう。

(a)「先験的演繹論」とヘーゲルの解釈

周知のごとく「先験的演繹論」のテーマは、対象に対して思惟の産物であるカテゴリーがいかにして客観的に妥当しうるのか、といういわゆる「権利問題」をめぐって展開される (vgl. KrV. A 85 = B 117)。

カントによれば、普遍的な認識は、時間・空間という直観形式によって与えられた多様な表象(現象)を、カテゴリー(概念)と結びつけることによって可能なのであるが、この場合、現象をカテゴリーに結び付ける媒介的なはたらきをするのが「構想力」であり、その所産としての「図式」である。

構想力が感性と悟性との媒介者であることによって対象の認識が成立する以上、構想力は一方では感性と同種的でなければならないと同時に、他方では悟性と同種的でなくてはならない。

「構想力は、その知性的綜合の統一に関しては悟性に依存し、また覚知の多様性に関しては感性に依存している」（KrV. B 164）とカントは言う。かかる構想力の綜合的な作用をカントは、根源的に「産出的構想力」（die productive Einbildungskraft）（KrV. A 123）に求める。カントによれば「産出的構想力」とは、「多様な結合の可能性のア・プリオリな制約」（KrV. A 118）であり、「ある対象が現前していなくても、直観においてその対象を表象する能力」（KrV. B 151）のことである。かかる「産出的構想力」こそ悟性と感性を媒介する綜合作用であり、感性的であると同時に悟性の自発的なはたらきでもある(8)。

産出的構想力による綜合作用は、カントによれば、さらに「純粋統覚」（die reine Apperzeption）（KrV. B 132）の統一によらなければならない。周知のように、純粋統覚とは、あらゆる表象に伴う「私は考える（Ich denke）」という表象、すなわち、「自己意識」（Selbstbewußtsein）（KrV. B132）であり、かかる自己意識の同一性のもとでのみ、対象の認識が可能となる。「純粋統覚は、一切の可能な直観における多様なものを綜合する原理を与えるのである」（KrV. A 117）とカントが言う所以である。

ヘーゲルは、上記のようなカテゴリーの演繹の中に、自我（思惟）と多様なもの（存在）との根源的同一性としての「理性の理念」が表明されているとみる（vgl. II. 318）。この理念は、すでに産出的構想力において現われている。産出的構想力の中に、「理性の理念の端緒を置いた」ことを、ヘーゲルは、「カントの功績」として高く評価する（vgl. II. 316）。そしてかかる構想力における理性の理念は、さらに統覚の統一において「原理」にまで高められるのである（vgl. II. 304f.）。

こうして、ヘーゲルが、「先験的演繹論」の「最高点」（KrV. B 133）である統覚の統一の中に、対立物の絶対的同一性、すなわち「主観と客観の同一性」（II. 10）としての「真の観念論」（II. 11）の原理を認めることになる。統覚の統一の中に、思惟と存在、主観と客観という対立物の根源的同一性を見てとるヘーゲルのカント解釈の要諦は、かかる絶対的同一性の能力たる根源的自我と、一切の表象に伴う経験的自我を区別することである。根源的な自我こそ、多様なものを綜合する源であり、「根源的綜合的統一」（KrV. B 137）にほかならないがゆえに、それは単に主観的なものではなく、逆に主観と客観がそこから分かれてくる「第一のもの」（II. 308）でなければならない、とヘーゲルは考える。(9)

ここにヘーゲルにおける「媒介」の理念が明白に語られている。感覚に与えられた多様なもの（客観的世界）も主観的自我も絶対的自立的なものではなく、両者が存立可能であるためには、「媒介者」たる「理性」（II. 308 usw.）が最初のものとして前提されなければならない。「対立は必然的に媒介者を前提するということ、またこの対立は媒介者においてあり、そこにおいて自己の内容が否定されなければならない」（II. 330）のである。

ヘーゲルによれば、「統覚の根源的綜合的統一」（KrV. B 137）のうちに現われている「理性」そのものは、主観と客観の存立を可能にする根源的な媒介者であって、主観と客観との区別の後に、両者を外面的に結びつける媒介者ではない（vgl. II. 372）。それゆえ、多様なものを、一個の共通な自己意識のうちへ統一する純粋統覚は、単に主観的なはたらきではなく、「自体」（Ansich）（II. 309 usw.）であり、真なる存在そのものなのである（vgl. VIII. 118 [§42 Zusatz]）。

しかしながら、ヘーゲルが、カント哲学の中にみたこのような「真の思弁的側面」（II. 328）はカント自身によって覆われてしまい、自己意識の根源的統一は、対立の一方である主観的なものに貶められることによって有限化されてしまう（vgl. II. 318）。かくてカントにあっては、「一と多との根源的同一性」としての理性の理念は、空虚な反省概念によって蹂躪され、「理性的なものがまもなくもう一度すっかり悟性的なもの、制約されたものに変化してしまう」（II. 302, vgl. II. 10）のである。

カント哲学において、有限なものが絶対化される結果、主観と客観、有限と無限との媒介関係は否定されてしまう。こうして同一性の理念は、「感性と知覚の巨大な経験的領域、すなわち絶対的アポステリオリテート」（II. 10）と対立せしめられることになり、かくて「非同一性が絶対的な原則に高められる」（ibid.）のである。このようなことはヘーゲルによれば、カントが「先験的弁証論」の中で、理性の産出する「理念」を取り扱うとき、白日のもとに明らかになるのである。

(b)「先験的弁証論」とヘーゲルの解釈

周知のようにカントは、理性が生み出す無制約者の統一表象を「理念」と呼ぶ。「理念」とはカントの定義に従えば、「感官においてはそれに対応するいかなる対象も与えられることのできない必然的な理性概念」（KrV. A 327 = B 383）であり、したがって経験を超越した「超験的」（transzendent）な概念である。このように「理念」は、直観に与えられた有限なものをその内容としてもちえず、単に現象を統一する悟性の判断に関係する「統制的原理」（KrV. A 509 = B 537）にすぎない。

理性が現象の限界を超えて、物自体において無制約者たる「理念」を求める場合、理性は、現象（制約者）と物自体（無制約者）の区別を混淆し、単に「課せられて」いるにすぎない理性概念を「与えられて」いるとみなすとき、周知のように「仮象の論理」（KrV. A 61 = B 86）としての「弁証《ディアレクティク》」が生ずる。

かかる「弁証的な仮象」（ibid.）に陥るのは、理性が有限な諸規定（悟性規定）から物自体（無制約者）を推論するからにほかならない（vgl. KrV. A 397）。周知のようにカントはかかる形而上学的推論が、媒語二義の「誤謬推論」であることを明らかにし、有限（現象）と無限（物自体）との媒介（推論）的綜合は、実のところ両者の混同に基づく、無媒介な綜合であると結論づけた[10]（vgl. KrV. A 509 = B 537, B 761 usw.）。「批判」は、このような「現象」と「物自体」との混淆を分かち、両者が種類を異にする対象であることを明らかにする。

ところで、カントが、「現象」と「物自体」とは次元を異にするものであることを明白にし、「現象」から「物自体」への推論は「誤謬推論」である、と説くとき、彼の「批判」の基盤をなしているのは、ヘーゲルが指摘しているように、有限なもの（現象）を絶対化する立場である。理性概念が決して真なる認識を保証しえないのは、カントによれば、それが「経験の可能性を超越する概念」（KrV. A 377）だからである。

真なる認識は経験に基づくものであり、認識は経験的なものによって内実を与えられるかぎりにおいてのみ真なる認識たりえるのであって、経験（現象）を超えた理性認識は単に仮象を生むにすぎない、というのがカントの結論である。このことについてヘーゲルは次のように批評する。

「（カント哲学において）このように認識し彷徨する悟性が、自体的なものや絶対的なものとみなされ、現象の認識が独断的に、認識の唯一の仕方とみなされ、理性による認識は否認されるのである。」（II. 313）。

なるほどカントは、一方では経験につながれた認識を単なる「現象」の認識にすぎないことを認めている。カントが悟性の有限性を認識して、かかる悟性認識の内容を「現象」と呼んだことをヘーゲルは、「カント哲学の最も重要な成果」として賛辞を惜しまない（vgl. II. 341, VIII. 122［§45 Zusatz］）。しかしカントは他方では、先に述べたごとく「現象」を「乗り越えることができない限界」（II. 313）と見定めて、現象の認識を唯一の絶対的な認識とみなすのである。ヘーゲルは以上のような現象の認識に関するカントの自家撞着を、後年『論理学』の中で、「対象を真に認識しないところの真なる認識」（V. 39）と言って揶揄してもいる。

現象の認識に対するこのようなカントの相反する観方がいかにして生じるのか。ヘーゲルによればほかならぬ「アンチノミー」論の不徹底な解決こそが、カントを自家撞着に陥らせた当のものなのである。

周知のように、ヘーゲルは、カントが「悟性の諸規定が必然的に自己自身と矛盾するものである」（V. 39）ことを洞察し、かかるアンチノミーの中に、「仮象の客観性と思惟諸規定の本性に属する矛盾の必然性」（V. 52）を確認したことを、近世哲学のエポック・メーキングな出来事として賞賛する（vgl. VIII. 126［§48］）。というのもこのことによって「弁証法」は、単なる恣意に基づいた「主観的な仮象」という外皮をはぎとられ、「思惟そのものの本性」に基づく「必然的なはたらき」であることが明らかにされたからである（vgl. V. 52, VI. 560, VIII. 128［§48 Zusatz］）。

しかし、もちろんヘーゲルのアンチノミー解釈は、カントのそれと根本的に相違する。カントはたしかにアンチノミーの中に悟性認識の有限性を認識し、それを「現象」と呼んだ。このことをヘーゲルが高く評価したこと、先に述べたとおりである。しかしカントは、そこから「悟性は経験を踏み越えてはならない」（V. 13）という消極的な結論を引き出す。その結果カントは人間の認識を経験界の中に局限し、物自体の認識可能性を断念してしまうのである。

このようにカントは、アンチノミーの中に悟性規定が「現象」の規定にすぎないことを認めながら、そこから、より高次の真理を求めようとはせず、逆に現象を絶対化してしまうのである。こうしてカントは、「矛盾」そのものを放置してしまう。彼は、「矛盾の必然性」を事物そのものの本性に帰するのではなく、単に主観の側に押し込めてしまうのである。ヘーゲルがカント哲学を「心理学的観念論」（II. 311, 312, vgl. VI. 261）と呼ぶ所以である。カントは矛盾を主観の側に置くことによって、一方の側に物自体を想定し、他方の側に有限な認識を置いた。こうして彼にあってはアンチノミーは、いささかも解決されていない（vgl. II. 319f.）。

カントがアンチノミーの中にかかる消極的な結論しか見出せなかったのは、彼が「アンチノミーの媒介者」（II. 320）を認識できなかったからである、とヘーゲルは考える。「アンチノミーの媒介者」とは「理性」のことであるが、カントにあっては「理性」は、現象を超えた無制約者の認識能力であるがゆえに、理性は現象に媒介されず、逆に現象も理性によって媒介されることなくその自立性を保っている。

したがって、カントによるアンチノミーの解決は、矛盾する両項を「絶対的に異質なもの」とみなし、かかる対立を「絶対的同一性」に媒介されたものとは考えず、逆にどこまでも「分離が絶対的なもの」（II. 320）なのである。(11) それに対してヘーゲルによれば、「アンチノミー」に陥るのは、悟性がそれによって認識するカテゴリーが、無限なもの（自体的なもの）をとらえることができないことを告げているのであり、かつそのことによって悟性の矛盾した諸規定を止揚するところの「理性」がアンチノミーの真理として立ち現われるのである。

かようにしてヘーゲルは、アンチノミーそのものを存立させているより高次の「媒介」（＝理性）がアンチノミーそのものによって必然的に要請されている、とみたのである。

かくてカントは、アンチノミー論の中に有限（現象）から無限（物自体）への移行を可能にする真の媒介を認識することなく、逆に両者を絶対的に分かつ横断幕を引き、主観性へと反転するのである。(12) ヘーゲルは、カント哲学における「媒介」の不在を次のように描く。

「（カント哲学のような――引用者）形式的な知に欠けているのは、媒介項、すなわち理性である。だからこの媒介者つまり両項と有限性が否定されることは、絶対的な彼岸なのである。この対立は必然的に媒介者を前提とするということ、また対立は媒介者においてであり、自己の内容が否定されなければならないことが認識されてはいる。しかしそれは現実的で真なる否定ではなく、単に有限なものは廃棄されるべきだという承認、また真の媒介者ではなく、同様に単に理性が存在すべきであるという承認が信仰におい定立されているのである。」（II. 330）。

カントが認識の彼岸に「信仰」を置くのは、彼が、真の「媒介者」としての理性を「誤認」（II. 340）したからにほかならない、というわけである。

三　ヤコービ哲学――「媒介」の有限化

カント哲学において、そのカテゴリーの演繹にみられるように、カテゴリーの統一の中に主観と客観の根源的な媒介者たる「理性」の理念が事実上表明されているのであるが、しかしそこに見出されたカテゴリーの媒介性は、再び主観的なものへと押しやられてしまった。

これに対してヤコービは、カテゴリーそのものが制約された「有限なもの」であるという側面に着目することによって、認識が有限なものを超えることができないことを強調する。

「ヤコービ哲学は、有限性そのものを、（カントのように――引用者）概念において受け取らず、むしろ有限な有限性としての、すなわち経験的偶然性およびかかる主観の意識としての有限性を原理としている」（II. 388）とヘーゲルは言う。

ヤコービにおいて認識とは、ある物について理由を挙げることであるが、しかし「諸々の理由が生み出す確信は、比較することから生じ、けっして確実で完全なものではありえない」（vgl. II. 334）とヤコービが言う以上、認識は、制約された原因による制約された結果の説明であり、かかる制約されたものの連鎖のうちを認識は彷徨せざるを得ない。

したがって、認識は、他のものによって制約（媒介）された認識であり、有限な領域を一歩も出ることはできない。その結果、無限なものは認識の彼岸へと置かれ、信仰として定立されることになる。

「（ヤコービにおける）この信仰は、永遠なものを絶対的な客観（客体）として定立し、認識をこの客観から分離され結びつけられないものとして定立し、こうして認識は、主観的なものおよび形式的な知としてしか承認されないことによって理性的な認識を排除してしまうのである。」（II. 381）。

このようにヤコービにあっては信仰と概念的思惟とは対立するものとみなされる。信仰の対象である絶対者（神）は、制約（媒介）されたものを含んではならず、それとは反対に、思惟（認識）は、制約（媒介）されたものを越えることができないのである。

こうして無限者（神）に関する理性的な認識は制約され媒介されたものを一切含まないところの「直接知」である。かくて、「理性」は、制約され媒介された認識を排除した空虚な主観的「感情」に貶められるのである。「ヤコービ哲学において理性は、単に本能や感情としてしか把握されない」（II. 391）とヘーゲルが言う所以である。

このようにヤコービにあっては、有限者と無限者を媒介すべき「理性」は、単に主観的な「憧憬」や「苦悩」という直接的な感情へと姿を変えるのである（vgl. II. 394）。無限者の認識能力たる「理性」は、直接的で無制約なものであるべきであって、制約された知（悟性）に媒介されたものであってはならない、というのがヤコービの結論である。ヘーゲルは、ヤコービの立場を次のように要約する。

「人間に与えられているものは、ただ真なるものについて自分は無知であるという感情や意識にすぎなく、理性における真理の予感だけであり、理性は、一般的に主観的なものや本能であるにすぎないものである。」（II. 288）。

ヤコービはなるほど信仰の前では、有限者は制約されたものとして「無」であることを承認している（vgl. II. 376）が、しかし彼はかかる有限者の無の意識を絶対化して、「感情」や「本能」に直接に依拠しようとするため、「感覚的経験を永遠の真理として理解」（II. 365）することになる、とヘーゲルは考える。

「私のものである有限なもの一切も、客観的な有限者の一切もいずれも理性の前では没落するということ――

このことはヤコービにとっては、恐るべきことであり、身の毛のよだつことなのである。有限なものの否定に対する嫌悪は、それに対応する有限なものの絶対的な確信と共に確固たるものとなっており、それはヤコービ哲学の根本的性格として示されるものである。」（II. 340）。

カントやフィヒテも、ヤコービと同様、有限者を絶対的なものとみなすことによって、無限なものを認識の彼岸においた。しかし前二者がヤコービと相違するのは、彼らの本意が、有限者のうちにいかなる真理をも認めるのではなく、むしろ有限者は、「空虚な有限者」であって、それ自体「現象」であり「無」であるにすぎない、ということを示す、という点にある（vgl. II. 379）。これに対して、ヤコービは、有限者を文字通り絶対化し（vgl. II. 363）、有限者が理性を前にして自分自身を止揚せざるをえないということは、彼にとっては思いもよらないことなのである。

以上述べてきたごとく、ヘーゲルによれば、ヤコービは、思惟を制約されたものと考えるがゆえに、それを無限者の認識から排除する。制約され媒介された認識は、その有限性のゆえに無限なものを把握することができない、というヤコービの洞察をヘーゲルは多とする。しかしこのことからヤコービが無限なものを無媒介な知（信仰）にゆだねたことにヘーゲルは反対するのである。ヤコービは、媒介されたもの（有限者）が、それ自身を止揚して、みずからの本質が無限者の中にあるという媒介されたものの本性を知らなかった、というのがヘーゲルのヤコービに対する批判である。

ヤコービは、有限と無限、媒介された知（悟性）と無媒介な知（理性）を対立したものとみなしたが、実は両者は一方が他方と媒介されることによってのみその全体的な真理を得るということを彼は洞察しなかった、というわけである。[13] ヘーゲルが次のようにヤコービを批評する所以である。

「（ヤコービの論文では――引用者）、経験的意識が理性的直観の中で没落し、一切の有限性が無限なものの中に沈み込み、そして孤立した悟性でも孤立した理性でもない自体としての一つの全体性だけが認識される、という具合には理解されていないのである。」（II. 375）。

四　フィヒテ哲学――「媒介」の悪無限化

ヤコービ哲学においては、有限者と無限者との絶対的同一性を媒介するものは、主観的な「憧憬」や「苦悩」であったが、このような「憧憬の主観性」は、フィヒテにあっては、「自我は、同時に非我たるべきである」という「絶対的な要求」あるいは「努力」（Streben）という形式をとる(14)（vgl. II. 394, 68, 70f. usw., FI. 262, 270 usw.）。

周知のように、フィヒテの体系の根底にあるのは、「知的直観」（FI. 446, 471 usw.）、すなわち「自我＝自我」であり、主観と客観との同一性である（vgl. FI. 98, vgl. II. 52 usw.）。

フィヒテは、カントの「純粋統覚」における自己意識の統一を無制約な自我の自己定立のはたらきとしてとらえ、これを体系の絶対的原理として立てることによって、そこから「全意識の体系的導出」（FI. 477）を企てた。かかる試みのゆえに、ヘーゲルは、フィヒテ哲学を「思弁の真の所産」（II. 115, vgl. II. 51）として高い評価を与えている。また後年ヘーゲルは、「思惟諸規定は、その必然性において示されねばならぬということ、すなわち、それらは本質的に導出されねばならぬということに注意したのは、フィヒテ哲学のはかり知れない功績である」（VIII. 117［§42］）と讃えてもいる。

純粋な自我を絶対的な原理として、その内在的な法則にしたがって一切の意識の内容を学的に演繹すること――これがヘーゲルが評価するフィヒテの「思弁の立場」（II. 56）である。しかし『知識学』の第一原則に現われているかかる「思弁の原理」（II. 60）は、ただちに第二原則と第三原則において、「非我」（客観）による制約を受ける。その限り第一原則における自我はその絶対性を喪失しているのであり、こうして非我に対立した自我が体系の原理におかれることになる。ヘーゲルは言う。

「自我＝自我は、他の絶対的活動に対立しているが、このような立場では自我＝自我は、経験的意識に対立しているかぎりの純粋な自己意識という意義しかもたない。そのようなものとしてそれは経験的意識を捨象することによって制約されており、第二原則と第三原則が制約されているのと同様、第一原則も制約されている。」（II. 57）。

『知識学』にあっては、第一原理（自我＝自我）から非我は導出されず、両者はあくまでも対立している。ここでは、自我と非我との対立を前提にしたうえで、両者の関係は「因果関係」（II. 49, 68, 71, 75 usw.）としてとらえられている。したがって自我＝自我は、非我との対立を止揚した真の綜合ではなく、あくまでも非我との対立に囚われている。

「（フィヒテの体系においては）自我と非我の双方とも否定されるべきではなく、一方の命題が存立し、それが、他方よりも上位にあるべきなのである。体系の思弁は対立するものを止揚することを要求するが、体系そのものは対立するものを止揚しない。体系が到達する絶対的綜合は、自我＝自我ではなく、自我は自我に等しくあるべしというものである。」（II. 50）。

第一原則における「純粋自我」と第二原則における「経験的自我」は、フィヒテにあっては絶対的に対立し非連続なものであり、前者は後者によっては決して到達できない「理念」（FI. 277）である。かかる対立を克服することが、実践的に要請されるわけだが、しかし自我があくまでも非我（客観）に依存しているかぎり、自我は非我を止揚して自分自身との絶対的同一性へと至りつくことは不可能である。ここに自我は非我による「障害」

（Anstoβ）（II. 63, 69）に制約され、自我の絶対的なはたらきは無限な「努力」（II. 68, 70, 71, 92 usw.）として定立されざるをえない（vgl. II. 68）。

「自我は無限である。しかしそれは単に努力においてのことでしかない。自我は無限であらんと努力する。しかし努力の概念そのものの中にすでに有限性がある」（FI. 270）とフィヒテは言う。

「努力」という『知識学』の中心概念のうちに、すでにフィヒテ哲学に内在する相反する立場が表明されている。というのもフィヒテにあっては、克服されるべき非我は、すでに絶対的なものとして定立されているがゆえに、自我の絶対的活動は常に非我によって制約されてしまうからである。それゆえヘーゲルは次のようにフィヒテ哲学を定式化する。

「フィヒテの体系には二つの立場、すなわち思弁の立場と反省の立場が本質的に属しており、それも反省の立場の方が従属的な地位を有するという具合ではなく、思弁と反省の双方の立場が体系の中心点で絶対的に必然的であり結合されずにいる、ということである。――すなわち自我＝自我は思弁の絶対的原理であるが、この同一性は体系によって示されないのである。」（II. 56）。

フィヒテは純粋な自我から出発する。しかしかかる絶対的な自我が無媒介に要求される（第一原則）ために、非我が外部から対立してこざるをえない（第二原則）。両者を結びつけることが「思弁の唯一の関心」（II. 60）であるから、両者の綜合が企てられる（第三原則）が、かかる綜合は自我と非我との対立を前提としているため、それは「部分的な同一性」（II. 60）でしかない。

部分的な綜合は、新たな対立を生み出し、かかる対立を綜合する新たなる媒介が必要となる。かくしてそれは、媒介するものの「無限進行」（II. 70, 414）という形をとる。それゆえフィヒテにおける自我（主観）と非我（客観）との綜合は、「主観的要請」（vgl. V. 76）にとどまらざるをえない。フィヒテのかかる「反省の立場」を止揚するためには絶対的な同一性の意識である純粋意識を無媒介に主張するのではなく、純粋意識が、非我との対立のうちにある経験的意識を自分自身と媒介することを通じてみずからの絶対性を主張するのでなければなるまい。哲学の目的は、「経験的意識をその外部にあるものから構成するのではなく、内在的な原理から、原理の能動的な流出ないし自己産出として構成すること」（II. 53）にある、とヘーゲルは言う。フィヒテ哲学におけるように、自我と非我とを絶対的な対立においてとらえるのではなく、両者を観念的な対立として、言い換えれば、両者を自我＝自我たる根源的同一性に媒介された対立として把握するのでなければならないのである。

五　「媒介」概念の構想

以上述べてきたことからわれわれがただちに気づくことは、ヘーゲルが「反省哲学」のうちに、肯否両面の評価を下していることである。そのことを確認するためにも、これまでのヘーゲルの議論を簡単に振り返っておこう。

まず、カント哲学においては、統覚の根源的な統一の中に「思弁的理念」（II. 388）が純粋に現われていることをヘーゲルは、高く評価する。後年、ヘーゲルは「統覚の根源的綜合は、思弁的展開にとって最も深い原理の一つである」（VI. 260）と述べて、カテゴリーの演繹の根本思想を称揚している。

またカントが、有限なものの認識（悟性認識）は単なる「現象の認識」にすぎず、「それ自体無」であることを洞察したこともヘーゲルは多とする。しかしカントはこのことから逆に現象の認識を絶対化してしまい、現象を越えて無制約なものを認識しようとすれば、理性は虚妄とならざるをえないと結論した。

カントは、有限なもの（現象）の中にはいかなる真理も存在しないことを、そのアンチノミー論で事実上示しながらも、アンチノミーの中に、より高次な真の媒介者を認めえず、逆に、そこからわれわれの認識は経験（現象）を越えるべきではないと結論づけたのである。ヘーゲルによれば、カントはアンチノミーの中に、「自分自身を止揚する」（II. 39）という「矛盾」の本性を誤認したというわけである。

ヤコービは、悟性認識が制約され媒介された有限な認識であるという事実から出発する。ヘーゲルは、ヤコービが、制約（媒介）された認識がどこまでも有限性を超えることができないことを洞察したのを、「正当」なことと認める（vgl. VIII. 150［§62］, XX, 327）。

しかしヤコービが、かかる洞察からただちに無限なものの認識は、無媒介な知でなければならないと結論づけたことにヘーゲルは反対するのである。媒介（制約）された知と無媒介な知を対立したものと考えるヤコービの考えは、ヘーゲルによれば媒介の真の本性を認識していないのである。すなわち、ヤコービは制約され媒介されたものが自分自身を止揚するということに気づかなかった、というわけである。後年ヘーゲルが、「ヤコービは、媒介の中で媒介自身を止揚するという本質的な思惟の本性を認識しなかった」（VIII. 133［§50］）と批評する所以である。

フィヒテ哲学は、自我＝自我という絶対的同一性から出発し、そこから一切の知の形態を内在的に演繹しようとする。かかるフィヒテの試みを、ヘーゲルがフィヒテの「はかり知れない功績」と評価したことは、すでに言及したとおりである。しかし、フィヒテ哲学における自我＝自我という体系の原理は直接無媒介に主張されるため、ただちにそれは非我によって制約されざるをえない。

それゆえに自我は、非我を克服すべく無限の「努力」へと駆り立てられるが、しかし自我と非我の対立を綜合するところの媒介者は「絶対的要請」にとどまらざるをえない。かかる媒介者がフィヒテ哲学におけるように単なる「要請」にとどまらないためには、非我に制約された経験的自我が、必然的に無制約な純粋自我へと至る内在的な媒介運動が叙述されなければならない。このことによって、自我（主観）と非我（客観）の対立は、真の同一性（自我＝自我）へと止揚される。

自我と非我はもはや絶対的に対立するものではなく、根源的同一性に媒介されたものとしてとらえられるのである。ヘーゲルは、かかる内在的な「媒介」の思想を次のように描きだす。

「自我＝自我は、経験的意識に対する対立を止揚することによって、みずからが哲学の原理であることを客観的に証明しなければならない。このことが可能になるのは、純粋意識が自分自身から多様な活動を生み出し、それが経験的意識の多様性と等しくなる場合である。このことによって、自我＝自我は、相互に外在的な客観の全体の実在根拠であることが証明されるであろう。」（II. 64）。

このようにみてくると、ヘーゲルがカント、ヤコービ、フィヒテの三者の哲学の中から何を継承し、何を拒否したかはおのずと明らかであろう。上記の三者の哲学は、それぞれニュアンスを異にするにせよ、無限なものを認識の彼岸におくことによって理性的認識を断念し、有限な現象に「絶対的実在性」（II. 410）を付与した。

しかし『信と知』に相前後して書かれた、いわゆる『懐疑論々文』（一八〇二年）の中でヘーゲルがすでに明らかにしているように、有限なものを絶対的なものとみなすのは、途方もない「独断論」（vgl. II. 245, 269 usw.）なのである。現象や経験の確実性をいささかも疑わない近代の懐疑論に対して、現象の確実性に直接懐疑の眼差しを向けた古代の懐疑論をヘーゲルが高く評価していること、周知のとおりである[15]（vgl. II. 249f. usw, VIII. 112［§39］）。

こうしてヘーゲルは、古代の懐疑論から有限な知がいささかも絶対的で確実なものではなく、単なる「仮象《シャイン》」（II. 224）にすぎないという教説を批判的に継承する。カントは、かのヒュームによって「独断のまどろみ」から目をさまし、無限なものを認識しようとすると理性は、「必然的な仮象」に陥らざるをえないことを証明したと自負した。しかしヘーゲルからみれば、カントはもう一つの独断――「有限性の独断論」（II. 245, 380）――のまどろみの中に再び落ち込んでしまったというわけである。

　要は、カントやヤコービ、フィヒテが無批判に絶対化した有限なものを止揚することによって、それを無限なものと媒介することであろう。「哲学は、……一切の形式論理の原理であり理性を拒否する悟性の原理であるところのあれか――これか（Entweder-Oder）を絶対的な媒介者の中でまったく無きものにする」（II. 411）とヘーゲルは言う。

　有限者を絶対化するのでもなく、かといって有限者を超えた無限者を既成化するのでもなく、一方が他方を介してのみ真の全体性と媒介されること――このことを証することが、まさに「真の哲学」（II. 302, 403）の目ざすところのものとならなければならないはずである。

　周知のようにヘーゲルは『差異論文』（一八〇一年）においてすでに、有限なものを「絶対者の現象」（II. 17, 20, 48 usw.）という観点から把握することによって、「反省文化」とその所産たる「反省哲学」をその根本から規定している二元論的分裂を止揚しようと目論んでいた。

　絶対者を、止揚された現象としてとらえると共に、現象を反省された絶対者とみなすこと――言い換えれば、現象（反省）を媒介とすることによって「絶対者」（理性）を構成すると同時に現象を絶対者の被媒介性において把握すること――これがまさにヘーゲルが「反省哲学」の批判的検討を通じて獲得した彼の立場であった。

　それゆえ、ヘーゲルは新しい哲学の構想を次のように表明する。

「絶対者は、その展開の系列を、自分自身の完成に至るまで産出し、同時に個々の点で足を止め、みずからを一つの形態へと有機的に組織化しなければならない。そして、このような多様性の中で、絶対者はみずからを形成するものとして現われるのである。」（II. 136）。

こうして、「反省」（現象）を媒介として絶対者を構成すること、すなわち「絶対者を意識において構成すること」（II. 19, vgl. II. 25, 26）が「哲学の課題」（II. 25 usw.）となる。かかる課題を実現しうるためには、絶対者をその全体性にまで構成する「意識の諸形態の体系」（III. 225）を必要とするであろう。ヘーゲルの構想する「真の哲学」に表明された「媒介」の思想を十全に展開するためには、さらに彼がいまだに依拠しているシェリングの「知的直観」の立場が克服されなければならない。いま、ヘーゲルは先方に、『精神現象学』の姿をみずからの視界におさめる地点に立っている。

註

（1）この点に関しては次の著書を参照。細谷貞雄『若きヘーゲルの研究』（未来社、一九七一年）三〇一頁以下。細谷が言うように、ヘーゲルが「悟性」と「理性」をはじめて明確に区別したのは、『キリスト教の既成性』の基本稿においてであるが、しかし、それ以前に書かれた論稿『民族宗教とキリスト教』のテーマそのものが、周知のように、客体的なもの（「客体的宗教」、「神学」、「記憶」等々）を「悟性」の産物としてとらえ、それに対して主体的なもの（「主体的宗教」、「愛」、「心情」等々）は理性と等置されているのであるから、『民族宗教とキリスト教』においてすでに「悟性」と「理性」の明確な区別がなされていると言ってよいと思われる（vgl. N. 5, 12, 18, 57 usw.）。

（2）I. Kant. *Kritik der reinen Vernunft*. A 270 = B 326.『純粋理性批判』からの引用は、引用文の後に、略号 KrV. と記し、慣例によるページを示す。

（3）K・デュージングは、「愛」による統一と本来の弁証法との相違を次のように説明している。「愛の概念の中で考えられている分離したものの統一と弁証法との決定的な違いは次の点にある。すなわち、弁証法は、理性による論理的方法と考えられるが、それに対して若きヘーゲルにとって、愛は感情を表わし、その内的な諸規定は、反省あるいは悟性の産物である概念によっては決して充分に把握されえない。」（K. Düsing. *Das Problem der Subjektivität in Hegels Logik*. In: Hegel-Studien. Beiheft 15. S. 44.）。

（4）「青年時代の理想」とは、具体的には何を指すのか議論のあるところである。例えば、中埜　肇は、H・ブフナーの解釈に与して、それが、テュービンゲン神学校でヘルダーリン、シェリングとの共通の合言葉であった「理性と自由」をその内容とする「神の国」であると、解釈している（中埜　肇『ヘーゲル哲学の基本構造』［以文社、一九七九年］二八八―二八九頁参照）。しかし、さらに、かかる「神の国」とは何かと問うた場合、やはりO・ペゲラーの言うように「神的なものと人間的なもの、有限なものと無限なものとの統一」と言わざるをえない（vgl. O. Pöggeler, *Hegels Jenaer Systemkonzeption*. In: *Hegels Idee einer Phänomenologie des Geistes*. Verlag Karl Alber. 1973. S. 119）。ヘーゲルがテュービンゲン期以来、民族宗教や「愛」の宗教に託して求めたものは、地上の国と神の国との和解に他ならなかったとすれば、青年時代の理想を、単なる「神の国」というイメージだけでは説明できないように思われる。しかしたとえ、ペゲラーの説を受け容れるとしても、さらにそれをつきつめていけば「青年時代の理想」とは、究極的には、人間の全体性の回復、ということに帰着すると思われる。

（5）このような時代意識は、周知のように『精神現象学』全体を貫いている。その「序文」でヘーゲルが同時代を、「誕生の時代」「新しい時期への過渡期」（vgl. III. 18）として位置づけるのも、近代の「反省文化」そのものが、その極点に達し、みずからを否定することを通じて、新しい時代とそれに照応する新しい哲学を準備しつつある、というヘーゲルの歴史意識に裏付けられたものであると言えよう（vgl. *Dokumente zu Hegels Entwicklung*. hrg. v. J. Hoffmeister. Stuttgart 1936. S. 345, 352）。このような歴史意識を概念的に把握することが『精神現象学』や『論理学』のテーマであったと言いうるであろう。

（6）ヘーゲルにとって「知」とは、単なる反省知ではなく、「有限なものと無限なものとの同一性の意識」（II. 138）であって、反省知をもみずからのうちに含む媒介された「知」である（vgl. II. 27, 55）。かかる意味において、知は体系化されることによってはじめて現実性をもちうるのである。後の『精神現象学』で、哲学が「愛知」という名を返上し、「現実的な知」すなわち「学的体系」とならなければならないと主張される所以である（vgl. III. 14）。

（7）このことからも明らかなように、ヘーゲルにあっては「理性」は単に認識論的にのみ理解すべきではなく、同時に存在論的にも理解しなければならない。ヘーゲルは、すでに『差異論文』の中に、端的に次のように言っている。「理性は、対立するもの、すなわち同一性と非同一性を認識の形式においてばかりではなく、存在の形式においても同一化する。」（II. 98）。この点に関しては、次の著作を参照。藤田正勝『若きヘーゲル』（創文社、昭和六一年）二一七頁以下。

（8）もちろん構想力のはたらきを悟性に属するものとみる解釈や感性に属するものとみる解釈もありうる（上山春平『カントのカテゴリー体系』［『歴史と価値』岩波書店、一九七二年、所収］二九〇頁以下参照）。
　ハイデッガーが、そのカント解釈において、構想力を「感性」と「悟性」から区別された第三のものと解し、しかもそれは、単に「感性」と「悟性」を外的に結びつけるのではなく、両者にとっての根源的な媒介項として解釈しているとすれば、ヘーゲルは、構想力を感性的でもあり、悟性的でもあると解し、根源的には感性と悟性の同一性として把握していると言える（vgl. M. Heidegger, *Kant und das Problem der Metaphysik*. V. Klostermann. Vierte, erweiterte Aufl. Frankfurt a. M. 1973. S. 121ff.）。

（9）I・ゲールラントは、純粋統覚の統一に関するヘーゲルの解釈がフィヒテの解釈を受け継いでおり、カント自身にそくした解釈ではないと考えている（vgl. I. Görland, *Die Kantkritik des jungen Hegel*, V. Klostermann, Frankfurt a. M. 1966. S. 19ff.）。ゲールラントの議論がカントに関するかぎり妥当だとしても、重要なのは、ヘーゲルがカント哲学の中に、思弁的側面と反省的側面を区別し、前者の側面こそヘーゲルがフィヒテと共に「カント哲学の精神」として宣揚しようとしたことである。かかるヘーゲルの批判的観点をゲールラントは充分に考察していないように思われる（vgl. K. Düsing, *a. a. 0.*, S. 114.）。また、ゲールラントの著書に対するデュージングの書評（Hegel-Studien, Bd. 5. SS. 298-307）をも参照。

（10）この点については、次の論稿を参照。伊達四郎『Kritik から Dialektik へ』（大阪大学文学部創立十周年記念論叢所収）。高橋昭二『カントの弁証論』［創文社、昭和四四年］二六三頁以下。

（11）ヘーゲルは『エンツィクロペディー』の中で、カントの理性批判が、経験的なものから普遍性と必然性を証明することは不可能である、というヒュームの議論と軌を一にしていることを指摘している（vgl. VIII 112［§39］, 130f.［§50］.）。ヘーゲルがカント哲学と経験論を同列のものとして論じるのも、このような理由によるが、かかるヘーゲルの観点は、すでにイェーナ時代初期にその起源をもっている。『信と知』ですでに、カント、ヤコービ、フィヒテのような「有限者と無限者との絶対的対立」（II. 294, vgl. II. 332）を固持する「反省哲学」は、ロックやヒュームの経験論が「ドイツの地盤の上で一層広範に、また一層体系的に展開」（II. 377）されたものとみなされている。

（12）ヘーゲルは、『論理学』の中で次のように述べている。すなわち、「批判哲学」は、「われわれ」（wir）（認識する者）と「事柄」（Sache）（物自体）とのあいだに媒介項として「思想」（Gedanke）を置くが、しかしかかる媒介項としての思想は、「われわれ」と「事柄」を推論的に結びつける（zusammenschließen）のではなく、逆に両項の関係を断ち切る（abschließen）ものとして機能する（vgl. V. 25f.）。

（13）『エンツィクロペディー』でヘーゲルはヤコービの議論に触れて、直接性と媒介との関係を次のように定式化している。「知の直接性は、その媒介を排除しないばかりか、直接知は媒介知の所産であり結果であるという具合に両者は結合されている。」（VIII. 156［§66］）。『哲学史講義』では、哲学とはかかる直接知の媒介性を明らかにすること以外の何ものでもない、とヘーゲルは言い切っている（vgl. XX. 328f.）。

（14）*Fichtes Werke*. hrg. v. I. H. Fichte. Bd. I. 以下FI. と略し、後にページを示す。
（15）この点に関しては、次の論稿を参照すべきである。K. Düsing, *Die Bedeutung des antiken Skeptizismus für Hegels Kritik der sinnlichen Gewißheit*. In: Hegel-Studien. Bd. 4. S. 119ff. 山本道雄「ヘーゲル初期論理学の研究」（神戸大学教養部紀要『論集』二六号、昭和五五年）五頁以下。

第六章　『精神現象学』の成立と方法の問題

「個人に関して言うと、誰もがもともとその時代の子であるが、哲学もまたその時代を思想の中で把捉したものである。」（VII. 26）とは『法の哲学』（一八二一年）「序文」のヘーゲルのよく知られた言葉である。

この言は、功なり名をなした彼が登りつめた高所から哲学と世界の在り方について、いささか達観したような趣きで語られているようにみえるが、しかしそれはむしろ、その思想的出発点から常に時代と切り結ぶ形で哲学に携わってきたヘーゲルが、来し方を振り返り、そして行く末を案じながら、現在その中に身を置いている時代との緊張関係の中から発せられた言であると受け取るべきであろう。

ヘーゲルはその生涯にわたって常に時代と真摯に向き合うことによって哲学してきたと言える。ヘーゲルがその生涯の最初と最後におおやけにしたのが政治論稿であったことはそのことを象徴しているだろう。一見抽象的で難解なように見える彼の哲学体系全体を貫いているものは、みずからが生を受けている時代に対する強烈な批判意識である。

このように言えば、人はただちに反問するかもしれない。若いころはともかくとして、晩年の『法の哲学』の著者は、時代との緊張関係に身を置くどころか、時代を傍観し、哲学はいかにあるべきかを教えるものではなく、

「存在するところのものを概念的に把握すること」（das *was ist* zu begreifen）（イタリック体はヘーゲルが強調したもの）（VII. 26）がその使命である、と言っていたのではなかったか。哲学は一つの時代が終わった後にその時代を解釈するにすぎない、夕暮れ時に飛び立つ「ミネルヴァの梟」ではなかったのか、と。そして、その証拠として人は『法の哲学』序文のかの有名な箇所を挙げるのが常である。

「世界がいかにあるべきかを教えること（das *Belehren*）に関してさらに一言つけ加えるなら、そのためには哲学はもともと、いつもやって来るのが遅すぎるのである。哲学は世界の思想として、現実がその形成過程（Bildungsprozess）を終えて、みずからを仕上げた後で初めて、哲学は時間の中に現われる。……哲学がその灰色に灰色を重ねて描くとき、生の姿はすでに老いたものになっているのであって、灰色に灰色を重ねてはその生の姿は若返らされることはできず、ただ認識（erkennen）されるだけである。ミネルヴァの梟は、黄昏がやってくるときにはじめて飛びはじめる。」（VII. 27-28）。

「世界がいかに在るべきかを教えること」について哲学はいかなる役割を果たすのか、ということに言及したこの有名な箇所でヘーゲルの言いたかったことは、哲学はもともと現実を越えたものを認識の対象とはしない、ということである。「教えること」（das *Belehren*）という言葉をヘーゲルがわざわざイタリック体にして強調し、「認識する」（erkennen）ことに対比させていることからもうかがえるように、哲学の使命は、あるべき理想を教えることにあるのではなく、「在る（存在する）ところのものを概念的に把握すること」にあるというのである。

『エンツィクロペディー』（一八三〇年）においてもヘーゲルは、「哲学はもっぱら在るところのものを認識するものであって、単に在るべきもの、したがって現に存在しないようなものは哲学のあずかり知るところではない。」（VIII. 108［§38］）と言い切っている。しかしそれは哲学が現実をそのまま追認することを意味するのではもちろんない。

『精神現象学』（一八〇七年）よりさかのぼること数年前、イェーナ初期に書かれた『ドイツ国制論』の中でヘーゲルは、それまでヘラス的な共和国の中に見出していた個と全体との調和の理念や「運命との和解」をそれに託したイエスの愛の宗教といったいわば「在るべき」理想から現に存在する政治や宗教を批判してきたみずからの方法態度を改めて、すでに次のように語っていた。

「われわれをいらいらさせたり苦しめたりするのは、在るところのものではなくて、物事が在るべきごとくにはないということである。しかし、もしわれわれが、物事がそうでなければならないかのごとくに事実もまたそうであることを認識する場合には、言い換えれば、恣意や偶然にしたがって認識するのではない場合には、物事が事実そう在るべきことを認識していることになるのである。」（I. 463）。

「在るべきもの」（理想）を「在るもの」（事実）に対置することによって「在るもの」を外在的に批判するのではなく、「在るもの」の中に「在るべきもの」を認識すること――すなわち相互に何の関連もなく一見バラバラに存在しているように見える諸々の偶然的な事実の中に必然的な連関を見出すこと、言い換えれば、存在するものの全体を「一つの精神に支配された事がらの体系」（I. 464）として把握すること――このことがとりもなおさずヘーゲルの言う「在る（存在する）ものを理解すること」（das Verstehen dessen, was ist）（I. 463）の意味にほかならない[1]。

かのヘーゲルの毀誉褒貶のかまびすしい、「理性的であるものは現実的であり、現実的であるものは理性的である。」（VII. 24）という命題も上記の観点から理解されるべきものである。

ヘーゲルにとって「現実」（Wirklichkeit）と「現象」（Erscheinung）は区別すべきものである。「現象」とは『精神現象学』の言葉で言えば「存在することも存在しないこともできる無」（III. 134）である。したがって、「現象」は偶然的な存在であって、「偶然的なものは可能的なもの以上の価値をもたない存在であり、在るかもしれずまた無いかもしれないものである。」（VIII. 48〔§6〕）とヘーゲルは言う。

かくて現象、あるいは偶然的なものは、真の「現実」から区別されなければならない。「現象」は現に存在するものではあっても、偶然的な非存在であり、それに対して「現実」は必然性と結びついた存在である。「真の現実性は必然性である。すなわち現実的であるものはそれ自身のうちにおいて必然的なのである。」（VII. 429）とヘーゲルが言う所以である。かくてみずから生を受けた時代の中に、単に偶然的でみかけ上の存在にすぎない「現象」を突き抜けて、真に必然的で「現実的なもの」を認識すること——これが哲学の担わなければならぬ課題となる。『精神現象学』（以下『現象学』と略す）はまさにこの課題を真正面に見据えて時代と格闘した魂の記録でもある。

一　『精神現象学』成立の時代背景

ヘーゲルは、みずから生を受けている時代を『現象学』の序文で次のように描いている。

「私たちの時代が誕生の時代であり、新しい時期への過渡期であることを見てとるのは難しいことではない。精神はその現存の形からしても、その観念（思想）からしても、これまでの世界と断絶して、それを過去へと葬り去ろうとし、自分を形成し直すという仕事に取りかかろうとしている。」（III. 15）。

ヘーゲルは同時代を、「誕生の時代」と呼び、旧い時代から新しい時代へ移りゆく「過渡期」と位置づける。「過渡期」というのは、旧い時代のものと単に絶縁するということではなく、旧い時代の文物や諸制度といった諸々の現存する形態や文化や思想といった観念形態を保存しつつ、それらを新しい時代の諸関係の中へ位置づけ直し形成し直す、そういう時期なのである。

かかる過渡期はまた、新しい時代の文化、法制度などの諸々の形態が旧い諸形態を乗り越えて、みずからを形成し始める「発酵」（Gährung）の時期でもある。哲学は、新しく生まれた諸々の形態を通じて「発酵」しつつある新しい精神を読み取り、それを承認しなければならない[2]。

新しく生まれ出た精神とはどのようなものなのか。それは、これまで人間にとって疎遠でよそよそしいものとして存在してきたものを取り除いて、自分の手で現実を新しくつくり変える自由を人間の精神が獲得したことを意味する。『現象学』が書かれた頃と同じ時期の講義の末尾で、ヘーゲルは次のように語っている。

「世界に新しい時期が発生した。今や世界精神はすべて自分に疎遠で対象的な存在を取り除き、最終的に自分を絶対精神として把握し、そうして自分にとって対象的となるものを自分のうちから産み出し、こうして対象的なものを安んじて自分の力の中に保持することに成功したようである[3]。」

今や人間の意識は、これまで自分に疎遠なものと考えられていた一切の対象的なものを乗り越えて、その中に自分自身を見出し、かくてみずから「絶対精神」として無限な自己意識にまで高まっている。哲学はこの新しい精神を承認しそれを証明しなければならない、というわけである。

かかる新しい精神が「発酵」する機縁を与えた酵母たるべき時代の出来事とは何であったか。それはヘーゲルにとってフランス革命であったことは言を俟たないであろう。

多くの人たちと同じく、ヘーゲルにとってもフランス革命は時代を画する大事件であった。というよりも歴史が始まって以来、類をみない偉大な事件であった。それは人間の権利の思想――人権思想――が現実世界を覆い尽くしたということであり、人間の自由な意志が原理として打ち立てられ、古い特権や制度はこの原理の前に崩れ去ったということである。ヘーゲルは後年、『歴史哲学講義』の中で、「いまや、権利の思想に基づいて憲法が制定され、これ以後は一切のものがこの基礎の上に築かれることになった」（XII. 529）と語っている。

こうしてフランス革命は、思想あるいは精神が現実世界を支配すべきことを初めて人間に認識させるに至った。かかる意味において、ヘーゲルがこの大事件を「かがやかしい日の出」（XII. 529）に譬えたことは周知のごとくである。

ヘーゲルにとってフランス革命の歴史上の意義とは、人間の自由な意志がすべての現存のものを覆い尽くし、「神的なものと世界との現実の和解」（XII. 529）、すなわち思想と存在、有限なものと無限なもの、地上的なものと神的なものが一つのものとして認識されるに至った、ということにある。それは自由な人間、理性的な人間の尊厳をこの上もなく高く評価する時代の到来を告げるものであった。若いヘーゲルは一七九五年に、フランス革命後の高揚した気持ちを友人のシェリングに次のように書き送っていた。

「ところで、ぼくたちは人間の尊厳を高く評価し、人間をあらゆる精神と同列に置く自由の能力が具わっていることを承認することに、どうして今にして思い至ったのであろうか。ぼくは、人間がそれ自体としてこれほど尊敬するに値するものと思われているということほど時代のより良きしるしはないと思う。これこそ圧制者どもと地上の神々の頭から後光が消え去った証拠だ。哲学者たちがこの人間の尊厳を証明すれば民衆はいずれこの尊厳を自覚することを学ぶだろう。」（Br. I. 24）。

フランス革命が提起した自由の理念を擁護することにかけては人後に落ちないヘーゲルではあったが、同時に彼は、この理念が現実を飛び越えて、抽象的なもの（＝恐怖政治）に行きつかざるをえなかった必然性をも冷静に見究めようとする。

『現象学』の「精神」章では、古代ギリシアから始まってフランス革命に至る「世界の諸形態」（III. 326）の歴史が「自己意識」を発条として現象学的方法にしたがって叙述される。『現象学』においてフランス革命は、周知のように「絶対自由と恐怖」というタイトルのもとに扱われ、この革命の掲げた自由の理念が、その意図とは正反対のものに結果せざるをえない経緯が語られる。「絶対自由」[4]（die absolute Freiheit）という自己意識こそが、フランス革命を歴史的に必然たらしめたと同時に、この革命の挫折をも運命づけた当のものだというわけである。「絶対自由」とはヘーゲルによれば、個々人が、自分の意志を「直接無媒介に」（unmittelbar）（III. 434）普遍的意志（万人の意志）である、と僭称する意識の形態である。ヘーゲルにとって本来「自由」とは、自分と対立する「他なるもの」を媒介にして初めて手に入れられるものであるが、フランス革命が実現した「絶対自由」はそれとは反対に、集団や組織、身分や制度、等々といった自分を取り巻き、自分を形成するはずの一切の媒介物を排除して、直接無媒介にみずからの普遍性、絶対性を主張する。

このような「絶対自由」の行きつくところは「恐怖」であり「死」である。なぜなら個別的で主観的な意志が、自分に対立する一切のものを直接に無きものにすることによって、みずからの絶対性を直接に証しせんとするからである。ここにヘーゲルは「絶対自由」の抽象性とその挫折の原因をみるのである。

かかる「絶対自由」はどのようにして歴史的に生成してきたのか。周知のように『現象学』でヘーゲルは、それを「啓蒙」と「信仰」の争いの帰結として描いている。

「啓蒙」は、一切の対象的なものを止揚して、そこに自分（人間）自身を認めようとする自己意識である。かかる「啓蒙」の意識は『現象学』では、「純粋洞見」（die reine Einsicht）と呼ばれる。「すべてのものを自己として把握する」（III. 362）ところのこの「純粋洞見」は「信仰」と徹底的に争うことになる。というのも「信仰」は「啓蒙」とは逆に、自分の精神的本質（＝神）を自分に疎遠な存在として対象的な形でもっているからである。「信仰」が崇めるこの疎遠な存在（神）は、信仰する者自身の意識が生み出したものなのであるが、「信仰」はこの事を自覚していない。それゆえ「信仰」は、単なる感覚的個物（偶像）と人間の自己意識の産物としての絶対本質（神）を区別することができず、両者を混同してしまう。

「信仰」のかかる混乱を「啓蒙」（＝「純粋洞見」）は批判し、感覚的なものと思惟の産物たる絶対的本質（神）を区別することによって現実的な力を発揮するのである。かくて一切の疎遠なもの、対象的なものの中に「自己」を見出す「啓蒙」（＝「純粋洞見」）において、対象と自己意識、存在と思惟の同一性が自覚されることになる。

ここで注意しなければならないのは、存在と思惟の同一性が、現実の世界の中で、啓蒙の自己意識に現われる場面を、ヘーゲルは功利主義的な「有用性」（Nützlichkeit）の中にみていることである。[5]「有用性」とは『現象学』においては「財富」（Reichtum）と自己意識の関係が、啓蒙の自己意識に現われたものだと言ってよいだろう。「財富」に外化された人間の諸関係が、社会全体を覆い尽くすとき、そこに現われる自己意識の支配的な形態が「有用性」なのである。それは次の言からも明らかであろう。

「すべてのものは、それ自身において存在しているとともに、他なるもののためにも存在している。すなわち、すべてのものは有用である。」（III. 415）。

かかる「有用性」の世界において、思惟と存在、此岸と彼岸、地上的なものと神的なもの等々といった近代世界が生み出した二元性が解消される。

「信仰の真理の国には、現実性の原理、すなわちこの個別的なものとしての自己確信の原理が欠けているが、しかしこの現実性、すなわちこの個別的なものとしての自己確信には、即自が欠けているのである。純粋洞見の対象においては、これら二つの世界が統一されているのである。自己意識が対象を洞見し、この対象において個別的な自己確信（自分の対自存在）をもち、自分自身の享受を得ているかぎりにおいて、こうした対象が有用なものなのである。――こうして天上は地上に移しおろされたのである。」（III. 431-432）。

かくて、「有用性」において、現実の世界と信仰の世界を分断していた「教養の国」の二元論は和解し、神的なものと地上的なものは一つのものとなるにおよんで、新しい自己意識の形態として「絶対自由」が登場する。

ここまで「啓蒙」と「信仰」の抗争から「有用性」の世界を経て「絶対自由」の世界に至る歴史的経緯を『現象学』の叙述にしたがって簡単にみてきたわけであるが、ここで改めて問わなければならない。フランス革命が実現した自由が、「絶対自由」という抽象的な自由に陥らざるをえなかった原因をヘーゲルはどこにみていたのか、と。

われわれの見解はこうである。「絶対自由」の抽象性はまさに「有用性」の抽象性に由来する。「有用性」という「財富」によって規定された量的で抽象的な関係において、人間（自己意識）は一切のものと関係する。現実的には、すべてのものが貨幣によって価値評価される世界が現出した、ということである。

「有用性」の世界では、自己意識が対象的存在の中に自己を洞見するといっても、それは対象との多様な関係を否定して、功利的な「有用性」という観点からのみ対象に関係することにほかならない。ここでは私的で主観的な効用をあらゆる対象の中に直接に置き入れことによって、対象の多様性を否定してしまう。ここから「絶対自由」の抽象性が帰結するのである。「有用性」の世界を地盤として生まれてきた「絶対自由」はそれまでの制度や文化を否定し、直接無媒介におのれの普遍性を主張した。そこにヘーゲルは「絶対自由」の恐怖と失敗を見届けたこと、先に述べたとおりである。

「絶対自由」が抽象的な自由に堕してしまったとはいえ、現実の世界と神的な世界、存在と思想を一つに結びつけようとしたその理念はヘーゲルにとって歴史の偉大な所産として未来に向かって継承されなければならないものであった。

二　思想史的背景——思想史の三段階把握

フランス革命が提起した思惟と存在、天上的なもの（神的なもの）と地上的なもの（現実世界）の和解は、革命後二十年近く過ぎた当代の思想的世界において、いまだ正しく把握されていない、というのが『現象学』の著者の思想的な診断であった。

一方では具体的に存在する現実世界の本質をとらえるのに、思惟や思惟の道具である概念によるのではなく、「感情」や「直観」によって直接無媒介に対象をとらえるのが真理に至る道であると主張される。「思想のなす区別を一緒くたにし、区別する概念を抑圧して本質についての感情を再興すべきだと主張し、洞見よりもむしろ信心（Erbauung）を認めるべきだと主張するのである。美しいもの、聖なるもの、永遠なもの、宗教、そして愛、こうしたものが、食いつく気持ちにさせるのに恰好の餌なのである。概念ではなく忘我が、事がらが進展してゆく冷厳な必然性ではなく、湧き上がる感激こそが実体の豊かさをつかまえ、広めていくものだというのである。」（III. 16）。

かかる「直観」や「霊感」によって直接無媒介に実体的なものをとらえようとする立場は、実はこれとは正反対の思想のアンチテーゼとして出てきたものである。それは地上的なもの、経験的なものを絶対視して、かかる有限な世界の中に真理を打ち立てようとするものである。言うまでもなく、このような相反する思想的立場のうち、前者に属するのはドイツのロマンティカーであり、後者はイギリス経験論をその哲学的基盤にもつ啓蒙主義、そして啓蒙の理論的表現ともいうべきカント哲学およびその亜流である。

実体的なものを直観や霊感によってとらえようとするロマンティカーの立場と、感覚や知覚によってとらえられる経験的世界に真理の国を築こうとする経験論や啓蒙主義の立場は実は、対立し抗争し合っているだけではなく、相互に補完し合ってもいる。

経験論（啓蒙主義）とロマンティカーとのかかる相互補完的な対立――このような状況がヘーゲルの眼前にみていた思想状況であった。

ヘーゲルはこのような現在の思想状況を、過去の思想的なあゆみの所産として、いわば歴史的なものと重ね合わせて理解する。すなわち彼はこれまでの思想の歴史を三つの階梯に分けて、みずからの思想的立場の必然性・正当性を立証しようとするわけである。

ヘーゲルは、地上的なものと天上的なもの、此岸的なものと彼岸的なもの、有限なものと無限なものといった二つの世界がいかなる形で結びつけられていたか、あるいは結びつけられなかったか、という観点から思想史を三つの段階に分ける。

第一段階：かつて天上と地上、彼岸と此岸の両世界は人びとの信仰を通じて和らぎを得ていた。信仰や思想の光によって両世界は直接に結びつけられ、人びとはかかる「実体的な生」（III. 15）の中で安らぎを得ていたのである。

第二段階：しかし、やがて地上的なものと天上的なものは引き裂かれ、人びとの眼はもっぱら地上的なもの、日常的なものに注がれるようになる。こうして長い時間をかけて、「眼前のものそのものへの注視、経験と呼ばれるこの注視が、関心のひくもの、その権利を主張するもの」（III. 16）とみなされるようになった。

第三段階：しかるに現在は、第二段階とは正反対の状況が出来している。人びとは、地上的なもの、経験的なもの、現在的なものの中にその眼差しを向け、そこに真理を見出そうとした結果、神的なもの、彼岸的なものは遠く人間の手の届かないところに押しやられてしまい、現在では見失われてしまった神的なものを再び人間の手に取り戻すために、獅子奮迅の努力がはらわれている。

「今度は人びとの心が地上的なものにあまりにもかたく根をおろしているので、そこから引き上げるには、以前（第二段階――引用者）と同じくらいの無理やりの力が必要のようである。砂漠をさすらう人が、せめてただ一掬の水を、と焦がれるように、精神の英気を取り戻すために、神的なもの一般をわずかでも感じ取ろうとあこがれているかに見えるほどみすぼらしい姿をしている。」（III. 17）。

こうして人びとは現在、一方では地上的なものにしがみついて、神的なものを遠ざけ（啓蒙主義）、他方では現実の世界を飛び越えて、神的なものを「霊感」や「直観」によって再び取り戻そうとしている（ロマン主義）。どちらの思想的立場もフランス革命が切り開いた地平（＝神的なものと地上的なものの和解）を正しく把握していない。ヘーゲルは、『現象学』の「序文」で、かかる啓蒙主義とロマン主義の対立は、哲学が解決しなければならない焦眉の問題であると考えて、問題の所在を次のように指摘する。

「この対立（啓蒙主義とロマン主義の対立――引用者）は学問的教養が現在それを解決しようと骨身を削りながらまだ充分に理解していない最も重要な問題であるまいかと思われる。一方の側は材料の豊富さと悟性の分かりやすさを誇り、他方の側は少なくともこの悟性の分かりやすさを軽蔑し、直接的な理性性と神々しさを誇りとしているのである。」（III. 20）。

三　「反省文化」批判

一方では、現実に存在する豊富な素材とそれを表現する感覚や悟性に真理のありかを求めようとし、他方では感覚や悟性によってとらえられるものを軽蔑し、それらを飛び越えて直接に神的なものに安らおうとする――かかる二つの立場を止揚し、両者を一本の糸で結びつける「媒介」の論理が要請されているわけである。かかる媒介的方法を構築するためには、経験的なものを絶対化するのでもなく、かといって神的なものを超絶化し既成化するのでもない方法が模索されなければならないであろう。振り返れば『現象学』に至るまでのイェーナ期（一八〇一－一八〇七）を通じてヘーゲルが「真の哲学」（II. 181）の方法として求めていたものこそかかる方法にほかならない。

さて、かかる「真の哲学」を樹立するためにまず何よりもなされなければならないのは、経験を絶対化して、そこに真理の基盤を見出す当代の哲学思想に対する批判的吟味である。同時代の思想が、一方で人間の認識能力を経験的世界に限定し、こうして有限なもの、経験的なものを絶対化し、他方で経験（認識）を超えた無限なもの、神的なものを「信仰」や「直観」あるいは「直接知」にゆだねようとする。有限なものと無限なものを引き裂くこのような二元的思考の枠組みの中にヘーゲルは時代の精神的病弊の根源を見出す。

ヘーゲルが、以前のベルン期やフランクフルト期にキリスト教の「既成性」に批判の矢を向け、さらにキリスト教の「運命」を歴史的に見届け、そしてまたドイツの現状に手厳しい評価を下すに至ったのも、人間の全体的な「生」の分裂＝喪失を眼のあたりにして、かかる分裂を止揚して、いかに人間の全体性を回復するか、という根源的な問題につき動かされてのことであったと言える（第二章の一を参照）。

イェーナ期に至って、かかる問題の解決に向けて、哲学の方法にまで立ち降りて原理的に究明することが目論まれるのである。真の哲学的認識は、人間の「生」を分断する二元的思考を止揚して、全体的な「生」の認識へと高まらなければならない、というわけである。それゆえ、『差異論文』（一八〇一年）では、「哲学の課題」が次のように見定められる。

「哲学の課題は、これら二つの前提（現象と絶対者、有限と無限など――引用者）を合一すること、存在を非存在の中へ――生成として、分裂を絶対者の中へ――その現象として、有限なものを無限なものの中へ――生(Leben)として定立することである。」(II. 20)。

ヘーゲルがイェーナ期の初期に、カントやヤコービ、フィヒテの哲学を「反省哲学」(Reflexionsphilosophie)として批判の俎上にのせるのも、これらの哲学が、経験的なもの、あるいは有限なものを絶対化し、神的なもの、無限なものを認識の彼岸に置くことによって、有限なものと無限なものを分断し、両者を架橋する方法を断念することで、真の哲学的な方法の探求を放棄しているからである。

時代を支配するかかる二元論的な哲学を、ヘーゲルは「反省哲学」と規定し、これらの「反省哲学」を生み出す地盤となった近代文化を「反省文化」(Reflexionskultur)(II. 181. 291)と呼ぶ。

周知のように「反省」とはヘーゲルにおいては「悟性」と等置せられ、「区別」と「制限」の能力を意味する。それゆえ「反省文化」とは反省によって生み出された文化、すなわち、本来一なるものとして結びついていたものを区別し分断することによって、すべての領域に二元的思考、二元的枠組みが支配するようになった文化のことである。

「デカルト哲学はわれわれの北西世界の近世の文化の内に一般に広範に広まっていた二元論を哲学的な形で表現していた。」(II. 184)と言われるように、ヘーゲルは精神と物体を厳格に区別したデカルト以来、あらゆる文化領域にわたって二元性に染め上げられた近世ヨーロッパ文化を「反省文化」と規定し、それを批判の俎上にのせようとする。精神と物体、魂と肉体、信仰と理性、自由と必然、等々の初期の対立が、やがて文化の進展にともない、理性と感性、有限と無限、主観と客観、等々という対立形式に移行している(vgl. II. 21)。

二元性を鮮やかな形で原理的に定式化したデカルト以来、さまざまなヴァリエーションを経ながら、ヨーロッパ文化はかかる二元性のパラダイムの中で育まれてきたというわけである。当代の哲学もかかる「反省文化」の所産であると同時に、「反省文化」をその原理において表現したものなのである。

「二元論的な対立が最高度の抽象に達し、哲学はわれわれの反省文化の圏内から抜け出せないでいる。しかし……両極の対立が尖鋭であればあるほど真の哲学に移行しやすい。」（II. 181）と言われるように、分裂と対立に刻印づけられた「反省文化」が今やその極点にまで達していて、みずからの中に自分を否定する諸条件を熟成させ、新しい哲学が生まれる「発酵状態」（II. 184）へ移行する準備をととのえている、というのがヘーゲルの時代診断であった。この認識は『現象学』にそのまま引き継がれることは言うまでもない。

「反省文化」がその頂点に達しているということは、確かに危機の時代ではあるが、同時に分裂を克服して生き活きとした全体性を取り戻そうとする「哲学の要求」（II. 20）が現われるときでもある。

「哲学はその時代から現われ出るものであるが、……それは時代の混迷に立向かっている人間をみずからの手で回復し、時代が引き裂いてしまった全体性を回復するためなのである。」（II. 120-121）。

こうしてヘーゲルはイェーナ期に、混迷する時代の元凶であるところの「反省文化」をその原理において表明している当代の哲学の批判を通して「真の哲学」を模索する。『現象学』に至るイェーナ期を通じてヘーゲルが求めたものこそ「反省文化」の所産であるとともに、この文化を原理的に支えている「反省哲学」を批判することによって、新しい時代に照応する新しい哲学を準備することであった、と言えるのである。

四　「有限性の実在論」批判

本書の第五章でやや立ち入ってみてきたように、ヘーゲルは『信と知』（一八〇二年）の中で、当代の代表的哲学たるカント、ヤコービ、フィヒテの哲学を「反省文化」の理論的表現としてみなし「主観性の反省哲学」という名称のもとに一括して批判した[6]。

これら反省哲学に共通する特徴は、ヘーゲルによれば、（α）人間の認識を有限なもの（経験的なもの）に限定することによって有限なものを絶対化し、こうして（β）無限なものを認識の彼岸に置き、（γ）有限と無限の対立をどこまでも固持する、というところにあった（vgl. II. 295f.）。（本書、一四九頁以下参照）。

これら三つの特徴を要約した形でヘーゲルは、「反省哲学」の本質的な特徴を、「有限性の実在論」あるいは「有限者の観念論」（II. 298）と規定している、と言ってよいであろう。この二つの規定は一見相反するようにみえるが、その意味するところは同じで、有限なものにのみ絶対的な実在性を認めるのが「反省哲学」の根本規定だというわけである[7]。

問題になるのは、「反省」が絶対的なものとして固定化したところの有限なものと無限なものとの対立をいかに「一つの体系」（II. 298）に高めるかということである。

先にわれわれは、ヘーゲルが『現象学』の「序文」で、それまでの思想の歴史を三段階に分けることによって、当代の思想状況の歴史的位置と問題点を浮き彫りにしてみせたことに言及した（二）。かかる思想史の三段階に照応する哲学が、後年の『エンツィクロペディー』では「客観性に対してとる思想の三つの立場」として批判の俎上にのせられるとともに、ヘーゲルみずからの哲学的立場の必然性と優位性が絶対的な自負をもって語られることになる。

『エンツィクロペディー』では、このような三つの「立場」（Stellung）の第一のものとして、「古い形而上学」（die alte Metaphysik）すなわちカント以前に存在したライプニッツ＝ヴォルフの哲学が、そして二番目には「経験論」（Empirismus）と「批判哲学」（kritische Philosophie）が、そして最後に「直接知」（das unmittelbare Wissen）が考察される。これまでの三つの哲学的立場が歴史的な体裁をとって批判的に吟味されるわけであるが、注意しなければならないのは、ヘーゲルにとって過去の哲学は単に後に残された屍ではなく現在的な意義をもつものである、ということである。それは、「古い形而上学」についての次のような言からも明らかであろう。

「しかしながら、このような古い形而上学は、哲学の歴史に関してのみ以前のものであるにすぎず、それ自体としては、常に現存しており、それは理性的な対象の単なる悟性的な考察である。それゆえ、この形而上学の方法と主要内容を立ち入って考察することは、同時に差し迫った現在の関心を呼び起こすものである。」（VIII. 93 [§27]）。

ヘーゲルにあっては、歴史的考察は常に現在の認識に結びつけられ、両者が結び合わされ昇華されたものが「論理的なもの」にほかならない。いわゆる論理的なものの三側面である「（α）抽象的あるいは悟性的側面、（β）弁証法的あるいは否定的理性的側面（γ）思弁的あるいは肯定的理性的側面」は、上記した三つの過去の哲学的「立場」を含んでいると同時に、現に存在するあらゆるものの真理の契機でもある（vgl. VIII. 168 [§79]）。『現象学』も『論理学』と同様、「歴史的なもの」と「論理的なもの」を重ね合わせて論じていることはおのずから明らかであろう。

ところでヘーゲルは、上記の三つの哲学的立場についてどのような評価を下しているのだろうか――このことについて以下簡単に見てみよう。

「古い形而上学」は思考が事物の本質をとらえることができることを疑わなかったことをヘーゲルは、後の経験論や批判哲学に較べて、「優れた点」（VIII. 106 [§36 Zusatz]）として高く評価する。人間の思惟に限りなく信頼を寄せているという点で、伝統的な形而上学は、認識を経験的なものに制限する経験論や批判哲学より、その哲学的精神において優っている、というわけである。

しかしこの形而上学は有限な思惟規定によって無限な理性的対象をとらえようとしたところにその難点があ

る。それは思惟規定の「批判的」認識を欠いていたために周知のようにカントの批判を招いた。カントの「批判哲学」は、悟性の能力である有限な諸規定と理性の能力である無限な諸規定を明確に区別することによって、伝統的形而上学が不問に付した思惟諸規定の批判的吟味を遂行した。

カントが伝統的形而上学を批判する際に依って立つ真理基準は「経験」（有限なもの）である。「経験」を「認識の唯一の地盤」（VIII. 112［§40］）と考えている点で、ヘーゲルは、カントとイギリス経験論の両者が哲学精神を同じくするものとみなす。先に本章の三の反省文化批判のところで触れたように、イェーナ初期にすでにカント哲学は、ヤコービ、フィヒテの哲学と並んで、ロック、ヒュームの経験論哲学が、「ドイツの土地で一層広範に、一層体系的に織りなされたもの」（II. 377）として、ヘーゲルによって位置づけられていた。後年『エンツィクロペディー』の第一部『論理学』の「予備概念」の中で経験論と批判哲学をひと括りにして批判されるのも同じ観点からである。

批判哲学はしかしながら経験論とは違って、経験的認識を真実の認識と考えないで、「現象」の認識にすぎないものとみなす。悟性認識が経験的なものにつながれている有限な認識であるがゆえに、その内容をカントが「現象」と呼んだことを、ヘーゲルが「カント哲学の最も重要な成果」と称賛する（vgl. II. 341, VIII. 122［§45 Zusatz］）。にもかかわらず他方でカントは、悟性認識を絶対化し、「現象を認識することが、認識する唯一の仕方であると独断的にみなされる」（II. 313）ことになるのである。それは、後年の『論理学』の言葉で言えば、「対象を真に認識しないところの真なる認識」（V. 39）という自家撞着であろう。

批判哲学も経験論も具体的な現実の中に真実を求めようとしたことに対してヘーゲルは称賛を惜しまない（vgl. VIII. 108［§38］）。しかし両者とも経験的なもの、有限なものを絶対化し、それを真理判定の基準にしてしまったのは、ヘーゲルにとっては独断論以外の何ものでもないのである。

ヒュームは経験を拠り所にして超感覚的なものの認識の可能性を否定した。カントはヒュームの懐疑論によって、「独断のまどろみ」を覚まされ、「批判」という荊棘の道を歩んだ。しかしヘーゲルにとって、カントがみずからの哲学の必然性を独断的⇓懐疑的⇓批判的というシェーマで了解していたことに異議をとなえる。特に後二者の懐疑的⇓批判的にはヘーゲルは容認することはできない。ヒュームの懐疑論も、それを乗り越えたはずのカントの批判哲学も、双方とも経験そのものを疑うどころか、逆にそれを唯一の真理の基盤と考えている「独断論」にほかならないからである。

五　「媒介」の立場

有限なもの（「現象」）と無限なもの（「絶対者」）を結びつけるのは、「悟性」あるいは「反省」である。悟性は、われわれに直接に与えられている経験的なものを規定し、限定するところの「区別する概念」（III. 16）であり、その能力である。悟性は、感覚的なものと理性的なもの、現象と絶対者、自然的意識と学的意識を媒介するものである。『現象学』の序文では次のように言われている。

「完全に限定（規定）されたものであってはじめて同時に公教的（exoterisch）であり、理解することができるものであり、学習されることができ、すべての人の所有するところとなりうるのである。……悟性を通じて理性的な知に至ろうとするのが、学へと向かう意識の正当な要求である。」（III. 20）。

ヘーゲルにとって無限なもの、あるいは絶対者は、有限なもの、経験的なものの彼岸にあるのではない。もしも無限なものが有限なものの彼岸にあって、有限なものと対立しているなら、無限は有限によって限定され制約されるがゆえに、一つの有限に引き下げられてしまう。それゆえ無限なものは、単に有限なものの彼岸にあるのではなく「有限なものを止揚されたものとしてみずからの中に含む」（VIII. 122［§45 Zusatz］）のでなければならない。

そうだとすれば、絶対者（無限なもの）は、現象（有限なもの）を通してしかみずからを顕わにすることができないであろう。「現象」をカントのように「物自体」（無限なもの）の外におくのではなく、「現象」を絶対者（無限なもの）の認識のための媒介たらしめること――この事が論理化されなければならない。

カントによれば、感覚に与えられる多様なものを、「私は考える」という一つの意識（自己意識）に統一づけるのは「純粋統覚」のはたらきである。現象の多様を「自己意識」の根源的な統一へともたらす「純粋統覚」によってはじめて、対象の認識が可能になる。

「純粋統覚は、一切の可能な直観における多様なものを綜合する原理を与える」[8]とカントは言う。こうしてカントは悟性概念の源泉を自己意識の根源的同一性たる自我のうちに見出した（ヘーゲルのカント解釈に関しては、本書第五章の二を参照されたい）。

ヘーゲルは、カントがカテゴリーの演繹の「最高点」[9]とよぶ「純粋統覚」の綜合的なはたらきの中に、自我（思惟）と多様な現象（存在）との根源的同一性としての「理性の理念」が表明されている、と解釈する（vgl. II. 318）。ヘーゲルによれば、統覚の根源的統一に現われている「理性」は、そこから自我と存在、主観と客観が分かれてくる「第一のもの」（II. 308）である。したがって現象の多様を一つの自己意識のうちへ統一する統覚の理性的なはたらきは、単に主観的なものではなく「自体」（Ansich）（II. 309）であり「絶対者そのもの、真実在そのもの」（VIII. 118［§42 Zusatz 1］）なのである。

ヘーゲルがカント哲学の中に認めたかかる「真の思弁的側面」（II. 328）は、しかしながらカント自身によって蹂躙されてしまう。自我（主観）と存在（客観）の同一性であり真実在そのものである自己意識の根源的統一は、カントにあっては、対立の一方である主観的なものに押しやられ、有限化されてしまうのである（vgl. II. 318）。『エンツィクロペディー』では次のように言われている。

「カントは、かの自己意識の統一を単に先験的と呼び、そしてその意味するところは、自己意識の統一は単に主観的なものにすぎないのであって、したがってまた自体的に存在する対象そのものには属さない、ということであった。」（VIII. 118［§42 Zusatz 2］）。

かくて自我と存在との根源的統一としての理性の理念は、カントにあっては「反省」によって引き裂かれ、主観と客観、現象と物自体、有限と無限は対立したまま固定されてしまい、こうして認識を、前者に、すなわち、現象（有限なもの）に限定してしまうのである。

問題は「反省」あるいは「悟性」によって引き裂かれた統一を、「悟性」が生み出す思惟諸規定にそくしていかに回復するかということである。

「悟性」は多様な現象を規定するところの区別する思惟能力である。そういうものとして悟性は現象に錨をおろしている。他方、悟性はみずからが生み出す思惟諸規定の源泉を自我のうちにもっている。悟性の思惟諸規定をそのものにそくして——ヘーゲルの言葉で言えば、「即自かつ対自的に」——考察し、その否定を媒介にして、自我の根源的統一（理性）へと高まる道程が明らかにされなければならない。

「思惟の諸形式は即自かつ対自的に考察しなければならない。それらは対象であるとともに対象の活動そのものである。それらは自分で自分を吟味し、自分自身にそくして自分の限界を規定し、自分の欠陥を証示しなければならない。」（VIII. 114［§41 Zusatz 1］）。

悟性は、区別し規定するところの主体的な思惟能力であり、現象の多様性を自我へと統一する主体そのものである。「分解のはたらきというものは、悟性の最も驚くべき偉大な力」（III. 36）であることをヘーゲルは強調する。

悟性の生み出す概念による区別に足を止めることこそ、悟性という自我のはたらきの巨大な威力なのである。「主体とはみずからの境位《エレメント》の中で規定性（Bestimmtheit）に定在を与えること」（III. 36）とヘーゲルが言うように、「主体」とは、悟性の規定（限定）作用における二重の意味、すなわち、区別すると同時に、区別されたものを自我のもとに統一する「媒介」のはたらきのことである。「媒介とは、自己運動する自己同等性にほかならない。すなわち、媒介とは、自己自身への反省であり、対自的に存在する自我という契機であり、純粋な否定性であり、あるいは純粋な抽象にまで下ろせば、単純な生成である。自我あるいは生成一般、この媒介するはたらきは、その単純性のゆえにまさに生成する直接性であり、直接的なもの自身である。」（III. 25）。

この引用文からも明らかなように「媒介」が「自己自身への反省」であり「自我」という「純粋な否定性」であり、「生成する直接性」であることは、これまでのわれわれの説明からおのずから理解されるであろう。『現象学』は、「反省」という認識論的次元、「自我」という存在論的次元、「生成」という歴史的次元、という三つの次元を統一的に把握する観点から、まさに「媒介」の体系として叙述しようとしたものと言える（この具体的な意味については本書の第八章を参照されたい。）。かの実体＝主体テーゼの論拠となるのも「媒介」の論理であることは容易に推察できるであろう。

こうして、経験的なもの、有限なものを絶対化するのではなく、それを無限なもの、絶対的なものの「現象」として把握し、かかる「現象」としての経験的なもの、有限なものを媒介にして、無限なもの、全体的なものを構成すること、――このことが論理化されなければならない。

「教養文化《ビルドゥング》においては、絶対者の現象であるものが、絶対者から孤立し、自立的なものとして固定される。しかし同時に、その現象は、自分の根源を否定することができず、現象の諸限定の多様性を全一的なものとして構成することに向わなければならない。」（II. 20）。

「反省哲学」が絶対化した有限なもの、すなわち現象、経験から出発して、その絶対的なあり方の否定を通じて全一的なもの、無限なもの（絶対者）へと至る道筋をつけること――ヘーゲルの言葉で言えば「絶対者を意識において構成すること」（II. 19）――ここにヘーゲルは「真の哲学」（II. 302, 403）の方法を見出そうとする。

意識が絶対者へと至りつくためには、目の前の個別的な感覚的な経験から始めて、普遍的、全一的なものをめざしてさまざまな経験を積まねばならないであろう。ここに諸々の意識の経験の体系的な叙述が要求される。「意識は普遍的な精神とこの精神の個別性すなわち感覚的な意識との間に、媒語（Mitte）として、意識の諸形態の体系（das System der Gestaltungen des Bewußtseins）をもっているのであり、しかもこの体系は全体にまでみずからを秩序づける精神の生であるが、この体系こそこの書（『現象学』――引用者）で考察される当のものであり、この体系はまたその対象的な定在を世界史としてもっている。」（III. 225）。

ここに『現象学』の構造が端的に言い表わされている。個別的な意識の経験は、あくまでも個にそくした「意識の詳細な教養の歴史」（III. 73）であるが、それは同時に世界史の中に具体的な形態をもっているのである。

六　「叙述」の方法

ヘーゲルは、『現象学』の序文で、哲学的な叙述の仕方についてつぎのように述べている。

「最も容易なことは、内容のある堅固なものを評価する（beurteilen）ことであり、それより困難なことは、それを把握する（fassen）ことであり、最も困難なのは評価と把握を結びつけて、その叙述（Darstellung）を生み出すことである。」（III. 13）。

反省文化の中で生きている人間の自然な意識は、経験的なもの、感覚的なものを唯一の真なるものと思いなして、そこをみずからの棲息基盤《エレメント》としている。ヘーゲルは『信と知』（一八〇二年）の中で、「反省文化」について、それが経験的なものや現象に何らの疑念もさしはさまないがゆえに「常識の文化」（II. 298）と蔑称していたが、かかる反省文化の中に生きている人間の自然な意識を高踏的に批判するのではなく、あくまでも、自然で常識的な意識に即しながら、その批判（Beurteilen）と理解（Fassen）を結びつけて叙述する（darstellen）ことが『現象学』の課題となる。

「この（現象知の）叙述は真実の知にまで迫っていく自然的意識の道程であるとみなすことができる。すなわち、魂がみずからの本性によってあらかじめ設けられた駅々としての自分の一連の形態を遍歴して行き、その結果、みずから自身をあますところなく完全に経験することによって、自分が本来自分自身において何であるかについての知に到達して、精神にまで純化せられるさいの道程であると、この叙述はみなすことができる。」（III. 72）。darstellenというドイツ語は、「叙述する、表現する」という意味のほかに、「役を演じる、演技する」という意味をも併せ持つ。『現象学』は意識という主人公が、みずからの対象と対話を繰り返し、対象の認識の深まりに応じて、自己意識、理性、精神……というように姿を変えながら、その都度、みずからの役を演じつつ自己形成を重ね、全体的な認識に高まっていく教養劇である、と言えよう。そこには、当時の教養小説の影響ばかりではなく、ヘーゲルが若き日から愛読していたギリシア悲劇の筋立てが舞台回しの役を演じていることも見逃せない。

周知のように、『現象学』では、経験している「当の意識にとって」（für das Bewußtsein）あることと、哲学知（絶対知）の高みから意識の経験を把握している「われわれにとって」（für uns）あることとの間に区別がたてられ、そしてこの区別が『現象学』の叙述の展開を可能にしている。

「発生したものは、意識にとっては（für das Bewußtsein）単に対象として存在するにすぎないが、われわれにとっては（für uns）、同時に運動（Bewegung）ならびに生成（Werden）として存在する。」（III. 80）とヘーゲルは言う。

この場合、経験している当の「意識」と経験の全体を見通している「われわれ」は、ギリシア悲劇における、仮面をつけた＜役者＞と＜観客＞の関係に比せられるであろう。

例えば、ソフォクレスの『オイディプス王』において、自分の素姓を知ろうとするオイディプスの真実の知への欲求が、かえってそれまで経験してきたみずからの人生が単なる虚妄（思い込み）の上に築かれたものにすぎないことを次々に明らかにし、こうして自分の隠れた真実が白日のもとに暴きだされるに至って、みずから盲となって破滅（絶望）への道を歩む。

テーバイの国に荒れ狂っている疫病の災いから人びとを何とか救おうとするオイディプス王が、神託の言に従って疫病の原因となっているとされる先王ライオスの殺害者を捜し出そうとしたとき、当のオイディプスの意識と観客の意識は区別される。観客はオイディプスの意識と行為の結末がいかなるものとなるか知っているが、オイディプス自身にはもちろんそれがわからない。演じている役者と観客の意識が対立していることによって、と言うよりも対立しているからこそ、観客は役者に共感と哀感を感じながら悲劇は進展していくのである。(10)

『現象学』においても、自分の知が真実であると確信している「当の意識」とこの意識の非真理を見抜いている「われわれ」の知との区別と対立が舞台回しの役割を演じている。「当の意識」にとって単に眼前に直接的に存在している対象にすぎないものが、「われわれ」からみれば、媒介された存在であり、言い換えればその存在が背後に残してきた「運動」と「生成」の所産なのである。ヘーゲルは次のようにも言っている。

「真理の無媒介な登場は、この真理の現前の存在を抽象したものであり、この存在の本質をなし自体存在をなすものは、絶対概念である。つまり、この存在が生成してそうなった運動なのである。」（III. 181）。

かくて自然的意識が真実で確実な知であると思い込んでいたものが、実は正反対のものへと転化する。この悲劇（自己否定）を繰り返しながら、意識は一段一段と真実の知に近づいていく。意識の自己否定の深まりが同時に真理へと登りつめる階段でもある。この道程は、かのオイディプスがみずからの確信を揺るがす者に対して不信と疑いの眼差しを向けたように、「疑惑の道」（der Weg des Zweifels）であり、そしてさらにこの疑惑の道行きは、みずからの生き方＝行き方を破壊（否定）することになる真実の知にまでおのれを駆り立てずにはおれないがゆえに、「絶望の道」（der Weg der Verzweiflung）でもある(11)（vgl. III. 72）。「現象知というものは、真実にはむしろ実現されていない概念であるにすぎないものを、最も実在的なものと考えるのであるが、この道程は現象知が真理でないことを自覚的に洞察するものである。それゆえ、この道程は徹底的に遂行される懐疑主義（der sich vollbringende Skeptizismus）である。」（III. 67）とヘーゲルは言う。

こうして「現象知」という有限な知あるいは経験的な知の否定を媒介として意識が無限な知、理性的な知へとみずからを高め、形成することが「意識の経験の学」がたどる道程である。

かかる意識の織りなす経験的な知の否定はいかにして遂行されるのであろうか。

周知のようにヘーゲルは、すでに一八〇二年に書いた論稿『懐疑主義の哲学に対する関係』において、ロックやヒューム、そしてその流れをくむカント哲学をはじめとする当代のドイツ哲学にみられる近代の懐疑論と古代ギリシアの懐疑論を比較し、前者が後者に較べて懐疑論としていかに不完全なものであるかを論じている。

この論稿でヘーゲルは、近代の懐疑論が、経験や現象を「否定しえない確実性」をもつものとみなし、そこにいささかも懐疑の眼を向けないがゆえに、懐疑論と称しながら実は「法外な独断論」（II. 357）である、と断じている。それに対して古代の懐疑論が、現象や経験そのものに懐疑の矛先を向けて、現象知の確実性を絶対的に否定したことを、古代懐疑論の「高貴な本質」(edles Wesen)(II. 214)として賞揚する。[12]

「〔古代の〕懐疑主義者は、あらゆる知覚に『否定しえない確実性』を与えたりせず、それらを単なる仮象とみなした。そして対象について、その仮象に則って言明されることとまったく反対のことも、同様に言っておかなければならない、すなわち『はちみつは甘くもあり苦くもある』とも言っておかなければならない、と主張した。」(II. 224)とヘーゲルは言う。

古代の懐疑論は、感覚、現象、経験といった有限なものについての認識がみずから言明するものと反対の言明をも同時に対置することができるがゆえに、「現実に存在するものはすべて他のものによって制約されている」(II. 238)と主張する。それゆえに現象にかかわる認識は一面的で部分的であり、したがって真の認識ではありえず、常に他なるものによって制約され限定されざるをえない。

したがって現象に関して、或る命題(「はちみつは甘い」)が主張されるとき、それに対立する命題(「はちみつは苦い」)も同等の権利をもって主張される。かかる懐疑主義の原理から生み出される「アンチノミー」(II. 239)に巻き込まれざるをえないということは、現象知が部分的な知であって真実の知ではないことを告知している。[13]

逆に言えば、或る命題が、それと対立する命題を排除して、それだけで主張されると、それは部分的、一面的な知を他なるものとの連関から断ち切ってみずからの普遍性を主張するがゆえに「偽」なのである(vgl. II. 230)。

こうして古代の懐疑論は、経験的な認識が絶対的に確実であるどころか、一面的、部分的で不確実な知であることを論証することによって、経験知、現象知を直截に否定してしまう。

ヘーゲルにとって「真の哲学」は部分的な知であってはならず、部分知をもおのれの内に含んだ全一知(絶対知）でなくてはならない。古代の懐疑論は、経験知が真理ではないことを論証した。この点はあくまでも正しい、とヘーゲルは考える。しかしこの懐疑論は、経験知を端的に否定し、それと真実の哲学知（全体知）との関連を問わない。

「古代の懐疑主義は哲学のように肯定的な側面をもたず、知に関しては純粋な否定性（eine reine Negativität）を主張したが、同様に哲学に背を向けることはなかった。」（II. 237）とヘーゲルは言う。

古代の懐疑論は現象を絶対的に否定したという点では「肯定的側面」はもたないが、それは全一知たる哲学に敵対したのではない、というわけである。ヘーゲルはこう解釈した上で、それを逆手にとって、懐疑論の「純粋な否定性」を真の哲学たる全一知へと橋渡しする「最初の階梯」（II. 240）として解釈し直すのである。「懐疑論は絶対者の認識の否定的側面であって、理性を肯定的側面として直接前提する」（II. 228）と言われるように、ヘーゲルは、現象知⇒現象知の否定（懐疑論）⇒哲学（全一知）というように認識の階梯を区別し、懐疑論を絶対者を認識するための否定的媒介たらしめようとするわけである。

七　「限定された否定」（bestimmte Negation）

『精神現象学』は上記の現象知あるいは経験知から出発して、現象あるいは経験に対する懐疑（「懐疑の道」）を媒介にして絶対知に至る「意識の教養の詳細な歴史」（III. 73）を物語ろうとする。そのためには懐疑主義が現象に下した「純粋な否定性」に新たな解釈がほどこされなければならないだろう。というのも、かかる「純粋な否定性」は現象する有限なものを空虚の深淵にほうり投げて、そのあとにいかなる肯定的なものをも残さないがゆえに、懐疑主義の否定は、後に空虚のみを残す「純粋な無」（II. 82）であり、したがってそれ以上の認識の進展を許さないからである。

現象の否定は、すべてを無に帰する絶対的な否定ではなく、ある内容をみずからの内に蔵している「限定された否定」（bestimmte Negation）でなければならない、というのがヘーゲルの周知の見解である。

「結果がその真実の姿においてあるように、すなわち限定された一定の否定として把握せられるときには、これによってすぐさまある新しい形式が発生しており、かくて否定のうちに移行がなされており、そうしてこの移行によって諸形態をあますところなく尽くす完璧な系列がおのずと生じてくるのである。」（III. 83）。

あとに何ものも残さない懐疑主義の「純粋な否定性」を解釈し直して、一定の肯定的な内容を同時にもち合わせている「限定された否定性」ととらえることによって、新しい意識の形態への移行が可能となり、かかる意識の諸々の形態が絶対者へと橋渡しする「完璧な系列」を形作るのである。

しかし、かくいう「限定された否定」に関するヘーゲルの言はただちに理解できるようなものではない。『現象学』の「序論」（Einleitung）で定式化された上記の「限定された否定」が、意識の教養の過程を絶対知へと先導する論理的推進力であることをヘーゲルは自明視しているようである。(14)

しかし『現象学』の最初の意識形態である「感覚的確信」から「知覚」⇓「悟性」⇓「自己意識」⇓「理性」と進展していく中で、「序論」で説明されたような「限定された否定」が論理的展開の原動力になっているとはにわかには理解しがたいのではなかろうか。事実、これまで、ヘーゲルの「限定された否定」について解釈者を悩ましてきたと言える。(15)

われわれもこの概念について充分に納得のいく説明はできるとは思わないが、われわれなりに若干説明を試みてみよう。

そもそもヘーゲルは、具体的な現実の場面で、「限定された否定」をどのように表象していたのであろうか。

それを知るためには、『現象学』出版後、バンベルクでの新聞編集者を経て、友人ニートハンマーの紹介で一八〇八年に新しい教育制度のもと、ニュルンベルクのギムナジウムの校長兼教授に就任したヘーゲルが、教育の現場から発言したものが参考になると思われる。

ヘーゲルは、ギムナジウムの校長として初めて臨んだ終業式の式辞の冒頭で、現在の新しい学校制度がメランヒトン以来の旧い制度を土台にしてはじめてその存続が可能であることを強調して次のように語っている。

「新しい施設はまったく新規の施設によらずに、何世紀にもわたって存続した古い施設を受け継いでいるという利点をもっています。これによって新しい施設であるにもかかわらず長く存続してきたもの、永続的なものであるというすでに在る表象がこの施設に結びつけられて、信頼をもって迎えられました。……しかし、この信頼の本当の根拠は、この新しい施設が全体の本質的な改善と拡張にもかかわらず、古い施設の原理を保持（erhalten）するものであり、そのかぎりでは古い施設の継続であるにすぎないということであります。こうした事情が新制度の優れた特徴であることは注目されてよいのです。」（IV. 313）。

「新しい施設」は、「古い施設」を全面的に否定するものではなく、「古い施設」を踏み台として、そこから結果として生じてくるもので、旧施設を全体として「改善および拡張」したものであるがゆえに、新施設は旧施設の全面的な否定ではなく、旧施設から由来するものとして、それを新しい制度の中へ移し入れ、組み替えることによって「保持する《エアハルテン》」ものでもある、というのである。

古典語の習得についても、上記の制度の場合と同じ観点から、ヘーゲルは以下のように言う。

例えばラテン語の習得は、かつては諸々の学問研究の中核的な位置を占め、「教養を高める唯一の高度な手段」（IV. 314）であった。しかるに現在では、その習得方法は機械的な作業に堕し、学問に対する実利的な要求の高まりとあいまって、教養の唯一の手段としてのラテン語は後景に退き、それに替って目的に適合した実利的な学問や技術が台頭してきた。

こうしてラテン語は学問の中心的な地位から転がり落ち、他の学問と肩を並べることになったが、ヘーゲルによれば、これまでのようなラテン語の支配とその排他性が否定されることによって、かえってラテン語本来の占めるべき位置が得られ、そこから自由に羽ばたくことができるのである。

「このような隔離と制限によって、古典語の勉強は、これまでより一層自由に、そして完全に実施されうるという真実の地位と可能性とを得ました。」（IV. 316）とヘーゲルは語る。

ラテン語がこれまでの支配的な地位を否定され、「隔離と制限」によって諸々の学問の中の一つとなって初めて、みずから独立した自由な立場からラテン語の勉強が可能となる。こうして古典語の勉強は、「学問的教養の基礎」（IV. 317）としてみずからの使命を全うすることで、かえって学問全体の真の部分となり、全体を活気づけることができるのである。

或るもの（ラテン語）は、制限され限定される——つまり否定される——ことによって独立と自由を得るが、それが同時に全体（学問全体）との生き生きとした関係を可能にするのである。ヘーゲルはこのことを一般化して次のように述べる。

「或る組織の自由と強さの真の指標は、この組織がもつさまざまの契機がそれぞれの内にみずからを深め、そしてみずからを完全な体系にまで仕上げながら、互いに何の嫉妬も疑念もなしに、それぞれの仕事を営み、かつ仕事が営まれるのを見るといったときであり、そしてこれらすべてが、それでいて或る一つの大きな全体の部分にすぎないといったときでありましょう。他から切り離されて、自分の原理においてみずからを完全なものにするもののみが整合的な全体となります。すなわちしかるべきものとなるのです。このものは深さと多方面にひろがる力強い可能性を得るのであります。」（IV. 316-317）。

この引用文の含意を一言でいえば、個が独立していて初めて全体の真の部分になりうる、ということであるが、これを論理的な表現に言い換えれば、個が自分を限定（否定）することによって真に全体と統一されうる、ということになろう。

上記のような見方は、制度や古典語の習得の場合にとどまらず、文化や思想上のものまで含めて、およそ有為転変をことととする存在するものすべてに貫かれる。

「古いものを全体への新しい関係の中に置き入れ、このことによって古いものの本質的なものはこれを保持（erhalten）するとともに、古いものを改め更新することを通して、時代の要求を満たすに至ったのであります。」（IV. 314）とヘーゲルが語っているように、古いものは、新しいものによって「否定」されるが、それは古いものが無きものにされ全的に否定されるのではない。そうではなくて、古いものは新たに全体との「関係」の中で姿を変えて「保持」されるのである。

以上のような「限定された否定」にまつわる存在観が論理的な表現に昇華されたのが、Aufhebenであることは容易に推察できよう。周知のように、ヘーゲル哲学の論理的魂ともいうべきaufheben（止揚する）という概念には、「否定する」（negieren）という意味と共に、「保存する」（aufbewahren）あるいは「保持する」（erhalten）という意味も同時に含まれる（vgl. III. 90, V. 113f., VIII. 204［§96 Zusatz］）。

「限定された否定」によって、古いものは廃棄されるのではなくて止揚されるのである。以下の『論理学』の言を、先に言及したヘーゲルの具体的な制度観や古典語の教育に関する見解を思い浮かべながら読むと、「限定された否定」あるいは「止揚」の意味するところが、より一層明確になるのではなかろうか。[16]

「止揚されたものは、そのことによって無になるのではない。無は直接的なものである。それに対して止揚されたものは媒介されたものである。それは非存在であるが、しかし存在から由来するところの結果としての非存在である。だからそこから生じてきた規定性を自身のうちに保持しているのである。」（V. 113-114）。

以上のような説明では、しかし、「限定された否定」という概念について、ヘーゲルがどのような具体的な表象をもっていたかを明らかにされたにすぎない。「限定された否定」において、否定されたものが無に帰するのではなく、一つの肯定的なものを生み出す、と言われる場合、一つの否定が、いかに肯定的なものに止揚されるか、その論理構造が明らかにされなければならない。

先程、古きものが新しきものによって「否定」される場合、古きものは「全体への新しき関係」（ein neues Verhältnis zu Ganzen）の中に置かれることによってみずからを「保持」する、というヘーゲルの言を引用した。そこで言われているところの、或るものの「否定」（Negation）⇒或るものの全体との関係（Verhältnis）⇒或るものの「保存」（Aufbewahrung）あるいは「保持」（Erhaltung）、という三つの段階はいかなる論理的な必然性をもっているのだろうか。

これまでに述べてきたように、現実に存在する個々のものは一見するとそれだけで自足し自立しているよう見えるが本質的には「絶対者」（全体的なもの）の「現象」として存立を得ている、とヘーゲルは考える。われわれの眼の前に現象する有限なものは、いささかも自立的ではなく、他者との関係において、そして究極には絶対者（全体）との関係において存立している、というわけである。

われわれに直接に与えられているのは有限な個々のものである。有限なものを媒介にして絶対者を現前化せしめること、これが哲学の課題となる。有限な個々のものを定立するのは「反省」あるいは「悟性」である。「反省」（「悟性」）が定立する有限なもの、制約されたものが「絶対者」の「現象」だとすると、「絶対者」は「現象」を媒介としてしかみずからを現わしえないはずである。

問題となるのは、「反省」が他のものとの関係を排除して定立した個々の規定が、相互に関係づけられたものとして、全体性（＝絶対者）の中へいかに止揚されるか、ということである。

個は全体と対立して自立的な在り方をしているかぎり個として存在する。しかし同時に個は、他の個々のものに制約され依存しながら、他との諸々の諸関係の全体の中でその存立を得ている。そうであるならば、個はみずからの中に矛盾した規定を含まざるをえない。したがってまた個々のもの（＝有限なもの）を定立する「反省」も二重の意味をもたなくてはならないだろう。

「絶対者」との対立を固持し、個々のものを他の関係から切り離して定立する「反省」を『差異論文』でヘーゲルは、「孤立的反省」（II. 26）と呼んでいる。言うまでもなく、かかる反省の立場は、先に言及した「有限性の実在論」をみずからの拠り所とする「反省哲学」の立場である。これに対して、「孤立的反省」が定立する個々の有限なものの自足的な在り方を否定して「絶対者」（＝全体）に関係づける反省は「哲学的反省」（II. 25, 57）あるいは「理性としての反省」（II. 25）と呼ばれる。

われわれの眼前に存在する個々の有限なものはすべて、自立的な在り方をしていると同時に他のものに制約され依存しているとすると、「孤立的反省」が定立する個々の規定は、必ずそれと対立する規定がそれに向かい合うことになる。そこにヘーゲルが「アンチノミー」を見出したこと、先に懐疑論との関係で触れた。

周知のようにカントは伝統的な形而上学の宇宙論を反駁するため、四つのアンチノミーを示した。宇宙は時間・空間的に有限か無限か、物質は無限に分割可能かどうか、等々といった問題に関して、カントは対立する主張が、「同等の権利と必然性とをもって」（VIII. 128［§48 Zusatz］）証明しうることを示そうとした。かかるアンチノミー論の中に、カントが事実上、「悟性の諸規定が必然的に自己自身と矛盾するものである」（V. 39）ことを示し、「仮象の客観性と思惟諸規定の本性に属する矛盾の必然性」（V. 52）を証明してみせたことに対して、ヘーゲルは最大限の賛辞をおくる（本書第五章の二（b）を参照）。

しかし、もちろんヘーゲルのアンチノミー解釈は、カントのそれとは根本的に異なる。

まず挙げられる相違は、悟性の諸規定が必然的に矛盾に陥らざるをえないのは、カントの場合のように「宇宙論」のような特殊な対象にのみ見られるのではなく、およそ悟性規定が適用されるすべての概念、表象、理念の中に見られるのでなければならない、という点である。ヘーゲルは言う。

「アンチノミーについて注意すべき大事なことは、アンチノミーは、宇宙論から取ってこられた四つの特殊な対象の中に見出されるだけでなく、あらゆる表象、概念、そして理念の中に見出されるということである。この事を知り、対象をかかる特性において認識することは、哲学的考察の本質に属する。」（VIII. 127-128［§48］）。

次に挙げる両者の相違点はアンチノミーそのものの解釈にかかわる。

カントはアンチノミーの中に悟性認識の有限性の証左を見出し、そこから、「悟性は経験を踏み越えてはならない」と結論づける（vgl. V. 13）。こうしてカントは認識を経験界（現象界）に限ってしまう。カントにとって、アンチノミーは経験界と叡知界、現象と物自体、有限なものと無限なものを分断する隔離壁にすぎない。このゆえに「反省哲学」としてヘーゲルが批判の俎上にのせたこと、先に述べたとおりである。

ヘーゲルもカントと同様、悟性（＝反省）規定がアンチノミーに陥るのは、悟性規定による無限なもの（＝「理念」）の把握が不可能であることを告げている、とみる。カントはそこに悟性が経験を越えてはならない理由を見出したのであるが、ヘーゲルは逆に悟性的認識の一面性を越えて全体的認識としての「理性」へ高まらなければならない必然性を見出す。というのも「理性は矛盾するものを合一し、両者を同時に定立しかつ止揚する」（II. 36）からである。こうして理性的なもの（無限なもの）は、「アンチノミーの媒介者」（II. 320）として、悟性（反省）規定の諸々の対立・矛盾から演繹されなければならない。

先の言葉で言えば「孤立的反省」が定立した個々のものは、自足的なものとして相互に排除し合い対立し合うが、それらが相互に関係づけられることによって、アンチノミーそのものを存立させている、より高次の「媒介」（「理性としての反省」）がアンチノミー自身によって指示されている、というわけである。

ここに至って、先に「制度」や「古典語の習得」にそくしてヘーゲルの「限定された否定」を説明してきたことが、論理的に昇華された形で表現されていることに気づくであろう。『現象学』は、「反省」（＝意識）が定立する限定された有限な規定が、みずからを「否定」することで他なるものへと「関係」づけられ、かかる関係の総体が「絶対知」として把握される過程を、「意識の経験の学」として叙述したものにほかならない。「限定された否定」とは、まさにこのプロセスを可能にする鍵概念であることは、おのずから明らかであろう。

註

（1）藤井哲郎は、『ドイツ国制論』の清書稿の「序論」で「存在するものを理解すること」を表明したヘーゲルがこの言葉に託した具体的な意図を、「近代、とりわけドイツ的近代に内在的な共和主義を見いだすこと」の中に探り当てているが、けだし正当な解釈であろう（藤井哲郎『ヘーゲルにおける共和主義と市民社会』［宝塚出版、二〇〇二年］三九頁以下参照）。

（2）Vgl. *Dokumente zu Hegels Entwicklung*. hrsg. von J. Hoffmeister. Stuttgart 1936. 2. Unveränderte Auflage 1974. S. 352.

（3）Rosenkranz, *G. W. F. Hegels Leben*. Berlin 1844. Nachdruck: Darmstadt 1971. S. 202.

（4）『現象学』の「絶対自由」論について、筆者は「無限判断」論との関係で以前にやや立ち入って論じたことがある。大田孝太郎「『精神現象学』におけるヘーゲルの市民社会観――「絶対自由」の挫折と「無限判断」――」（大阪大学文学部哲学第二講座発行『哲学論叢』第三号、昭和五三年）、ここの叙述はこの論文に負うている。

（5）「有用性」概念をヘーゲルはシラーから継承したものと思われる。シラーは「人間の美的教育についての一連の書簡」（一七九五年）の中で、「欲望」（das Bedürfnis）が「時代精神」をおおうようになったとして、次のように述べている。「当今は、欲望が力をふるい、堕落した人間性はその暴虐なくびきの下に屈している。有用さ（der Nutzen）が時代の偉大な偶像となり、すべての力はこれに仕え、すべての才能はこれに忠誠を誓わなければならない。」（Schiller, *Über die Ästhetische Erziehung des Menschen in einer Reihe von Briefen*. In: Schillers Werke. Bd. II. Carl Hanser Verlag. München 1984. SS. 446-447）

（6）この点についての立ち入った論述については、「媒介」概念の成立という観点から「反省哲学」を考察した本書第五章を参照されたい。

(7)「反省哲学」は有限なものを絶対化するがゆえに、ヘーゲルはそれを、より直接的に「絶対的有限性の独断論」(II. 380)とも呼んでいる。

(8) Kant, *Kritik der reinen Vernunft*. A 117.

(9) Kant, *a. a. O.*, B 133.

(10) 演じている役者がみずからの不整合に気づかないのは、「悲劇」にも「喜劇」にも共通する。だから矢崎美盛のように『精神現象学』の展開を「舞台上の所作が、不整合なるものを整合的らしく結び付けて、得得となっている喜劇」に比する人もいる(矢崎美盛『ヘーゲル精神現象論』[岩波書店、一九七二年]九六頁以下参照)。

しかし、ヘーゲルが『美学講義』で指摘しているように、ギリシア「喜劇」は、役者自身が、自分の不整合(矛盾)をまったく超越していて、「主観性の浄福や安逸」(XV. 528)にとどまっている。それに対してギリシア「悲劇」では、主人公みずからの矛盾は、「運命」や「法」という「実体的なもの」をめざして、おのれを止揚せざるをえないのである。それゆえ『現象学』の全過程は「喜劇」よりも「悲劇」に比すべきであろう。

(11)『精神現象学』では、一つの意識の確信が、意識の進展によって、虚偽へと転変し、こうして生まれた新たな意識がさらに転変を繰り返すように、ギリシア悲劇でも一つの悲劇の終わりが、また新たな悲劇の始まりでもある。オイディプスはみずからの手で盲目となった後、娘のアンティゴネーとその妹に向かって、次のように言うとき、その後のアンティゴネーの悲劇が暗示されているとも言えよう。

「お前たちのためにも、わしは涙なしにはいられない。もうお前たちを、見ることのできなくなったわしではあるが――。おもえば何というつらい人生が、お前たちにのこされていることだろう。」(ソポクレス『オイディプス王』藤沢令夫訳[岩波書店、二〇〇五年]一四八〇行以下)。

(12) 懐疑論に対するヘーゲルの評価は、いわゆる『懐疑論論文』(一八〇二年)以来晩年に至るまで変わらない。『エンツィクロペディー』でも、経験的なもの、感覚的なものに批判の刃を向けて、その「むなしさ」(Nichtigkeit)を示した古代の懐疑論は、「気高い懐疑論」(der hohe Skeptizismus)と称賛され、近代の懐疑論が経験的なものを絶対視して、経験(感覚)を越えたものの普遍性や確実性を否定したことに対して厳しく批判されている(vgl. VIII. 87 [§24 Zusatz], 112 [§40], 175-176 [§81 Zusatz 2].)。

(13) ここでヘーゲルが古代の懐疑論の原理をカントのアンチノミー論と重ね合わせて論じていることに注目する必要がある。ここからヘーゲルは、「アンチノミー」がカントのように「宇宙論」のような特殊な対象にのみ見出されるばかりではなく、悟性認識に関わるすべての対象に見出される、と言う。このことは、後論との関係で特に注意すべきである。

（14）ヘーゲルは、「否定的なもの」の中に「肯定的なもの」を「保持」することは、「理性的認識における最も重要な点」（VI. 561）と言い、かかる「限定された否定」の実例は、「論理学の全体」（VI. 561）である、と述べている。

（15）例えば、高山　守氏は、「ヘーゲルの言う『規定（限定——引用者）された否定』、したがって『概念』の『必然的で完全な生成』ひいては『体系』なるものは、容易に認めがたいだろう。ヘーゲルの構想する『体系』なるものは、やはり、不可能ではないか。」と言い切っている（高山　守『ヘーゲル哲学と無の論理』［東京大学出版会、二〇〇一年］一九九頁以下参照）。かかる解釈は、高山氏独特のヘーゲル理解から来ているようである。高山氏は次のように言う。「……ヘーゲルが哲学においてもくろむことは、『暗闇』、『無』である『絶対者』を、それ自体として捉えてしまおうということなのである。……これによって『絶対的な差異』もまた解消してしまおう、と。しかし、このもくろみは、決して知りえないもの（『無』）を知る（『存在』にもたらす）という、まさに抜き差しならぬ逆説を孕む。」（同書、十二頁）。高山氏は、ヘーゲルが「絶対者」がそれ自体、「無」であり「暗闇」である、と言っているが、これは、ヘーゲルの真意を誤解するものではなかろうか。ヘーゲルは「絶対者」そのものが「無」だと言っているのではなく「悟性」あるいは「反省」にとって、「絶対者」は「無」だといっているにすぎない。ヘーゲルが「絶対者」を「無」であり「夜」であると言うのは、すべてものを区別し限定する「悟性」にとって、「絶対的な綜合」たる「絶対者」は「無限定なものであり無形態なもの」であるからである（vgl. II. 24）。なるほどヘーゲルは、「無」あるいは「夜」としての「絶対者」が「最初のもの」であり、そこから多様な現象（＝光）が現われ出てきたと言っている。しかしそれは、事柄そのものにとっては、「絶対者」は「最初のもの」であるが、それを認識する「われわれ」にとっては、「後のもの」である、という意味である。ここで、「よく知られたもの」から「認識されたもの」へ、というアリストテレスの言を引き合いに出すまでもないであろう。あるいは「悟性を通じて理性的な知に至ろうとするのが、学をめざす意識の正当な要求である」（III. 20）というヘーゲル自身の言葉を想い起こすのもよい。だからこそヘーゲルは次のように言うのである。「哲学の課題は、これら二つの前提（「光」としての「有限者」と「夜」としての「絶対者」——引用者）を合一すること、すなわち、存在を非存在の中へ——生成として、分裂を絶対者の中へ——その現象として、有限者を無限者の中へ——生として定立することである。」（II. 25. vgl. II. 120）。だから「絶対者は意識に対して構成されるべきである。」（II. 25）というヘーゲルの言は、高山氏の言うように「絶対的な差異」を解消してしまうことではない。その正反対である。絶対者は、悟性が定立する「区別」あるいは「差異」を通じてのみ把握されうる。絶対者は「同一性と非同一性の同一性」として、「差異」が必須のエレメントであることは言うまでもない。高山氏のように「絶対者」から「差異」を排除してしまったら、「限定された否定」もそれに基づく「体系」も意味をなさないのは当然であろう。

イポリットは、「限定された否定」について、「〈全体〉が意識に内在していなければ、否定がいかにして本当の内容をもつことができるか、理解できないであろう」と正しく説明しているが、しかし、その論理構造を彼は明らかにしていない（vgl. Jean Hyppolite, *Genèse et structure de la Phénoménologie de l'Esprit de Hegel.* tome I. Paris 1970. p. 20.）。

（16）実際、『エンツィクロペディー』では、法律や制度に関して、aufheben の両義的な意味が説明されている。事がらそのものの両義性をこのドイツ語が正確にとらえており、そこにヘーゲルはドイツ語の「思弁的精神」をみる（vgl. VIII. 204-205［§96 Zusatz］）。

第七章　『精神現象学』「序文」（Vorrede）の考察

――「媒介」概念の生誕

ヘーゲルが一八〇七年に『精神現象学』（以下『現象学』と略称する）を出版したとき、彼みずからが新聞紙上に自著の広告文を書いていたことが知られている[1]（vgl. III. 593）。

この広告文の冒頭でヘーゲルは、『現象学』が「生成する知（das werdende Wissen）を叙述する」ものであると述べ、この著作が、本来の学（論理学）へと生成する過程を叙述するものとして、言い換えると「論理学」へ至る「準備」（予備学）として、みずからの哲学体系の第一部門であることを表明している[2]。そして『現象学』の全体的構成について、おおよそ以下のように述べている。

「精神」現象は、その直接的な定在である「意識」が、「感覚」を出発点として、「悟性」「自己意識」「理性」といったさまざまな形態をとりつつ、それらの諸形態を、いわば「道程の駅々[3]」（die Stationen des Weges）として一歩一歩前進し、最後に意識の「確信」と対象の「知」が一致するところの「純粋な知」である「絶対知」―

――これが本来の学である論理学のエレメントである――という目的地にまでたどり着く、という形で叙述されることができる。

この「精神」の大いなる旅路の主要な駅々として、「意識」(感覚・知覚・悟性)、「自己意識」、「観察し行為する理性」(すなわち理論理性と実践理性)、そして「精神」としての「人倫的精神」「教養(形成)された精神」「道徳的精神」「宗教的精神」が配される。

この道程のさまざまな駅は、旅をしている当の本人(「意識」)にとっては何の脈絡もなく偶然的で無秩序な経験を通して行き着いたところのように思われるが、たどり着いた最後の目的地(すなわち「絶対知」)から振り返るとおのおのの宿駅は目的地に至るための必然的な通過点であることが明らかになる。『精神現象学』は、「意識」がその旅路の道程でさまざまな経験を積んで、その目的地である「絶対知」へと到達する全行程を叙述しているわけだが、この行程の舞台回しをしているのが、経験を積みつつある当の「意識」を目的地(「絶対知」)から見守っている「われわれ」の立場である。

こうして『精神現象学』は、「精神のさまざまな現象をその必然性にしたがって叙述する一つの学的な秩序」を導くところの体系の第一部として位置づけられる。

ヘーゲルは『現象学』の自著広告の中で、その内容についておよそ以上のような説明をしている。そしてこの広告文の最後に、彼をして『現象学』を書かしめた動機や思想状況などが述べられている長大な「序文」(Vorrede)について――特に読者の注意を促して、より広範な人びとに自著に対する興味をもってもらうためであろう――これ以上はのぞめないほど簡潔に次のように述べている。

「序文の中で著者は、哲学が立っている現段階における哲学の要求であると著者に思われていることについて、さらに現在、哲学の品位を貶めている哲学的な諸形式の越権や横暴について、そして、哲学と哲学の研究において何が大切であるかについて、表明している。」（III. 593）。

筆者の手元にあるホフマイスター版『精神現象学』の総ページ数（約五五〇ページ）の十分の一に達しようかというほどの長い「序文」の内容を、ヘーゲルはこの広告文では上記のごとく簡単に三つの項目にまとめているわけであるが、この簡潔な要約から、一見まとまりのないようにみえるこの長大な「序文」でヘーゲルが言わんとしていることの核心的な部分がどの辺にあるのかが明瞭に読み取れるということもできるのである。この三項目をヘーゲルの意を汲んでわれわれなりにまとめると次のようになろう。

（1）時代に課せられている「哲学の要求」

（2）かかる時代の要求に応えることができず、哲学本来の使命を忘れて不遜な態度に陥り、哲学の品位を貶めている当代の諸々の哲学に対する批判

（3）時代の産物である諸々の哲学への批判を通して、新しい時代の要求に応えるべき真の哲学を確立するために何が重要であるかを明らかにすること

『現象学』の「序文」は、ヘーゲルがイェーナ期において、いわゆる「青年時代の理想」を「反省形式」を媒介として、何とか「哲学」の手に掬い取ろうとして悪戦苦闘した最終的な成果を、時代の思想的状況との格闘の中で表明したものと言っても許されるであろう。『現象学』に至るまでの若きヘーゲルが他の哲学を批判する場合、総じてそれまでみずから自身が拠っていた立場に対する自己批判でもあることは、青年時代におけるカントの「道徳性」やプラトンに由来する「愛」の思想の受容と批判などを思い起こせば容易に首肯できることである。

ここ『現象学』においても、その「序文」で批判されるカントの二元論、フィヒテの「自我」、シェリングの「知的直観」、ロマンティカーの「直接知」や「愛」の立場は、単に他者の立場の批判にとどまらず、青年時代の一時期ヘーゲルみずからがそれらの立場に立っていたことに対する自己批判でもある(4)。そしてヘーゲルの他の哲学への批判は、単なる全面的な批判ではなく、彼の哲学体系の諸々の契機として新たに位置づけられることになる。こうして他の哲学の批判と自己批判はみずからの哲学体系の中に止揚される。

このように同時代の哲学思想の受容と批判の上に立って、みずからの哲学の独自性を積極的に主張せんとしたのが『現象学』の「序文」であると言えるが、常識をはるかに越えるこの「序文」の長大さとそこに含まれている問題の多岐性のゆえに、「序文」全体についての簡にして要をえた概観を得ることは極めて難しい。そこで先の広告文でヘーゲル自身が「序文」の主な内容として挙げた三項目、すなわち(1)哲学に対する時代の要求(2)同時代の哲学に対する批判(3)真の哲学の確立のための用件、を念頭におきながら、われわれの観点から「序文」を考察することにしよう。

一　同時代認識と「哲学の要求」

(a)「反省文化」と哲学の課題

「哲学の要求」(das Bedürfnis der Philosophie)という言葉自体は、周知のように『フィヒテとシェリングとの哲学体系の差異』(一八〇一年)(以下『差異論文』と略称)において初めて使用される(5)(vgl. II. 20, 22, 24, 45)。

ヘーゲルは、この論文の中で、デカルト以来の近代のヨーロッパ文化を、精神と物体、有限と無限、自由と必然等々といった二元的な対立に刻印づけられている文化とみなし、文化が進展するのにともなって今日ではかかる対立は、「理性と感性、知性と自然、そして一般概念としては、絶対的主観性と絶対的客観性との対立という形式に移行している」(II. 21) と診ていた。

かかる近代以後の二元的文化を、他の論文では周知のように「反省文化」(Reflexionskultur) (II. 181, 298) と呼んでいる。そして、かかる分裂に染め上げられた文化がその頂点に達している、というのがヘーゲルの同時代文化に対する診断であった。

「反省文化」にすみずみまで浸透している分裂や対立が最高度に達しているということは、かかる分裂を克服して「全体性」が回復される前夜でもあるということである。「最高の生命ある全体性は、最高の分離からの自己回復によってのみ可能である」(II. 21-22) とヘーゲルは言う。

このような状況においてこそ、諸々の対立・分裂を克服し、それを一つの生き活きとした全体性にまでまとめあげる「哲学」が要請される。

「人間の生から、統一の力が消え失せ、諸々の対立がその生き活きとした関係と交互作用を失い、自立性をもつようになってしまうとき、哲学の要求が生ずる。」(II. 22)。

「分裂」や「対立」こそ、「哲学の要求」がそこから湧き出てくる源であるというわけである。「反省」によって引き裂かれた時代とその文化が、その成熟の極点に達し、いまやその内に含まれ固定されてしまっている分裂や対立や抗争を止揚すべき新しい哲学が時代そのものによって求められている、というのがヘーゲルの時代認識であった。したがって、「哲学の要求」とは、端的にいうと、「全体性を回復せんとする要求」(II. 24) にほかならない。

『差異論文』では「哲学の課題」が次のように設定される。「哲学の課題は、これら二つの前提(「有限者」と「絶対者」——引用者)を合一すること、すなわち存在を非存在の中へ——生成 (Werden) として、分裂を絶対者の中へ――その現象（Erscheinung）として、有限者を無限者の中へ――生（Leben）として定立することである。」（II. 25）。

かかる『差異論文』の問題意識を受け継いで、時代の隅々にまで浸透した「分裂」や「対立」を、絶対者の「現象」として、「精神の生」の中に位置づけ、こうして絶対者を意識に対して構成することを通じて、時代の病巣を根本から止揚する新しい哲学が時代そのものによって要請されている、というのが『現象学』の著者の時代認識であった。

『差異論文』における「哲学の課題」は、『現象学』では次のように言い換えられていると言ってよいであろう。「精神の生とは、死を回避して、荒廃から自分を清く守る生ではなく、死を耐え忍び、死の中でみずからを保つ生のことである。精神がみずからの真理を獲得するのは、その絶対の分裂の中にあって、そのうちに自分自身を見出すことによってのみである。」（III. 36）。

そしてここには、『現象学』こそ、新しい時代に照応する新しい哲学の生誕地であるというヘーゲルの自負が含まれている。「序文」でヘーゲルが、みずから生を受けている時代を、「誕生の時代」と呼び、「新しい時期への過渡期」（III. 18）と位置づけているのも、かかる自負に裏打ちされてのことであるのは言うまでもないであろう。

(b) フランス革命とヘーゲルの時代認識

新しい時代へと移り変わろうとしているこの時代は、人間の世界を形成してきた「精神」が、次々と古いものを解体しながら、徐々に成熟していき、やがて新しい「日の出」（der Aufgang）（III. 19）によって一挙に新たな「精神」として現われ出てきた時代である。

しかしながら、新しい「精神」の日の出は、それにふさわしく一挙にして突然出現してくるにしても、何も下地のないところから無媒介に突然生まれてきたわけではない。絶えず変化し前進してやまない「精神」は、一つひとつ過去の建物を解体してゆきながら漸進的に進み、通常の人間の意識には見過ごされてしまうようなこの緩慢な量的な変化は、ある限界点に達すると質的な変化を呼び起こし、突如として新しい建物が姿を現わすことになる。

「胎児が長いあいだ静かに養われてきた後、呱々の声をあげるとともに、それまで量的にのみ増加してきた過程の漸次性が中断され、――質的飛躍（ein qualitativer Sprung）――こうして今や子供が生まれるのと同じように、自分を形成する精神も新しい形態に向かってゆっくりと成熟して行き、自分のこれまでの世界の建物の小さな部分を一つずつ次から次へと解体していく。……このようなゆるやかな瓦解は、全体の相貌を変えることがなかったが、やがて日の出によって断ち切られて電光石火、一挙に新しい世界の建物が立ち現われるのである。」（III. 18-19）。

ここで言われている「日の出」とは、フランス革命によって切り開かれた地平から照らし出される新しい「精神」の姿を意味することは言を俟たないであろう。

後年の『歴史哲学講義』においても、フランス革命が「かがやかしい日の出」（ein herrlicher Sonnenaufgang）（XII. 529）に喩えられていることは周知のとおりである。そこにはこの革命に対するヘーゲルの一貫した評価をみてとることができる。

ヘーゲルにとってフランス革命は時代を画する事件であったことは言うまでもないが、それは哲学や思想にとっても決定的に重要な出来事であった。この歴史的事件によってはじめて、人類は、「頭で、すなわち思想で立ち、この思想に基づいて現実を築きあげる」（ibid.）段階に達したのであり、こうして「思想が精神的現実を支配しなければならぬということを認識するに至った」(ibid.)からである。

ここで言われている「思想」とは「人権の思想」(ibid.)のことであり、この革命によって人権思想が一挙に広まり、古い特権や制度は打ち破られ、自由と理性が人間の意志の原理となる。それはヘーゲルにとって、主観的なものと客観的なもの、有限なものと無限なもの、此岸的なものと彼岸的なものが「思想」に貫かれることによって一つになること、すなわち「神的なものと世界との現実の和解」(ibid.)の可能性を高らかに表明した事件でもあったのである。

しかしフランス革命に対するヘーゲルの評価はここまでであって、革命が提起した上記のような二元的なものの「和解」は抽象的で形式的なものにとどまったがゆえに、社会的な分裂がさけられなかったと断ぜられる。人びとの個別的な意志が直接無媒介に普遍的な意志を詐称することによって、「原子としての個別意志の原理」(XII. 534)が王座につき、法や制度といった媒介物を一挙に跳び越えてみずからを主張するに至る。ここにヘーゲルは革命の失敗と革命後の社会的分裂の要因をみたのである(vgl. XII. 534ff.)。

フランス革命に対するこのような評価は、もちろん『現象学』においても変わらない。というよりも『現象学』のフランス革命観がそのまま『歴史哲学講義』に踏襲されていると言ってよいであろう。

(c)「絶対自由」と「無限判断」

周知のように、『現象学』では、フランス革命が産み落とした世界は、「絶対自由」という歴史の中で到達した人間の自己意識の頂点に位置づけられる。

「絶対自由というこの不可分の実体が世界の王座にのぼり、どのような力もそれに対抗することができない。」(III. 433)。

「絶対自由」とは、端的に言うと、すべての実在的なものの中に、直接無媒介に自分自身を確信する自己意識のことであり、いっさいの対象的なものを廃棄して、ただちに自分の意志をその中に読み込む自己意識でもある。「この個別的意識は同時にまた直接無媒介に（unmittelbar）普遍的意識であることを自覚している。」（III. 434）とヘーゲルは言う。

したがってこのような「絶対自由」において個人の意志は、社会の諸々の組織や制度などをくぐり抜けて媒介的に教養をつむことによって普遍的意志へと高められることはなく、むしろ逆にそれら諸集団や諸制度を一挙に超越し破壊して、直接無媒介に普遍意志に高まろうとするがゆえに、いかなる実りある普遍的な仕事や事業も成就することはできないのである。

かくて「絶対自由」の産み出す世界は、一方では他なるものを一切排除してみずからの絶対性を主張する狂暴な個別的意識と、他方では、対象的で多様な媒介物（諸制度や組織など）を超越した単純で冷酷な普遍的意識とが、直接無媒介に結びついている世界であると言えるだろう。この世界にあっては、個別意識と普遍意識は両極をなすと同時に、双方を結びつけるいかなる媒語も存在せず、両者の関係は「無媒介な純粋否定」（III. 436）であって、両極は相互に直接に対立しながら同時に無媒介に結合されている。

したがって、他なるものを媒介とする自己形成を経ずにみずから直接に普遍者を僭称する個別者の行動は、他者の否定（つまり「死」と「恐怖」）に行き着かざるをえないのである（vgl. III. 437）。

以上のように、個別的意識と普遍的意識が直接無媒介に結びつく「絶対自由」の世界であるフランス革命は、――『現象学』の他の箇所で使用しているヘーゲルの論理学の用語を使えば――「無限判断」の世界である、ということになろう。(6)

周知のように、「無限判断」とは、主語と述語が質的にまったく異なっているにもかかわらず、両者を無媒介に関係づける判断である。『現象学』にそくしていえば、「観察する理性」が、対象的な自然の中に「自己」を求め、最後に「頭蓋論」において理性が到達する認識は、「自己は物である」という「無限判断」である（vgl. III. 260f.）。

かかる判断は、一切の対象的なものの中に自分の実在を確信している理性が最後に到達した真理命題であるが、当の理性的な意識にとって、「自己は物である」という無限判断は、質的に異なった主語と述語の無媒介な結合（統一）を表現しているがゆえに、「自分自身を止揚する判断」（III. 262）であり、したがって、この判断は「物は自己である」という正反対の判断をも直接みずからの中に含んでいる。

自然の観察という「存在の形式」（III. 261）において「自己は物である」という真理を見出した理性は、いまやこの判断の思弁性にみちびかれて、「物は自己である」という「対自（自覚）存在の形式」（III. 261）においてその遍歴を続けることになるのである（観察する理性から行為的理性へ）。

以上のことからも明らかなように、「無限判断」は、経験している当の（自己）意識にとって、主語と述語の直接的で無媒介な一致として「表象」されるが、「われわれ」にとっては、「存在」（物）と「自我」（自己）との媒介関係の結節点なのである。「かの無限判断という契機は直接性から媒介あるいは否定性への移行点である。」（III. 260–261）と言われる所以である。

『現象学』の「絶対自由」の世界においても、先に指摘したように個別意志と普遍意志の無媒介な結合である「絶対自由」がその玉座についた「無限判断」の世界として描かれていることは、上記の説明からも容易に推察することができるであろう。

周知のように、『現象学』では「絶対自由」の世界は、「教養の世界」のおける「財富」と「国権」、思想の次元では「啓蒙」と「信仰」の対立の結果として生じてきた世界として叙述されるわけだが、「絶対自由」という自己意識は、このように歴史的にも社会的にも媒介された意識であることを自覚することなく、みずからの絶対性を直接無媒介に主張する。その結果「死」と「恐怖」の世界を現出せしめたこと、さきに言及したとおりである。(7)

（d）新しい「精神」の出現と「哲学の要求」

ところでヘーゲルは、すべての媒介物を直接否定するような「絶対自由」という抽象的な意識が、分裂と対立にすみずみまで浸透されている「教養の国」からどのようにして生じてきたと考えているのであろうか。『現象学』では「絶対自由」の世界は、直接には「有用性」（Nützlichkeit）の世界から導き出される。「有用性」とは教養の世界を支配するに至った「財富」によって規定された功利的な関係であるということができる。「財富」が支配するということは、個別者が絶対的な目的であり、他者は個別者の手段にすぎないものになるということである（vgl. VII. 339 ［§182］）。しかしそれと同時に個人は他者と関係することなくして自分の欲望を全体として満たすことができないから、他者に依存せざるをえない。

「個人が自分の欲求のためにする労働は、自分自身の欲求を満足させるだけでなく、他の人びとの欲求をも満足させる。そして個人が自分の欲求を満足させることができるのは、他の人びとの労働を通じてのみである。」（III. 265）。

こうして各人は相互に「他者を利用するとともに利用される」（III. 416）のである。ヘーゲルはかかる市民社会の人間関係を「有用なもの」と規定する。

「すべてのものは、それ自身において存在しているとともに、他なるもののためにも存在している。すなわち、すべてのものは有用（nützlich）なのである。」（III. 415）。

こうして貨幣を尺度とする富（「財富」）が、「教養の世界」たる近代市民社会の全体をおおうことによって、すべてのものが「有用性」という観点から関係づけられるに至るのである。

かかる「有用性」の観点からすべての対象的なものを止揚して、人間（＝自己）との関係に解消してしまおうとする自己意識が「啓蒙」にほかならない。

「啓蒙」は「有用性」を武器として「信仰」に対して戦いをいどみ、彼岸（神）の国をも「有用性」の世界へと解消してしまう。こうして現実の世界と神的な世界は「有用性」において合一されることになる。

「（有用性において——引用者）これら二つの世界（「信仰の国」と「現実の国」——引用者）が統一されているのである。自己意識が対象を洞見し、この対象において個別的な自己確信（自分の対自存在）をもち、自分自身の享受を得ているかぎりにおいて、こうした対象が有用なものなのである。——こうして天上は地上に移しおろされたのである。」（III. 430-431）。

かくてここにおいて、「教養の世界」として特徴づけられた近代世界の二元論——此岸と彼岸、現実の世界と信仰の世界、等々の対立——は「有用性」という一点において合一され、和解せしめられることになる。こうして生じてきた「有用性」の世界は、しかしながら、「財富」によって生み出された量的で抽象的な関係が支配する世界である。「有用性」に浸された自己意識は、私的効用という一面的で量的な側面からのみ、すべての他者と関係行為するに至るのである。

ここにおいて、すべてのものが「有用性」という功利的で一面的な関係に解消され、自己意識と対象との一切の具体的で多様な関係は否定されることになる。かくて自己意識は諸々の制度、組織、集団という媒介物を直接否定することによって、無媒介に自己の普遍性を主張するに至る。ここにかの「絶対自由」の世界が出現したことは先に述べたとおりである。

「有用性」の世界から生まれた自己意識として、「絶対自由」はみずからの意志が、直接無媒介に普遍意志であることを確信している意識であることをヘーゲルは次のように述べている。

「世界はこの（「絶対自由」という――引用者）自己意識にとって端的に自分の意志であり、しかもこの意志は普遍意志である。」（III. 432）。

「絶対自由」を体現したフランス革命が提起した思想的な課題は、ヘーゲルによれば、先に本章の一の（b）および（c）で述べたように、「自己」と「対象」、「主観」と「客観」、「此岸」と「彼岸」などの二元論の解消、すなわち「神的なものと世界との現実的な和解」であった。こうして出現した理念を担うべき新しい精神は、同時代の人びとの前に直接に存在している。

この新しい精神は同時に、「自分を形成する精神」（III. 18）が紆余曲折を経て獲得した産物（結果）であり、その目的でもあった。しかし「結果」として、あるいは「目的」として直接に現存しているものは、それだけで現実性をもっているのではなく、それはおのれの実現過程と一緒になることによってはじめて現実性をもつことになる。『現象学』の「序文」でヘーゲルは言う。

「事柄はその目的の中に汲みつくされるのではなく、その実現の過程のうちにおいてのことであり、また結果も現実的な全体ではなく、その結果を生んだ生成と合わせた全体なのである。」（III. 13）。

ある事柄を「概念的に把握する」とは、ヘーゲルによれば、その事柄をそれが生まれてくる必然的な過程の産物として把握すること、言い換えれば、存在するものをその生成過程に媒介された結果としてとらえることにほかならない。

こうして時代が引き裂いた「分裂」状況と、歴史過程に媒介された現実を統一的に解釈して、そこから新しい哲学が必然的に要請されている、ということが「哲学の要求」というヘーゲルの言葉に込められていると言うことができるであろう。引き裂かれた現実を止揚して全体性を回復するためには、哲学は、「愛知」という名を脱して体系的な知へと高まらなければならない、というのが哲学の要求であり課題であるというわけである。「哲学を学にまで高めるべき時代がきている」（III. 14）ということが時代そのものによって必然的に要請されている当のものなのである。

時代そのものが要求している思想の課題が出てくる地盤である「分裂」状況とは具体的にいかなるものであろうか。

二　同時代の哲学に対する批判

（a）時代の産物としての「反省哲学」

フランス革命が提起した思想上の課題、すなわち思惟と存在、主観と客観、此岸と彼岸との和解という課題は、先に述べたように「有用性」に規定された自己意識である「絶対自由」の抽象性のゆえに歴史的現実的には実現するには至らず、問題は将来へと残されることになった。

当代の諸々の哲学は、地上的なものと天上的なものの和解というフランス革命が切り開いた思想的な地平に立つことができずに、近代の「反省文化」に影を落としている二元論的パラダイムにからめとられて相互に対立し合いながら本来の哲学から遠ざかっている、というのが『現象学』の著者が同時代の諸々の哲学に下した評価であった。

かかる同時代の哲学を、『現象学』の自己広告文でヘーゲルが「現在、哲学の品位を貶めている哲学的な諸形式の越権や横暴」という言葉で批判的に特徴づけていたことはこの章の冒頭で紹介したとおりである。

哲学の品位を汚している、とヘーゲルが言うところの当代哲学の横暴で越権的な行為とは具体的にいかなるものであろうか。

ヘーゲルにとって、理性をそのエレメントとする哲学は、部分的な知であってはならず、全一的な知でなければならなかった。哲学とは有限なものをみずからの中に含む無限なものを対象とする学であり、したがって有限と無限の実在的綜合たる「理念」こそが「真の哲学」の対象である。ヘーゲルはすでに『教授資格取得論文テーゼ』(一八〇一年)の第六テーゼで「理念は無限なものと有限なものの統一であり、すべての哲学は理念のうちにある(Idea est synthesis infiniti et finiti et philosophia omnis est in ideis.)。」(II. 533)と語っていた。

そしてこのテーゼの翌年に書かれた『信と知』では、かかる有限と無限の絶対的統一たる「理念」は、実現することができない「要請」ではなく、「唯一の真なる実在」であると表明される[8](vgl. II. 302)。

こうして哲学とは理性的認識に基づくものであり、それは本来「理念」を対象とする学である。ところが当代の哲学は、有限と無限の絶対的な綜合たる「理念」を引き裂き、「絶対的なもの」(=理念)を有限者の彼岸に置くことによって、理性的な認識を断念してしまうのである。

ヘーゲルは、『信と知』で、同時代の哲学を以下のように特徴づけて批判する。

「理性はみずからが絶対的なもののうちに存在することを断念すべきであり、ただちに絶対的なものから排除され、そして絶対的なものに対してもっぱら否定的にふるまうというような、以前なら哲学の死とみなされたことが、今や哲学の最高の眼目となったのである。」(II. 289)。

主観性(概念)と客観性、有限と無限の絶対的統一たる全一的な知であるべき哲学は、その崇高な「理念」から離れて、感覚的なもの、現象、有限なものを唯一の実在と認め、無限なもの、永遠なものを「無」(II. 410)とみなして、理性的認識の彼岸に押しやっている、というわけである。

こうして当代の哲学は、無限なものの認識という哲学固有の目的を放棄して有限性の中に閉じこもることによって哲学本来の使命を忘れ、みずからの品位を貶めているのである。

全一的なもの、無限なものの認識を断念して、有限な世界を住み処として、そこに絶対的な実在性を確信している当代の哲学は、『信と知』では、「絶対的な有限性および主観性の独断論」（II. 380）とか「有限性の実在論」（II. 297）などと呼ばれて批判の俎上にのせられていた（本書第六章の四を参照）。

有限なものと無限なもの、あるいは主観性と客観性が極限にまで分離され、絶対的に固定されてしまっているのが「反省文化」の病因であり、かかる病の元凶たる絶対的な二元性を止揚して全体性を回復することを哲学の課題にしていたことはこれまでにも繰り返し言及してきたとおりである。

かかる哲学の課題を果たすためには、まず強固な二元性に固執している当代の哲学を批判的に吟味する必要があることは言を俟たない。

（b）『信と知』における「反省哲学」の批判

本書の第五章でやや詳しく考察したように、ヘーゲルは『信と知』（一八〇二年）において、上記のような二元論的パラダイムという同一の枠内にとどまりながらも、同時に互いに異なり対立し合ってもいる当代の代表的な哲学としてカント哲学、ヤコービ哲学、フィヒテ哲学を挙げ、これらの哲学をひとまとめにして「主観性の反省哲学」と規定し、批判の俎上にのせている。(9)

ヘーゲルが上記三者の哲学を「主観性の反省哲学」と呼ぶのは、先に述べたように、それらの哲学が、有限と無限、主観と客観を「反省」あるいは「悟性」によって分断し、有限なもの、主観的なものにのみその実在性を認めて、無限なものを人間の認識の彼岸に置くからである。

かかる二元論的パラダイムの中に生息し、有限で主観的なものに知の真理規準を求めること――これが「主観性の反省哲学」に共通して見出される特徴である（vgl. II. 295）。

「反省文化」の所産であるこのような二元論的哲学（＝「反省哲学」）を内在的に批判して、時代の混迷の元凶となっている「分裂」や「対立」を克服する視座を獲得し、よってもって、みずから新しい時代に照応した哲学の担い手たらんとしようというわけである。

「主観性の反省哲学」として一括されているカント哲学、ヤコービ哲学、フィヒテ哲学をいかにヘーゲルが批判的に継承しているのか、――この問題を簡単にでも振り返っておくことが、『現象学』の「序文」を理解するために必須の作業である言ってもよい。というのも「反省哲学」の内在的な批判を通してはじめて彼独自の「媒介」の哲学が『現象学』序文で表明されるからである。

ヘーゲルはこれら三哲学に共通する原理を、上記のように、有限と無限の絶対的な区別と無限なものの認識不可能性において認めながら、その内部で相互に対立する側面をも持ち合わせていることを指摘する。すなわち、カント哲学は、反省哲学全体の「客観的側面」を表わし、ヤコービ哲学は「主観的側面」を、そしてフィヒテ哲学は「両側面の綜合」を表わしているとされる（vgl. II. 296）。

このような規定は、一見すると、はなはだ図式的にみえなくもないが、ヘーゲルにとってはみずからの哲学の正当性を導くための必然的な諸階梯でもあると言える。以下、カント、ヤコービ、フィヒテの三者の「反省哲学」をヘーゲルがいかに解釈しているか、『信と知』に即しながら、順を追って大まかにでも振り返っておかなければならない（この点に関する立ち入った考察は、本書第五章の二、三、四を参照されたい）。

カント哲学

「反省文化」をそれぞれの立場から体系化しているこれら三者の哲学の中で、カント哲学こそ「反省文化」一般をその原理において止揚するための最も根源的な問題を提出している、とヘーゲルは考える。カント哲学が——後年のヘーゲルの言葉を借りると——「近世ドイツ哲学の基礎と出発点」（V. 59）をなすことはヘーゲルの若い時からのゆるぎない確信であったと言ってよいだろう。

ヘーゲルはシラーに倣って、カント哲学に「二種類の精神」（II. 269）を見ているが、この言葉からも明らかなように、ヘーゲルは一方では、カントの言説の中にみずからの求める思弁的な理念の原理を探り当てるとともに、他方では、それを「反省」によって根こそぎにし、主観的なものにまで貶めてしまうカントを批難するのである。(10)

周知のようにカントは、「現象」と「物自体」を架橋するのは、人間の認識にとっては不可能である、と考えた。カントによれば、人間の認識能力の中で、有限な「現象」を認識するものは「悟性」であり、現象を超えた無限な「物自体」を認識するのは「理性」の能力である。「内容なき思想は空虚であり、概念なき直観は盲目である」(11)という周知の言葉に言い表わされているように、カントは、経験に基づく「現象」の認識を、真理を構成する絶対的認識と見定め、「物自体」の認識は経験的な内容を含まないがゆえに空虚なものと断じた。

カントは学としての形而上学の可能性を、「ア・プリオリな綜合判断はいかにして可能か」という周知の問いの中に求めた。しかしカントは悟性につながれた有限な経験的認識を唯一可能な認識であると主張することによって、無限なものの理性的認識を断念しまった。

しかしながらヘーゲルにとっては、このア・プリオリな綜合判断のうちには、「主語」と「述語」、「特殊」と「普遍」、「存在」と「思惟」が絶対的に同一であるという「理性の理念」が言い表わされているのである（vgl. II. 304, 318）。

かかる「理性の理念」あるいは「思弁的理念」(II. 388) は、ヘーゲルによれば、思惟の生み出す概念(カテゴリー)が対象に対して客観的に妥当するのはいかにしてか、という「権利問題」を扱っている『純粋理性批判』中の「先験的演繹論」において、事実上表明されているのである。

そしてカントが「先験的演繹論」の「最高点」[12]と呼んでいる「純粋統覚」の統一の中に、ヘーゲルは、主観と客観との根源的で絶対的な同一性としての真正の観念論の原理を認めるのである。周知のように、「純粋統覚」とはカントによれば、あらゆる表象に伴っているところの「私は考える (ich denke)」という表象、つまり「自己意識」[13]のことであり、対象の認識はこのような自己意識の同一性によってのみ成立する。この「統覚」「純粋統覚は、一切の可能な直観における多様なものを綜合する原理を与える」[14]とカントは言う。この「統覚の根源的綜合的統一」[15]こそ、ヘーゲルによれば、思惟と存在、主観と客観がそこから分かれ出てくる「第一のもの、根源的なもの」(II. 308) であって、それはカントが考えたように単なる主観的なものではなく、真に無限なものとしての「自体」(Ansich) (II. 309 usw.) であり、対立するものの真の綜合である「理性」(II. 308) そのものにほかならない。

カント哲学に事実上みられる上記のような「真の思弁的側面」(II. 328) は、カント自身によって蹂躙されてしまい、主観＝客観としての自己意識(「純粋統覚」)の根源的統一は、対立の一方である主観的なものに追いやられ、有限化されてしまうのである。

ヘーゲルは、カントが経験につながれた悟性概念による認識を、「現象」と呼んだことを機会あるごとに賞賛する (vgl. II. 341, 363, VIII. 122 [§45 Zusatz], 146 [§60 Zusatz 1] usw.)。しかし他方でカントが、悟性による現象の認識を独断的に唯一のものとして絶対化し、現象を越える理性的な認識を虚妄としてしりぞけることにヘーゲルは反対する。これはヘーゲルの後年の言い方をすれば、カントの悟性による認識とは「対象を真に認識しないところの真なる認識」（V. 39）という自己撞着にほかならないからである。

かかる自己矛盾にカントが陥った原因は、ヘーゲルによれば、かの「アンチノミー」に対する不完全な解決の仕方にある。

カントはアンチノミーのうちに悟性概念の有限性を認め、それを「現象」と呼んだことをヘーゲルが高く評価したことは、先に言及した。しかしカントは、悟性が経験を越えたものを認識しようとするとアンチノミーに陥るがゆえに、人間の認識は経験（現象）を越えてはならない、と結論づけるのである。

アンチノミーを招来するがゆえに、思惟（悟性）による規定を「現象」の規定にすぎないとカントは一方で認めながら、他方ではこの経験に基づく「現象」の認識を唯一の認識として、絶対化してしまうのである。こうしてアンチノミーは、「現象」（有限）と「物自体」（無限）を媒介するのではなく、逆に両者を切断することによって、真実在の認識を経験（現象）界に限ってしまうことになる。

かかるアンチノミーの解決の仕方は、ヘーゲルにとって、現象の認識にすぎないものを真実の認識であると誤認することにほかならない。それゆえ、アンチノミーはカントにおいては現象を越えて、より高次の真理（理性）へと向かうための媒介ではなく、逆にアンチノミーを主観的なものに貶めることによって、現象の認識を絶対化してしまうのである（vgl. II. 319）。

こうしてカントにあってはアンチノミーはいささかも解決されてない。

ヤコービ哲学

カテゴリーを、主観的なものというよりもむしろ、制約されたもの、という観点から正しく理解したのがヤコービである。ヤコービは次のように言っている。

「われわれが概念把握できる形で生じ現存すべきすべてのものは、条件づけられた形で生じ現存しなければならない。そうであるならば、われわれが概念把握するかぎり、われわれは条件づけられた諸条件の連鎖のうちにとどまっていることになる。[16]」

ヤコービにとって、認識とは原因－結果の連関による論証の全体であるが、われわれの経験する有限な世界の認識は、制約された理由（原因）に基づいて制約された帰結（結果）を導き出す一連の説明であるがゆえに、制約された連鎖のうちにとどまらざるを得ない。

ヤコービは、思惟の産物である悟性概念を有限な制約されたものと考え、概念に基づく認識は有限なものを越えることができない、と主張する。したがって無限なものは概念による認識によってはとらえられないものであって、それは信仰にゆだねられるほかないことになる。

「（ヤコービにおける——引用者）この信仰は、永遠なものを絶対的な客観（客体）として定立し、認識をこの客観から分離され結びつけられぬものとして定立し、こうして認識は、主観的なものおよび形式的な知としてしか承認されないことによって理性的な認識を排除してしまうのである。」（II. 381）。

こうしてヤコービにあっては、信仰と概念的思惟とは対立するものであり、無限なもの（神）についての理性的認識は、制約され媒介されている概念的知をまったく含まない「直接知」となる。ここに無限者の認識能力である「理性」は、「直接知」という、無限者に対する主観的な「憧憬」や「苦悩」へとその姿を変えるのである（vgl. II. 394）。

ヘーゲルがヤコービ哲学を「反省哲学」の「主観的側面」を表わしているというのは、このような理由からである。他のものに制約され媒介された認識は、その有限性のゆえに無限なものをとらえることができない、というヤコービの洞察をヘーゲルは評価する。

しかしヤコービはそこから無限者（神）に関する知は直接的で無媒介なものとしての「信仰」でなければならないと結論づけたが、ヘーゲルによれば、それは有限なもの（媒介されたもの）が自分自身を止揚して全一的なものに高まるという有限者の本性をヤコービが見誤ったからである。だからヘーゲルはヤコービ哲学を以下のように評するのである。

「（ヤコービの論文では――引用者）経験的意識が理性的直観の中で没落し、一切の有限性が無限なものの中に沈み込み、そして孤立した悟性でも孤立した理性でもない自体としての一つの全体性だけが認識される、という具合には理解されていないのである。」（II. 375）。

フィヒテ哲学

周知のように、フィヒテ哲学の原理は、主観と客観の同一性たる「自我＝自我」であり「知的直観」である[17]（vgl. II. 52）。フィヒテはかかる絶対的同一性から、すべての知の形態を内在的に演繹しようとする。カントが明らかにした「純粋統覚」における自己意識の根源的統一をフィヒテは無制約な自我の自己定立の働きとみなし、これをみずからの哲学体系の基礎にすえることによって、ここから「全意識の体系的導出[18]」を試みた。

かかるフィヒテ哲学の側面を、『差異論文』では「思弁の真の所産」（II. 115, vgl. II. 51）と讃えられ、後年の『エンツィクロペディー』では、自我の産出する思惟諸規定をその「必然性」において「導出」（ableiten）しなければならないことに注意をうながしたのは、フィヒテの「はかり知れない功績」であると賞賛されている（VIII. 117 [§42], vgl. VIII. 147 [§60 Zusatz]）。

しかしながらフィヒテ哲学における自我＝自我という体系の原理は、「知識学」の最初に直接無媒介に主張される（第一原則）ため、ただちに非我が自我の外部から対立してくることになる（第二原則）。かくて体系の原理である自我＝自我という第一原則は、ただちに「非我」（客観）によって制約を受けることになる。そこで思弁的な関心から自我と非我の綜合が企てられるが（第三原則）、自我＝自我と非我との対立はフィヒテにあってはどこまでも前提とされているため、両者の綜合は思弁的な真の総合ではなく、「部分的な綜合」（II. 60）でしかありえない。

部分的綜合はまたあらたな部分的綜合を呼び起こさざるをえず、かくて綜合はどこまで行っても成就されず、「無限進行」（II. 70, 414）となる。かくて自我＝自我なる絶対的同一性は、フィヒテにおいてはヤコービと同様、認識の彼岸（信仰）にあり、主観的な「要請」（II. 415）にとどまらざるをえず、知は「自我は自我に等しくない」という非同一性（反省）を越えることができないのである（vgl. II. 409）。

かくてフィヒテの哲学体系においては、自我＝自我という絶対的な同一性が思弁の原理として宣言されるが、それはあくまでの要請にとどまって、体系にまで構成されるに至っていない、というわけである（vgl. II. 60–61）。

（c）『精神現象学』「序文」における「反省哲学」の位置づけ

以上述べてきた「反省哲学」に対するヘーゲルの評価をここで簡単にまとめておこう。ヘーゲルはカント哲学の中に、二つの「精神」を認める。すなわち、カントは、一方では、「現象」（有限）と「物自体」（無限）を厳格に区別するが、同時に他方では、カント哲学の中には、かかる二元論自身を内在的に止揚する論理が用意されている、というのである。

「カテゴリーの演繹」においてカントは、多様な現象を自己意識の自我の下に統一するはたらきを「純粋統覚」

と呼んだが、統覚の根源的な統一こそ、ヘーゲルによれば、主観と客観がそこから分かれ出てくる第一の根源的なものであり、したがって「真実在」そのものなのである。

多様な現象と自己意識（自我）を媒介するのが純粋悟性概念であり、カテゴリーである。このようにヘーゲルによれば、カントはカテゴリーの演繹において、思惟と存在、主観と客観の同一性としての「理性の理念」を事実上表明していたのであるが、悟性のカテゴリーによって無限なもの（理念）を認識しようとするとアンチノミーに陥ることからカントは、人間の認識は経験を越えてはならない、という結論を引き出した。

こうしてカントは主観と客観を媒介するはずのカテゴリーを客観的なものから反転させて、何か主観的なものに貶めてしまった。しかしヘーゲルからすると、悟性のカテゴリーがアンチノミーに陥るのは、カテゴリーが主観的なものだからではなく、制約されたものだからである。

ヤコービは、悟性概念を有限で制約されたものとみなすことから出発する。概念による認識は、有限な現象世界をさまよい彷徨するがゆえに、制約され条件づけられた認識である。したがって悟性認識は、制約された原因によって制約された結果を導き出すことであって、認識はあくまで制約された連鎖のうちにとどまらざるをえない。それゆえ無限なもの（神）に関する知は、制約され媒介された悟性概念によっては把握することはできず、「信仰」（「直接知」）にゆだねなければならない。

ヘーゲルは、ヤコービが悟性認識を制約された有限な知であることを明白にしたことを多とする。しかしヤコービが、そこから無限なものの知が制約や媒介を含まない無媒介な直接知（信仰）であると結論したことに異をとなえるのである。

後年ヘーゲルが「ヤコービは、媒介の中で媒介自身を止揚するという本質的な思惟の本性を認識しなかった」（VIII. 133［§50］）と批判しているように、制約され媒介された悟性認識は、「アンチノミー」を介して自分自身を理性的認識へと高めるという「思惟の本性」にヤコービは気づかなかったというわけである。

フィヒテは、主観と客観がそこから分かれ出てくる「自己意識」――カントが「純粋統覚」の中に見出していたもの――の根源的同一性たる「自我＝自我」から出発する。そこからフィヒテは諸々の知の形態を内在的に演繹しようと試みる。かかるフィヒテの企てを「はかり知れない功績」とヘーゲルがほめたたえたこと、先にみたとおりである。

しかし、フィヒテにあっては、体系の原理である自我＝自我が、直接無媒介に主張されることによって、たちまち非我によって制約されることになり、この対立を克服するために、自我は無際限な「努力」[19]に駆り立てられることになる。こうして自我＝自我は無限の「要請」とならざるをえない。

かかるフィヒテ哲学の欠陥を乗り越えるためには、経験的自我が非我との対立を通じて絶対的な自我へと高まる長い媒介の道程を経なければならないだろう。こうして『現象学』への道が用意されることになる。

以上のようなイェーナ初期の反省哲学批判を踏まえて『現象学』が執筆されるわけであるが、『現象学』ではそれに加えて、反省哲学が出現する思想状況を歴史的な観点から位置づけ直すことによって、ヘーゲルみずからの新しい哲学が生まれる歴史的必然性をも示そうとしていると言ってもよいであろう。

ヘーゲルはこのような二元論的なパラダイムの中に絡めとられるに至った当代の思想状況が出現した歴史的経緯を、『現象学』の序文の中で以下のように三段階にわたって描いている。

(1) かつて有限な人間は思想と表象を通じて、天国(無限なもの)と直接に結びついていた。有限なものと無限なもの、地上(此岸)と天上(彼岸)は、思想や信仰の糸によって結びつけられ、此岸の生と彼岸の生は直接に和らぎを得ていた。

かつての人びとのこのような「実体的な生」（III. 15）をヘーゲルは次のように美しく語っている。

「かつて人間は、豊かな思想と表象に飾られた天国をもっていた。存在するあらゆるものは、光の糸によってその天国につながり、この糸によって存在の意義を得ていた。人びとの眼はこの現在に停滞することなく、かの光の糸をたどって現在を越え、神的な実在にそそがれ、いわば彼岸によこたわる現在にそそがれていた。」（III. 16）。

（2）しかし、やがてかかる美しい調和の世界は引き裂かれ、地上と天上、此岸と彼岸、有限なものと無限なものは架橋不可能なものとして相互に対立するようになり、人びとの眼はもっぱら地上的なもの、有限なものにそそがれるようになる。ヘーゲルは言う。

「精神の眼は力づくで地上のものに向けられ、それを見つめるように仕向けられねばならなかった。——現在的なものそのものへの注目、経験とよばれるものを、関心のひくもの、価値あるものたらしめるためには、長い時間が必要であった。」（III. 16–17）。

近代社会になって、人間はそれ以前の中世的な神中心の世界から脱け出し、地上的なもの、経験的なもの、現在的なもの、一言で言えば有限なものに目を向け、そこに真実のありかを求めた結果、神的なもの、彼岸的なもの、無限なものは、人間の手に届かないものとして背後に押しやられしまった、というわけである。

（3）しかるに今日では逆に、神的なもの、天上的なもの、無限なものを再び人間の手に取り戻すために、以前人びとが天上から地上にその眼差しを向け変えたときに劣らぬ努力が払われているのである。

「今度は人びとの心が地上的なものにあまりにもかたく根をおろしているので、そこから引き上げるのには、以前と同じくらいの無理やりの力が必要のようである。砂漠をさすらう人が、せめてただ一掬の水を、と焦がれるように、精神の英気を取り戻すために、神的なもの一般をわずかでも感じ取ろうとあこがれているかに見えるほどみすぼらしい姿をしている。」（III. 17）。

以上のように、有限なものと無限なもの、地上的なもの（此岸）と天上的なもの（彼岸）を分離する反省哲学が出現する歴史的土壌を踏まえて『現象学』が執筆されるわけであるが、『現象学』では、まずなによりも「直接知」に立脚するヤコービをはじめとするロマンティカー全般が厳しく批判される。

「思想のなす区別を一緒くたにし、区別する概念を抑圧して本質についての感情を再興すべきだと主張し、洞見よりもむしろ信心（Erbauung）を認めるべきだと主張するのである。……概念ではなく忘我が、事がらが進展してゆく冷厳な必然性ではなく、湧き上がる感激こそが実体の豊かさをつかまえ、広めていくものだというのである。」（III. 16）。

『信と知』（一八〇二年）においてはまだ批判されていなかったシェリングの「知的直観」の立場も、ここ『現象学』では、経験や現象の世界を一挙に跳び越えて、内容をもたない空虚な「形式知」（vgl. III. 21）として、ロマンティカーともどもヘーゲルの批判を浴びることになる。

ヘーゲルが『現象学』の「序文」で、シェリングを含めた「直接知」の立場に立つ人びとをとりわけ厳しく批判するのは、「物事の限定を軽蔑して、概念と必然性とをもって、ただ有限なものの中に住まうにすぎぬ反省であると見て、故意に概念と必然性から遠ざかる」（III. 17）からである。

かかるヘーゲルの言の中に、『信と知』におけるヤコービの批判が反映されていることは贅言を要しないであろう。概念による事がらの必然的な展開を無視して、直接無媒介に真理のうちにあるという「うぬぼれ」や「傲慢」に対してヘーゲルは厳しい批判をひかえないのである。

これに対して、カントやフィヒテは、不充分ではあったが、「概念」を媒介として真理に至りつこうとした。

先にも述べたように、ヘーゲルは、カントから、悟性的認識が「アンチノミー」を媒介として理性的認識へと至る道を読みとった。

フィヒテからは、絶対的自我が諸々の経験的な自我を介して、みずからを一つの有機的な形態へと組織化する方法をヘーゲルは学びとっていた。こうしてヘーゲルは、「意識」あるいは「自我」が「現象」の認識（＝悟性認識）を媒介として、絶対知（＝理性的認識）へ至る道を、一つの学として提示するに至る。このことを以下において『現象学』の「序文」に即してみていこう。

(d)「反省文化」のパラダイム――啓蒙とロマン主義の対立

先に言及したように、ヘーゲルは『現象学』の「序文」で、当代の思想状況を歴史的パースペクティヴの中でとらえている。近代以前から近代にかけて、そして近代の末端としての当代への人間の生の移り行きをヘーゲルは、実体的生⇓反省的生⇓神的生として把捉し、それに照応する思想の諸段階を、古い形而上学⇓経験論（啓蒙主義）⇓直接知（ロマン主義）というシェーマで考えているのである（本書の第六章四を参照されたい）。

そしてこれら三つの思想的立場は、後年の『エンツィクロペディー』では、「客観性に対する三つの立場」として定式化され、知（主観）と対象（客観）の同一性をそのエレメントとするヘーゲル自身の『論理学』への導入部という意味を含ませて、「予備概念」（Vorbegriff）というタイトルのもとに、批判的に考察されることになる。

このような思想史的パースペクティヴをもつ『現象学』の著者にとって、当代の思想状況というのは、一方では、地上的なもの、経験的なもの、有限なものを絶対化し、そのなかに真理のありかを求め、神的なもの、無限なものを人間の認識の彼岸へ押しやることによって忘却の川へ流し去り（啓蒙主義）、他方では、汚物にみちた有限な経験的世界を一挙に跳び越えて、神的なもの、無限なものをたぎり立つ「霊感」や「直観」によってとらえようとする(ロマン主義)――というような相対立する思想の闘争場であった。

啓蒙主義とロマン主義の対立――両者は絶対的に対立しながらも、全体としての反省文化の分裂状況を担っているものとして、相互に前提し補完し合ってもいる。かかる状況こそ『現象学』の著者にその解決をせまっている当のものなのである。それゆえ「序文」でヘーゲルは問題となる本質的状況を次のように指摘する。

「この対立(啓蒙主義とロマン主義の対立――引用者)は学問的教養が現在それを解決しようと骨身を削りながらまだ充分に理解していない最も重要な問題であるまいかと思われる。一方の側は材料の豊富さと悟性の分かりやすさを誇り、他方の側は少なくともこの悟性の分かりやすさを軽蔑し、直接的な理性性と神々しさを誇りとしているのである。」(III. 20)。

三　「媒介」の体系としての『精神現象学』の生成

(a)「反省哲学」批判から体系的な知へ

感覚と悟性によってとらえられた有限な経験的世界を真理の唯一の住み処とする啓蒙主義と、「直観」や「霊感」によって直接に神的なもの、無限な実体的なものをとらえようとするロマン主義との対立を全一的な観点から和解せしめることが、『現象学』の課題となる。

この課題を達成するためには、啓蒙が主体化(主語化)した有限な感覚的世界とロマン主義が実体化した無限な神的世界との両世界を、単に対立したものとしてみるだけではなく、同時に本質的に一なるものとしてとらえ返す視点に立たなければならない。

すなわち、その視点とは、有限なもの(感覚的経験的世界)と無限なもの(理性的神的な世界)は相互に対立しているだけではなく、前者を後者の「現象」とみなすことによって、両者は相互に他を媒介としてのみその存立を得ている、ということである。無限なものは有限者を媒介としてのみ真の無限者となり、有限なものは無限者を介してはじめてその存立が可能であるというわけである。

かかる視座に立つことによってはじめて、有限なものを絶対化する啓蒙主義の一面性と、これとは逆に無限なものを有限なものと切り離して実定化するロマン主義のもう一つの一面性を止揚することができるのである。二元的分裂に刻印づけられた反省文化の所産である啓蒙主義とロマン主義は、反省文化の二元的パラダイムの中で相互に対立し補完し合いながら、双方ともこのパラダイムを乗り越えることができない。

ヘーゲルは、対立している双方を包み込む全一的な知の立場に立つことによって、新たな知の枠組みを創出しようとする。そのような知は必然的に体系的な知とならざるをえないであろう。これこそ『現象学』の著者にとって、時代そのものが哲学に要請しているものなのである。

(b) 新しいパラダイム論としての「精神」の現象学

反省文化とその落とし子たる反省哲学によって分断された有限と無限、地上的なものと神的なものを和解させるべき全一的な知が時代そのものによって求められている。

「哲学を学にまで高めるべき時代がきているのを証示するということが、この目的をもつ試みのただ一つの真なる正当化であろう。なぜなら、時代はこの目的の必然性を明らかにするであろうし、それどころか実現しさえするであろうからである。」(III. 14)。

無限なものは直接にわれわれに与えられているわけではない。われわれに直接に現前しているのは、無限者の「現象」としての有限な世界である。それゆえ有限な「現象」を媒介として、無限なもの(絶対的なもの)を意識に対して構成することが『現象学』の課題となる。

『精神現象学』という題名がここに由来することは言うまでもない。われわれに直接与えられている「現象」を、「物事の限定」による概念の必然性を通じて「現象」の総体へと至りつくこと――それは一つの学的な体系を要求するであろう。かかる体系は、一人の哲学者の頭の中にのみ存在するのではなく、時代そのものが要請している当のものなのである。

「意識は普遍的な精神とこの精神の個別性、すなわち感覚的な意識との間の媒語としての意識の諸形態の体系をもっているのであり、しかもこの体系は全体にまでみずからを秩序づける精神の生であるが、この体系こそ本書（すなわち『精神現象学』――引用者）で考察される当のものであり、しかも世界史として、自分の対象的な定在をもっているのである。」（III. 225）。

意識はその最も直接的なものである感覚的な意識から出発し、その道程に宿駅として設けられている意識のさまざまな形態を経めぐることによって、その目的地である普遍的・絶対的な意識（絶対知）へと一歩一歩近づいていく、その過程を叙述するのが、周知のように「意識の経験の学」としての『精神現象学』である。

かかる道程の体系的な叙述は意識とその対象との関係の中でおこなわれると共に、その現実的な定在を歴史の中にもっているのである。したがって意識が経験する道行きは、人間の意識の発展の歴史をその背後にもっており、意識自身が積んでいく「教養の歴史」は、「影絵でかたどられた世界の教養史」（II. 27）でもあるのである。

（c）媒介知としての「悟性」＝「反省」

ところで、個別的で感覚的な意識が、途中の宿駅である諸々の意識の諸形態をくぐりぬけ、これら諸形態に対応する諸々の対象を媒介として普遍的な自己知（絶対知）へと導かれるとき、この個別的な意識と普遍的な知を媒介するものは何であろうか。

物事を区別し分離する能力としての「反省」あるいは「悟性」こそが、かかる媒介知を担うものとして指示される。「悟性」は、「学」（絶対知）と非学的知（感覚的意識）を媒介するものとして、『現象学』ではじめて位置づけられることになるのである。

「完全に限定（規定）されたものであってはじめて同時に公教的であり、理解することができるものであり、学習されることができ、すべての人の所有するところとなりうるのである。学の悟性的な形式は、すべての人びとに提示され、またすべての人びとに平坦にされた学への道であり、悟性を通じて理性的な知に至ろうとするのが、学へと向かう意識の正当な要求である。」（III. 20）。

デカルトが、「良識《ボン・サンス》」という、すべての人に分け与えられているところの、真と偽を区別する判断力に訴えて、彼の学問体系を構築したように、ヘーゲルも、「悟性」が生み出すしっかりと「区別する概念」（III. 16）を媒介項とすることによって、すべての人が理解しうる「公教的な《エクソテーリッシュ》」哲学の体系をめざす。

もちろん、哲学はそれ自体としては、人びとの一般的な「常識」とは正反対な「秘教的な《エソテーリッシュ》」ものである。ヘーゲルはイェーナ初期に次のように語っていた。

「哲学とは、その本性からしてある秘教的なものであって、それ自身としては庶民のためのものではない。また大衆の近づきうるものでもない。悟性に対して、したがってまたなおさらのこと常識……に対して真正面から対立することによってのみ、哲学は哲学なのである。このような常識との関係で言えば、哲学の世界は逆立ちした世界（eine verkehrte Welt）なのである。」（II. 182）。

ヘーゲルはアリストテレスと同様に、民衆が、哲学にまで高まる可能性を認めていると共に、哲学が民衆の「常識」にまで身を落とすことを戒めているのである。問題は、民衆の「常識」を「哲学」へと媒介すること、「公教的」なものから「秘教的」なものへ導くことである[20]。

周知のように『現象学』は人びとの常識をそのエレメントとする「自然的意識」を出発点として、この意識が絶対的な精神へとみずからを形成するところの「意識の教養の詳細な歴史」（III. 73）を叙述する。最初の「自然的意識」は、意識と対象、主観と客観といった二元的対立に刻印づけられた反省文化によって育まれた「常識」を体現した意識である、と言ってもよいであろう。

「自然的意識」が自然だと言われるのは、この意識が反省文化の所産であるにもかかわらず、意識と対象との対立を固定したままでいることが「自然」だと思い込んでいるからにほかならない。「自然的意識」は、みずからの意識が反省文化といういわば人為的なものの産物にすぎないのにもかかわらず、自然本来の意識であると思い違いをしている、というわけである[21]。

悟性的反省を媒介として自然的意識を哲学知へと導くことが『現象学』の課題となる。

「この叙述（現象知の叙述――引用者）は真なる知にまで突き進んでいく自然的意識の道程であるとみなすことができる。言い換えれば、魂が、みずからの本性によってあらかじめ設けられている諸々の駅としてのみずからの一連の諸形態を遍歴していき、その結果、自分自身を完全に経験することによって、自分が自分自身において何であるかについての知に至りついて、精神にまで純化せられるときの道程であると、この叙述はみなすことができるのである。」（III. 72）。

このような「自然的意識」の道程は、文字通り自然で実在的な知だと思い込んでいるこの意識の知が、真理に反するものであることを自覚していく道行きでもある。それゆえ、それは「疑惑の道程」であり、さらに言えば、「徹底的に完遂される懐疑主義」であり、したがって「絶望の道」でもある（vgl. III. 72）。

悟性的反省が「自然的意識」と「絶対知」とを媒介するものだとすれば、「絶対的なもの」すなわち全体的真理の把握のためには、「反省」あるいは「悟性」は、全体的認識にとって不可欠な媒介知でなければならない。「もし反省を真なるものから排除して、絶対者の積極的な契機として把握しないというようなことがあれば、それは理性を誤認しているというものである。反省こそ真なるものを結果となすところの当のものであるが、しかし同時にまた結果がその生成することに対してもつ対立を止揚するのもまた反省なのである。」(III. 25)。

(d)「実体」＝「主体」――「媒介」の体系の成立

周知のようにヘーゲルにとって、「真なるものは全体である。」(III. 24)。全体は個々の構成部分の寄せ集め(Aggregat)ではなく、諸部分の相互関係の総体(Totalität)としての有機的全体である。個別的なものから出発して、個々のものの相互連関を通じて、全体を構成すること、特に『現象学』の課題は、それを意識に対して構成することである。

その場合、個は有機的全体の一部であるから、個と全体は本質的に一なるものであり、個は全体の「現象」あるいは「反照」(Reflex)としてとらえられる。このことを認識論的に言えば、現象知を全体知(絶対知)の反照(＝反省)された知(反省知)としてとらえ返すことにほかならない。

したがって、全体(絶対知)は、みずから自身が反省(反照)した現象(反省知)を媒介にしてみずからを構成することに向かわなければならない。全体(実体的なもの)はかかる意味において、現象を媒介としてのみ、「自己自身となる生成」(III. 23)なのであり、それゆえ「主体」でもある。『現象学』の「序文」で、ヘーゲルがみずからの実体＝主体説を次のように述べる所以である。

「生ける実体とは、真実には主体であるところの存在、言い換えると、真に現実的である存在であるが、そうであるのは、もっぱら実体が自分自身を定立する運動であるかぎりにおいてのことであり、すなわち、自己が他になることを自分自身と媒介することであるかぎりにおいてのことである。」(III. 23)。

こうして「意識」にとって、全体(実体的なもの)は、自分自身を定立するところの主体であり、「反省」(「悟性」)を媒介にしてのみ真実で現実的な知として生成するのである。ヘーゲルの言う「媒介」とは、全体的なもの(絶対者)の自己媒介の謂いであることは特に注意しなければならない。

このような意味において、「存在は絶対的に媒介されている」(III. 39)と言うテーゼはヘーゲルの形而上学的世界観をその根底から支えているものなのである。『現象学』において、「媒介」は次のように定式化されている。以下に引用する『現象学』「序文」の中の言葉は、本書でたびたび引用しているが、「媒介」概念の全体をこれ以上なく簡潔に説明している箇所なので、行論との関係上、煩をいとわず引用しておこう。

「媒介とは、自己運動する自己同等性にほかならない。すなわち、媒介とは、自己自身への反省であり、対自的に存在する自我という契機であり、純粋な否定性であり、あるいは純粋な抽象にまで下ろせば、単純な生成である。自我あるいは生成一般、この媒介するはたらきは、その単純性のゆえにまさに生成する直接性であり、直接的なもの自身である。」(III. 25)。

このヘーゲル独特の煮詰まった文章の中に、彼の言わんとする「媒介」の意味内容がすべて含まれているといってもよいであろう。ヘーゲルによれば、「媒介」とは何よりも「自己が他となることを自己自身と媒介し調停する運動」(III. 17)にほかならない。したがってそれは、他なるものの中に自分自身を認め、こうして自分を取り戻す主体の運動であると言えるであろう。

かかる「媒介」としての主体の運動を可能にする契機が、先の引用文からも明らかなように、「反省」(「否定性」)、「自我」、「生成」、「生成する直接性」といったヘーゲルの哲学体系にとってなくてはならぬ概念なのである。

ヘーゲルが「媒介」を「反省」、「自我」、「生成」、「(生成する)直接性」などの概念に関連づけて定式化することができたのは、それまでの彼の紆余曲折を経た長い思索の旅の成果によるものである。このことは、これまでわれわれがたどって来たヘーゲルの思索の道程から明らかであろう。

今やここ『現象学』において彼は、「反省」という認識論的次元、「自我」という存在論的次元、「生成」という歴史性の次元、という三つの次元を統一的に解釈する視座から、精神の現象を「媒介」の体系として叙述しようというわけである。かかる「媒介」概念の確立によって、ヘーゲルは同時代の哲学の中で独自の立場を占めうることを自負できたのである。『現象学』がヘーゲル哲学の「生誕地」と呼ばれるべきだとするならば、それは何よりも「媒介」概念の成立に求められなければならない。

われわれは本章で、ヘーゲルが自著の『現象学』についてみずから自身がしたためた宣伝文を手がかりに、『精神現象学』の「序文」の言わんとするところを考察してきた。

この「序文」を通して明らかになったように、ヘーゲルは時代が提起している課題と常に向き合いながら思索してきたと言えるであろう。ヘーゲルの時代認識の中心に位置するのは、フランス革命であった。革命の精神がヨーロッパの他の国に広がっていく最初の勝利だと言われる「ヴァルミーの戦い」を目の前にして、かのゲーテが「この場所から、そしてこの日から世界の歴史の新しい時代が始まる」と喝破したことはよく知られている。このゲーテの言葉はまたヘーゲルのものでもあったことは、これまでのわれわれの考察からも明らかであろう。

哲学者としてのヘーゲルにとって、フランス革命は何よりも人間の「絶対自由」を宣言した事件であった。「絶対自由」とは、それまで人間にとって疎遠なもの――それが「神」であるにせよ、「国家」であるにせよ――とみなされていたものが人間の思想と意志によって正当化されなければならない、ということを表明する自己意識のことである。

人間の意志、人間の思想が社会的現実を根底から支えるものとして認識され、今や思想がすべてのものを支配する原理とみなされるに至るのである。それは後年の『歴史哲学講義』のよく知られた言葉で言えば「神と世界との現実の和解」という理念がその姿を現した「かがやかしい日の出」であったのである(vgl. XII. 529)。

しかしながら、フランス革命が生み出した「絶対自由」という自己意識は、われわれがみてきたように、一切の媒介物を排除して直接無媒介に自己の普遍性を主張したがゆえに、「死」と「恐怖」の世界を現出させざるをえなかった。

この革命が提起した、人間と神との和解、地上的なものと神的なものとの和解という理念は、「絶対自由」の抽象性のゆえに、引き裂かれてしまい、近代の「反省文化」の所産である二元的な「分裂」は止揚されないまま依然として存続している。このような状況において、ヘーゲルは「反省文化」の落し子たる「反省哲学」の批判を通じて、フランス革命の理念の正当性を証しようとしたと言えるだろう。

「反省哲学」に対するヘーゲルの批判は、われわれが見てきたように、決して超越的なものではなく、「反省哲学」の議論にそくして、その不整合と矛盾を突くという形の内在的な批判であった。ヘーゲルは「反省哲学」の中に、主観と客観、有限と無限、此岸と彼岸とを分かつ牢固な二元論を見出すと同時に、かかる二元論を乗り越えるものを「反省哲学」自身の中に読み取ろうとしたのである。

こうしてフランス革命によって切り開かれた新しい時代の思想的地平に立って当代の代表的思想と格闘しながら、ヘーゲルがみずからの独自の立場を最初に表明したのが『精神現象学』の「序文」であった。この長大な「序文」の抽象的で難解な表現から透けて見えるのは、常に時代そのものが提起している問題と誠実に向き合いながら思索してきたヘーゲルの姿である。「哲学はその時代を思想の中で把握したものである」という『法の哲学』(一八二一年)の「序文」にみられるヘーゲルの周知の言葉は、一見抽象的な言葉をもてあそんでいるように見えるヘーゲルの哲学にそぐわないように思われるかもしれないが、この言葉こそヘーゲルが時代そのものと真摯に向き合って、時代というロードスの上でみずからの哲学を鍛え上げていった哲学者であったことを端的に示している。それをわれわれは、ヘーゲル哲学の生誕地と言うべき『精神現象学』の「序文」にそくして見届けてきたわけである。

註

（1）「ヘーゲルの自己広告」（*Hegels Selbstanzeige*）と題されて、『ヘーゲル著作集』第三巻の末尾に収められている（III. 593）。

（2）この時点で、ヘーゲルは第一部である『精神現象学』につづく第二部として『論理学』を、残りの部門に『自然の学』と『精神の学』を配する体系を構想していた。しかしながら周知のように、『現象学』初版の書名に冠せられていた（体系の）「第一部」という名称は、晩年（ヘーゲルが死去する直前）の改訂に際して削除されるに至り、『現象学』は体系の第一部であり導入部であることをやめる。これ以前にすでに『現象学』は『エンツィクロペディー』における体系のトリアーデ（論理学――自然哲学――精神哲学）の中の「精神哲学」の一部分（「主観的精神」）に収まっていたからである（この点については、細川亮一『ヘーゲル精神現象学の理念』［創文社、二〇〇二年］九四頁以下を参照）。『現象学』の「序文」では、『現象学』が「学の第一部」（III. 38）をなすと言われているが、それは、この文言を訂正する時間もなくヘーゲルがこの世を去ったからである（金子武蔵訳『精神の現象学』上巻［岩波書店、昭和四八年］の訳者註、二六（2）、三〇（1）、三三（3）を参照）。

（3）Weg（道程）やStationen（駅々）という表現は『現象学』の「序論」（Einleitung）でも使われていて、ほぼ同じ内容のことが語られている（vgl. III. 72）。

（4）総じてヘーゲルの他思想に対する批判は、それまでみずからが依拠していた立場の批判でもあり、その意味で自己批判である場合が多い。例えばヘーゲルは、ベルン期ではカントの道徳的自律の立場にたって、キリスト教の「既成性」を批判し克服しようとするが、周知のようにフランクフルト期になると、カント的な義務の命令も人間の内面を抑圧するものとして批判するに至るが、このようなカント批判も同時にそれまでの自分自身が拠っていた立場の自己批判であったことは言うまでもない。フランクフルト期において、ヘーゲルがある草稿の中で「命令の既成性、客体性を心情が止揚し、心情の制限を愛が止揚し、愛の制限を宗教が止揚する。」（N. 389）と書きつけるとき、これはそれまでのヘーゲルの自己批判の経緯を物語っているものと考えてよいだろう。さらにフランクフルト期からイェーナ期にかけて「愛」⇒「宗教」⇒「哲学」へとその拠って立つ立場が変わって行くのも同じ自己批判の経緯を示すものである。もちろん『現象学』の序文でシェリングの「知的直観」やロマンティカーの「愛」を批判する場合も同様のことが言える。

（5）「哲学の要求」という言葉は、後年『エンツィクロペディー』においても使用されているが、そこでも「悟性的な思惟」がみずから陥った「矛盾」を解決せんとするときに、「哲学の要求」が生じると言われている（vgl. VIII. 55［§11］）。

（6）H. Schmitz, *Hegel als Denker der Individualität*. Verlag Anton Hain KG. 1957. S. 144ff.

（7）この点に関しては、シュミッツの前掲書を参照（vgl. H. Schmitz, *a. a. O.*, S. 145）。

（8）『エンツィクロペディー』でも、「理念」は、「即自かつ対自的な真なるものであり、概念と客観性との絶対的な統一」であると規定される。そしてかかる「理念」を理性的思惟によって認識することが哲学の哲学たるゆえんであると述べられている（vgl. VIII. 367ff.［§213］）。

（9）「媒介」思想の成立という観点からのヘーゲルの「反省哲学」批判については、本書の第五章を参照されたい。カント、ヤコービ、フィヒテに関する以下の叙述は、第五章に負うている。

（10）シラーは、『人間の美的教育についての一連の書簡』（一七九五年）の中で、カントの先験哲学に言及して、内容と形式、質料的なものと形相的なものを区別し、両者を矛盾したものと考えるのは、カント哲学の書かれた「文字」に言い表わされているかもしれないが、「カントの体系の精神のうちには断じてない」と述べている（vgl. Schiller, *Über die ästhetische Erziehung des Menschen in einer Reihe von Briefen*. Dreizehnter Brief. In: Friedrich Schillers Werke in drei Bänden. Bd. II. Darmstadt 1984. S. 473.）。

（11）Kant, *Kritik der reinen Vernunft*. A 51 = B 73.

（12）Kant, *a. a. O.*, B 133.

（13）Kant, *a. a. O.*, B 132.

（14）Kant, *a. a. O.*, A 117.

（15）Kant, *a. a. O.*, B 137.

（16）Jacobi, *Werke*, hrsg. v. F. Roth u. F. Köppen. Nachdr. 1980. IV-2. S. 154.

（17）Fichte, *Werke*. hrg. v. I. H. Fichte. Bd. I. S. 98, 446 usw.

（18）Fichte, *a. a. O.*, S. 477.

（19）Fichte, *a. a. O.*, 262, 270 usw.

（20）プルタルコス『英雄伝』の中の「アレクサンドロス」伝で、次のような逸話が紹介されている（プルタルコス『英雄伝』（中）井上一訳［筑摩書房、一九八七年］一五頁）。アレクサンドロス大王は、師のアリストテレスが一般の人たちに公開しない秘密の教えを著作として公表した、と聞いたとき、大王は、アジアの遠征地から師アリストテレスに、「共にたづさわった秘密の学問的論説を一般に公表するのはよろしくありません。」と書き送った。これに対してアリストテレスは、「自分の哲学は、公刊されているが公刊されていない。」と弁解したといわれている。以上のエピソードに対して、ヘーゲルは次のようにコメントしている。「哲学はたしかに、民衆が哲学へ高まる可能性を認めねばならないが、しかし、民衆にまでみずからを貶めてはならない。」（II. 182）。

（21）ボンジーペン（W. Bonsiepen）は次のように言っている。「ヘーゲルは『序文』では近代の反省的文化によって形成された一種のまったく特定の自然的意識を念頭においている。このような意識が近代文化の分裂を解消することもできないままに、そのまま分裂を分裂として固定してしまったのである。『精神現象学』が目指したのは、まさに自然的意識のこの独自な形式を克服することであった。」（O・ペゲラー編『ヘーゲルの全体像』谷嶋喬四郎訳［以文社、一九八八年］九五頁）。

第八章　媒介概念を手引きとする『精神現象学』の解明

周知のように、ヘーゲルは一八〇七年に『精神現象学』（以下『現象学』と略称）を公刊し、それまでの自己の立場を止揚して彼独自の思想を表明するに至る。彼独自の思想とは、それまでの彼が紆余曲折を経てたどり着いた「媒介」の思想である。

『現象学』の「序文」で、ヘーゲルは自分自身の立場が新しい時代精神にふさわしい哲学的表現を与えるものであることを自負して、次のように述べている。

「われわれの時代が誕生の時代であり、新しい時期への過渡期であることは認めるのに困難ではない。精神は、その定在から言っても、その観念から言っても、これまでの世界と絶縁して、この世界をまさに過去へと捨て去ろうとしており、自分を形成し直すという作業にとりかかっている。」（III. 18）。

「存在は絶対的に媒介されている」（III. 39）というみずからの主張の正当性を、思想の上でも歴史的にも——否、すべての存在にわたって——証示すること、しかも人間の意識との関連で証示すること、これが『現象学』の中心テーマであると言っても許されよう。

それゆえ、『現象学』のすべての行論の中にヘーゲル独自の媒介の立場が貫かれているわけであるが、いわば

「媒介の体系」としての『現象学』をヘーゲルはどのような観点から叙述しようとするのであろうか。その手がかりを、われわれは『現象学』「序文」の次の文章に求めることができる。

「媒介とは、自己運動する自己同等性にほかならない。すなわち、媒介とは、自己自身への反省であり、対自的に存在する自我という契機であり、純粋な否定性であり、あるいは純粋な抽象にまで下ろせば、単純な生成である。自我あるいは生成一般、この媒介するはたらきは、その単純性のゆえにまさに生成する直接性であり、直接的なもの自身である。」(III. 25)。

ヘーゲルは「媒介」を自己同一を保つ主体の運動として一般的にとらえる。それはもちろん、直接無媒介な自己同一ではなく、「自己が他となることを自己自身と媒介」(III. 23)する自己運動の謂である。したがってそれは、自己自身と成る「生成」の運動でもある。そしてかかる運動を可能にするのが、物事を区別し限定するところの「反省」(あるいは「否定性」)の主体としての「自我」のはたらきなのである。

ヘーゲルが先の引用文で「媒介」を、「反省」(=「否定性」)、「自我」、「生成」、「直接性」といったヘーゲル哲学の鍵概念と等置しているのは、『現象学』を理解する上で極めて重要な意味をもっていると思われる。

ヘーゲルが「媒介」を、「反省」、「自我」、「生成」と関連づけているのは、もちろんこれら三つのタームを個々別々に並列的に「媒介」概念に関係づけたのではなく、彼独自の統一的な観点からなされたものである。すなわち、彼は「媒介」を、「反省」という認識論的次元、「自我」という存在論的次元、「生成」という歴史性の次元、しかもこれら三つの次元を統一する視座――これが『現象学』の論理展開を担ういわゆる「われわれ」の立場にほかならない――から把握することによって、媒介の体系たる『現象学』を叙述しようとしているように思われる。以下、われわれは、これら三つの次元を順次考察していくことによって、「媒介」概念をやや立ち入って究明していくことにしよう。

一　「反省」と媒介

これまで述べてきたように、ヘーゲルは、イェーナ期の初めに、当代の文化を「反省文化」(Reflexionskultur)(II. 181, 281)という名で特徴づけていた。ヘーゲルは、「反省」を「悟性」と同じ意味に解して、物事を区別し限定するところの有限な認識能力、という意味で用いているが、しかし彼は「反省」を単に認識能力に限定するのではなく、広く存在一般にもこの用語を適用する。

したがって、「反省文化」とは、物事を分別し制限する有限な認識能力である「反省」が、人間の生の表出である時代の文化のすみずみまで支配してしまった結果、人間を含めたすべての存在の統一性が分断されてしまい、かくて精神と自然、有限と無限、主観と客観といった風に、すべてのものが、「分裂」と「対立」に色どられてしまう文化のことである。

ヘーゲルがデカルト以来の西ヨーロッパ文化を「反省文化」と規定するとき(vgl. II. 184)、そこには、「反省」が人間の生の全体にまで浸透し支配し、全体としての人間の生が分断され疎外されている、という現状に対する強い批判意識が含意されていた。したがって、かかる人間の生の分裂をいかに止揚すべきかという問題がヘーゲルの哲学意識を支えている中心テーマであったことは本書で機会あるごとに言及してきた。そうだとすれば、「反省」をいかなるものとして把握するかという問題こそ、『現象学』以前のヘーゲルが、何よりもまず解決を迫られていた問題であったことは容易に推察できるのである(1)。

フランクフルト期までのヘーゲルは、「反省」を制約された有限なものの認識に限定し、無限なものに対する把握は反省能力を超えたものとして、考えていた。そこでは、有限なものと無限なものを媒介する役割は、「反省」には与えられていない。しかし、イェーナ期になると、「反省」を単に有限なものの認識に局限するのではなく、無限者を把握するための媒介たらしめようとする積極的な姿勢が現われる。

「哲学の道具としての反省」（II. 25）という表現が、かかる「反省」に対するヘーゲルの積極的評価を端的に示している。イェーナ期全体はヘーゲルにとって、まさに「反省」にまつわるアポリアを克服して、「有限」（感性）と「無限」（理性）を架橋する媒介者としての「反省」を正当に位置づけることにその努力が向けられていた時期であった、と言っても過言ではない。「反省」を正当に評価できるようになってはじめて、ヘーゲルは、シェリングと袂を分かって、彼独自の「媒介」の立場を主張できるようになり、それが『現象学』として結実することになる。

『現象学』でヘーゲルは、「反省」を有限なエレメントの中に閉じ込めて絶対者の認識を「感激」や「直観」に委ねることによって学を断念する立場に反対して、「反省」を学的意識と非学的意識を媒介するものとして位置づける。

「完全に規定（限定）されたものであってはじめて同時に公教的であり、理解することができるものであり、学習されることができ、すべての人の所有するところとなりうるのである。学の悟性的な形式は、すべての人びとに提示され、またすべての人びとに平坦にされた学への道であり、悟性（＝反省――引用者）を通じて理性的な知に至ろうとするのが、学へと向かう意識の正当な要求である。」（III. 20）。

ヘーゲルはイェーナ期の初めに、哲学は本性上、「秘教的な」（esoterisch）ものであって、常識にとっては「転倒した世界」として現われる、と語っていた（vgl. II. 182）。とはいえ、哲学の対象が常識や悟性（反省）にとって「転倒した世界」だからといって、彼は、このような世界を「法悦」や「霊感」（III. 16）によって直接に感得しようとするのではない。

むしろ反対に「区別する概念」（ibid.）という反省（悟性）形式を媒介としてのみ、秘教的な哲学の世界は、万人のもの（公教的なもの）となりうるのである。反省形式というすべての人が理解できる形式を通じて哲学的認識に到ること――言い換えれば、「公教的教養」から「秘教的教養」へと通じる道筋を明らかにすることが『現象学』のテーマであったことは言を俟たない。それでは、「反省」はいかなる意味で媒介たりうるのか、この点をもう少し立ち入って考察してみよう。

『現象学』の序文で、ヘーゲルは「反省」について次のように述べている。

「反省を真なるものから排除して、絶対者の積極的な契機として把握しないのであれば、それは理性を誤解するものである。反省こそ、真なるものを成果となす当のものであるが、成果がその生成に対してもつ対立を止揚するのもまた反省なのである。」（III. 25）。

ここには、真なるものを成果としてとらえるヘーゲルがいる。物事を区別し限定する「反省」こそ、真なるものを諸規定の成果として、そして同時に諸規定の所産を止揚して、総体としての真なるものをその「産出」において、その「生成」において把捉することを可能にする当のものなのである。だから、かかる「反省」あるいは「悟性」の媒介作用をヘーゲルは「怖るべき力」（die ungeheure Macht）（III. 36）と呼ぶのである。

ヘーゲルが述べているように、例えば「すべての動物」と言っても、この言葉が動物学全体を言い表わしていないことは言うまでもない（vgl. III. 24）。そこには、個々の規定性が欠けているからである。すべての規定は、有限で制約されたものを定立するがゆえに、必然的に他の規定性と対立せざるをえない。一つの規定性が規定性でありうるのは他の規定性がそれに対立しているかぎりにおいてである。それゆえ、すべての規定性は、それと対立する規定性に媒介されてのみ、みずからの存立を保っている。

このように規定性は、本質的にそれと対立した規定性に負うているのであるから、あらゆる規定性は、それと対立した規定性への移行を含む。規定されたものがそれと対立する他の規定への移行であるとすれば、逆に対立する他の規定もそれ自身の反対――すなわち最初の規定――への移行であるから、すべての規定は、他者を媒介とした自己還帰の運動にほかならない。このような規定性の媒介運動を通じて、全体的なものを諸々の規定の総体として把捉することが、いわゆる、実体＝主体説の核心であることは、次のヘーゲルの言が端的に示している。「主体とは、みずからの境位《エレメント》の中で規定性に定在を与えること、このことによって、抽象的な、言い換えると、そもそも存在するにすぎない直接性を止揚し、そうすることによって真実の実体、すなわち、存在あるいは直接性でありながら、媒介を自分の外にもつのではなく、媒介そのものなのである。」(III. 36)。

反省規定の媒介作用の具体例として、『現象学』冒頭章の「感覚的確信」について見てみよう。

感覚的確信において、「この私」が「このもの」を直接無媒介に知っていると私念《マイネン》し、思い込んでいる。この意識は、自分の眼前にある対象たる「このもの」を直接にとらえていると思い込んでいるが、この意識がみずからの確信を言語によって表現するとき、みずからの私念とは異なる「普遍的なもの」(III. 92) を言い表わすことになる。

感覚的意識が発する「このもの」――ヘーゲルは「このもの」を「ここ」と「いま」に分けて論じている――という言葉で規定される直接的で個別的な存在は、この意識が思い込んでいるような直接無媒介な個別的存在ではありえず、他の「このもの」によって媒介された普遍的な存在であることが明らかになる。

「このもの」、例えば「この机」は、「この本箱」の横にあり、「この椅子」の前にあり、「この部屋」の中にある等々、というように、他の諸々の「このもの」の媒介において存立している。「この机」は、他の諸々の「このもの」との関連において初めて、「この机」として感覚しうるのである。すなわち、他の諸々の「このもの」の媒介がなければ、「この机」の感覚そのものが崩れてしまうのである。

言語はこの事実を端的に表現している。なぜなら、「このもの」という言葉は、眼前のこの個別的なものを言い表わすばかりではなく、他の諸々の「このもの」をも言い表わすことによって、「このもの」を普遍的な連関の中におくからである。かくて感覚的意識が規定する「このもの」は、私念され、思い込まれた「このもの」から出発して、諸々の「このもの」を介して、普遍的な「このもの」に至る媒介運動なのである（vgl. III. 92）。

かかる対象（「このもの」）の媒介運動は、「この私」の知のはたらきでもある。感覚的確信は、最初、自分の前にある「このもの」という対象を、自分とは独立したある自立的な存在として受け取る。この意識自身の知は、対象なくしては存立しえないがゆえに、自分を、対象に依存する非自立的な意識であるとみなし、他方、対象は意識に依存することのない無媒介で自存的な存在として定立される。

しかしながらこのような感覚的意識の確信は、思い込みにすぎず、対象（「このもの」）がたどる個別から普遍への運動は、対象自体がそうしたものであるからではなく、私の知の運動の成果なのである。

「確信の真理は、私の対象としての対象のうちに、すなわち私念のうちにあり、対象は私がこれについて知るから存在するのである。」（III. 86）。かくて対象（「このもの」）と自我（「この私」）との対立を固定する自然的意識（＝感覚的意識）の直接的なあり方が否定され、自立的で無媒介な存在であると思い込まれていた対象は、自我に依存し媒介されたものとして、他方、対象に依存していると私念された非自立的な自我は対象の真理として、すなわち対象を対象たらしめる主体として、証示されるのである。

かくて最初、自己（自我）と対象とを無媒介で対立したものと思い込んでいた反省意識（＝感覚的確信）は、みずからの知のはたらきを通じて、自己も対象もそれぞれ媒介された普遍的なものとして受け取ることになり、こうして自己（自我）は対象の真理として生成する。

感覚的確信の対象である「このもの」が、普遍的なものとしての「物」一般として受け取られると、周知のように、それは、「知覚」の対象となる。

「物」は、それ自体において一なる物であって、自分だけの存在、すなわち対自的な物として存在している。或る物を一なる物として規定することは、他の物から或る物を区別することである。しかしながら、先に規定性の本性について説明したように、規定性は、それと対立する他の規定性との関係（媒介）なしには存立しえないのであるから、一なる物は、他なる物とみずからを区別するまさにそのことによって、他物との関係（媒介）を自らの内に含んでいる。

ヘーゲルの『論理学』の中の言葉で言えば、他の物とは、或る物自身の他者であり、したがって或る物は、「他在の止揚を媒介として自分自身に関係している」（V. 135）のである。それゆえ、一物は対自存在であると同時に対他存在であり、一であると共に多であり、個別的であると同時に普遍的である。

こうして対自存在と対他存在、一物と他物とを分離し、区別しようとする反省意識（＝知覚）の立場は崩壊する。「物が他の物に関係し、本質的には物がもっぱらこの関係でしかないのは、まさに物の絶対的性格と、それがもたらす対立とによってなのである。ところが関係とは、物の自立性の否定であるから、物はむしろ、その本質的な性質によって没落するのである。」（III. 104）。

かくて対象は、一と多との統一、個別と普遍との統一としての無制約的なものになり、それと共に、物は知覚の対象から、「無制約的普遍者」（das unbedingt Allgemeine）（III. 109）として、悟性の対象となる。

悟性の課題は、「無制約的普遍者」という知覚を超えた超感覚的なもの（＝内なるもの）を現象の諸規定を媒介として規定することである。ヘーゲルは言う。

「これ以後、われわれの対象は、諸物の内なるものと悟性とを両極とし、現象を媒語（Mitte）とする推論であるが、この推論の運動は、悟性が媒語を通じて内なるものの中に見るものを、さらに一層規定することである。」

（III. 117）。

悟性は現象の規定（法則）を媒介にして、みずからの対象（内なるもの）を、あらゆる区別を止揚する媒介運動である「無限性」（III. 131）において見出す。そしてかかる媒介運動によって諸物の「内なるもの」が、実は「自己意識」であることが明らかにされる（vgl. III. 133）。

以上、簡単に述べてきたように、感覚から知覚、さらに悟性へと高まる意識の運動は、個別的なものから、規定（＝否定）を媒介として、普遍的なものへ上向する運動であると同時に、抽象的な普遍者から規定を媒介として個別へと到る運動でもある。ヘーゲルは、かかる対象意識の媒介運動を推論の運動として次のように総括している。

「対象は、第一には直接的な存在、すなわち普通の意味での物であるが、これは直接的な意識（感覚的意識――引用者）に対応する。対象は第二には、自分の他と成ること、つまり関係、対他存在と対自存在とであり規定性であるが、これは知覚に対応する。第三は、対象は本質であり、すなわち普遍的なものとしてあるが、これは悟性に対応する。対象は、全体としては推論であり、すなわち、普遍的なものが規定を通じて個別性に到る運動であり、あるいは逆に、個別性から、止揚されたものとしての個別性、すなわち規定を通じて普遍的なものに到る運動なのである。――かくて、これら三つの規定にしたがって、意識は対象を自分自身として知らなくてはならぬことになる。」（III. 576）。

かくて、対象の概念規定の運動は、実は自我（＝意識）の運動であり、かかる主体の運動こそヘーゲルが「媒介」と呼ぶところのものにほかならない（vgl. III. 36）。ヘーゲルが「概念」を主体と等置し、さらにそれを「媒介」と等置するのは、このような理由からである。われわれは、自我が媒介たる所以をもう少し立ち入って考察しよう。

二　「自我」と媒介

本章の冒頭でも言及したように、ヘーゲルは『現象学』の「序文」で、「媒介」を、「対自的に存在する自我という契機」である、と定義している。このことからも窺えるように、ヘーゲルは、「自我」を、自分自身と媒介する主体である、と考えていると言ってよい。自我とは、理論的には思惟の主体であり、実践的には意志の主体であるが、かかる「思惟」と「意志」との統一としての「自我」の本性は存在するものを、「概念」あるいは「カテゴリー」によって自己のものとすることである。「概念とは対象自身の自己である」（III. 57）とか、「概念は対自的に存在する自己である」（III. 580）と言われる所以である。

存在の多様を概念の統一へともたらすこと——これが自我の根源的なはたらきにほかならない。ヘーゲルがこのような「自我」あるいは「自己」に対する見方に到達したのはカントとフィヒテを通じてであった（本書第五章の二、四を参照）。

ヘーゲルは、イェーナ期の初めにすでに、カントがおこなったカテゴリーの演繹の中に、「真の観念論」（II. 9）が表明されていることを洞察していた。周知のように、カントは直観において与えられた多様なものの概念による統一が、「純粋統覚」の「根源的綜合的統一[2]」としての「われ思う[3]」、すなわち、「自己意識[4]」の下で可能になることを明らかにした。

カントによれば、認識とは直観において与えられた多様なものを、概念において綜合することである。かかる概念による多様なものの結合をカントは、「客観」と呼ぶ。「客観とはその概念において、所与直観の多様が結合されているところのものである。[5]」とカントは言う。多様なものが結合される場合、その結合を可能にする多様自身の統一が、前もって与えられていなければならない。

「結合とは多様の綜合的統一の表象である。すなわち、この統一の表象は結合から生ずることはできない。かえってそれは、多様の表象へ付け加わることによって、結合の概念がはじめて可能ならしめるものである。(6)」

それゆえ、多様なものの統一は、結合のはたらきである悟性に先行するものとして存在する。カントは次のように述べている。

「表象のあらゆる結合は、表象の綜合における意識の統一を必要とする。それゆえに、この意識の統一は、それこそ表象の対象に対する関係を、したがって表象の客観的妥当性を構成するところのものであって、悟性の可能性さえもこれに基づくのである。(7)」

そしてこの意識による統一こそカントによれば、「自己意識」としての「先験的統覚」であるが、ヘーゲルは、このような統覚の根源的統一の中に、思惟と存在、あるいは、主観と客観との同一性としての「理性の理念」（II. 21）を認めたのである。

カテゴリーの演繹の中に思弁の原理をみるヘーゲルが依って立つ基本的な視角は、感覚や表象に伴う経験的な自我（＝「経験的統覚(8)」）と「絶対的根源的綜合的同一性としての真の自我」（II. 307）とを厳格に区別することである。ヘーゲルは、カントが経験的な表象による主観的統一――ヘーゲルが「空虚な自我」（II. 306）と呼ぶもの――と、かかる表象の外面的な統一を根拠づけ、それを客観的なものとする根源的な自我とを区別したことを、多とする（vgl. VI. 254f.）。しかしながらカントはかかる区別を首尾一貫してたてることをしなかったとヘーゲルはみる。

ヘーゲルによれば、根源的な自我こそ多様なものを統一づける源であるがゆえに、それはカントが考えるような単なる主観的なものではなく、主観と客観がそこから分かれてくる「第一のもの」なのである（vgl. II. 308）。

かかる多様なものの根源的な同一性こそ無制約なものとしての理性そのものにほかならない、とヘーゲルは考える（vgl. II. 307）。直観に与えられた多様なものも主観的な自我も自立的なものではなく、両者が存立し得るためには、「媒介者」としての「理性」が先なるものとして存在しなければならないのである（vgl. II. 308 usw.）。

このような意味において、根源的な自我、すなわち「理性」は、制約されたものを根拠づけ、それを「絶対的同一性」へともたらす「媒介」なのである（vgl. II. 307）。かくて、存在と思惟、直観と概念、主観と客観、といった相対立するものは、それ自体として存立しているのではなく、かえって両者の根源的統一である「自我」によってその存立を得ているのである。したがって、特殊的な感覚的自我は普遍的根源的な自我のうちに、その存在根拠をもっているわけである。

以上のことからも明らかなように、ヘーゲルがカントのカテゴリーの演繹の中に、無制約者としての理性、あるいは自我をみる場合、もはやカントのように「理性」を認識能力としてのみ考えているのではなく、同時に存在論的にも把握しているということである。ヘーゲルは『差異論文』（一八〇一年）の中で次のように言う所以である。

「理性は、対立するもの、すなわち同一性と非同一性を認識の形式においてばかりではなく、存在の形式においても同一化する。」（II. 98）。

ヘーゲルがカントの「自我」（＝「理性」）概念を、単に認識論的に解釈するだけではなく、存在論的に解釈するきっかけを与えたのはフィヒテである。

フィヒテは、カントの「純粋統覚」における自己意識の統一を無制約な自我の自己定立のはたらきとしてとらえ、これを体系の絶対的原理として立てることによって、そこから「全意識の体系的導出」[9]を企てた。かかるフィヒテの試みを、ヘーゲルは「計り知れない功績」（VIII. 117［§42］）と賞賛した（本書第五章の四を参照）。

しかしフィヒテの『知識学』の第一原則にうたわれている自我＝自我という無制約な自我は無媒介に主張されるため、ただちに第二原則と第三原則において「非我」（客観）による制約を受けることになる。こうして自我は、みずからに対立する非我を克服すべく無限の「努力」[10]へと駆り立てられるが、しかし自我と非我との対立を綜合するところの媒介者は、絶対的な要請にとどまらざるをえない。フィヒテ哲学のうちに存在するかかる不整合をヘーゲルは次のように定式化する。

「（フィヒテの体系においては――引用者）自我＝自我は思弁の絶対的原理であるが、この同一性は体系によっては示されないのである。」（II. 56）。

フィヒテ哲学における思弁の原理である自我＝自我という絶対的同一性が、単なる「要請」にとどまらないためには、非我に制約された経験的自我が、必然的に無制約な純粋自我へと到る内在的な媒介運動が叙述されなければならない。このことによって、自我（主観）と非我（客観）との対立は真の同一性（自我＝自我）へと止揚されるのである。

それゆえ、哲学の目的は、「経験的意識をその外部にあるものから構成するのではなく、内在的な原理から、原理の能動的な流出ないし自己産出として構成すること」（II. 53）にある、とヘーゲルは主張する。経験的自我と非我との対立を、自我＝自我たる根源的同一性に媒介された対立として把握すること――かかる媒介の理念をヘーゲルはフィヒテ哲学から批判的に継承する。

経験的自我を、「内在的な原理」からの「自己産出」の過程を通じて、絶対的自我へと媒介すること、言い換えると経験的自我と絶対的自我を相互に媒介されたものとして本質的に一なるものとして把握すること――これがヘーゲルがカントおよびフィヒテを通じて獲得した彼独自の媒介の立場である。

したがって、経験的自我から絶対的自我への媒介過程が叙述されなければならない。『現象学』で、ヘーゲルが感覚的意識から知覚を経て悟性へと、いわば自我（＝概念）の生成過程を叙述するとき、そこにはカントやフィヒテの自我概念に対する批判的継承を意図しているのである。それは、ヘーゲルが『論理学』の中でカントの感性論の不完全性を次のように述べていることからも明らかである。

「意識の学としての『精神現象学』においては、感覚的意識の段階を通り、次に知覚の段階を経て悟性に高まった。ところがカントは、単に感情と直観を悟性に先行させているにすぎない。このような階梯がまずどれほど不完全なものであるかということは、カントが先験的論理学または悟性論の付録として、さらに反省概念に関する論述を付け加えているのをみてもわかる。この反省概念は、直観と悟性、すなわち存在と概念との間に横たわる領域である。」（VI. 256）。

かかるカントの欠陥を止揚して、感覚的確信という直接的な意識（＝直接的な自我）から出発して、知覚という反省概念を介して、悟性へと高まる精神としての自我（＝概念）の発生史が、『現象学』および『論理学』の課題となる。かかる意味において、『現象学』と『論理学』には歴然とした平行関係が存在することは、次のヘーゲルの言からもうかがわれる。

「直観するものとしての、同様にまた感覚的意識としての精神は、直接的な存在の規定性の中にあり、他方、表象するものとして、また知覚する意識としての精神は、存在から本質へ、すなわち反省の段階へ高まったのである。」（VI. 257）。

とまれ、『現象学』「意識」章は、直接的な自我が媒介された自我となる精神の生成過程――その目標は、「われわれである私、私であるわれわれ」という「精神の概念」である（vgl. III. 145）――を叙述する。ヘーゲルはかかる内在的な媒介の理念を、さらに社会および歴史の領域にまで拡大することによって、彼独自の媒介の体系を構築せんとするのである。

三　「生成」と媒介

『現象学』の課題は、精神の自己認識、すなわち、「絶対的な他的存在のうちにおいて純粋に自己を認識すること」（III. 29）である。精神の自己認識とは、個人がみずからの存在基盤である共同性と歴史性を自覚することにかかわる。『現象学』の「序文」でヘーゲルは人間の共同性について端的に次のように語っている。

「人間性の本性とは他者との一致にまでせまってゆくことであり、この本性が現実に存在するのは、もっぱら諸々の意識の共同性が成し遂げられたときである。」（III. 65）。

またヘーゲルは、人間が共同的存在であるばかりではなく、歴史的存在でもあることを次のように述べる。

「世界精神は……世界の歴史という巨大な労苦を担っている。……世界精神はこれより少ない労苦によっては自分自身の意識に到達することはできなかったのである。それゆえ個人は、事柄そのものから言っても、世界精神よりも少ない労苦をもってしては、自分の実体を概念的に把握することはできないのである。」（III. 33-34）。

したがって、『現象学』の課題は二重である。一方では、日常的意識を哲学知へと媒介し（意識の経験の学）、他方では、かかる媒介過程は同時に、個人の自然的意識が共同的普遍的意識へ上昇する過程（精神の現象学）であり、かかる過程がまた人類の歴史過程そのものの産物なのである。ヘーゲルはかかる『現象学』課題を次のように言い表わしている。

「意識は普遍的精神とこの精神の個別性、すなわち感覚的意識との間に、媒語として、意識の諸形態の体系をもっているのであり、しかもこの体系は、全体にまでみずからを秩序づける精神の生であるが、この体系こそこの書（『精神現象学』――引用者）で考察される当のものであり、この体系はまたその対象的な定在を世界歴史としてもっている。」（III. 225）。

反省文化の所産としての当代の日常的意識が出来上がったものとして無媒介に前提している現実世界を、人間自身の歴史的社会的行為の所産として、それに媒介されたものとして、その生成過程において把握することが、『現象学』の主要な課題である。したがって、個人（自己）が、みずから社会的かつ歴史的存在であることを自覚することによって、本来の自己自身へと生成することが『現象学』の目標となる。すなわち、即自的で無媒介な「自己」から、歴史的社会的に媒介された対自的な「自己」へと自己みずからを産出する過程として把握することが叙述の中心となるわけである。

『現象学』の「精神」章は、まさにかかる「自己」が歴史的に生成してくる過程を描いている。ヘーゲルは、それまでの歴史を三つの時期に分けることによって、歴史的な「自己」の生成過程を説明しようとする。

最初の世界は、「自己」が直接的なあり方をしている人倫的世界（古代ギリシア）である。ここでは「自己」は、「人倫的実体」である「統治」（Regierung）と無媒介に一体となっている（vgl. III. 335, 350）。それゆえ「自己」は、みずからの対自存在を人倫的実体のうちに埋没させている「非現実的な影」（III. 346）にすぎない。

『現象学』の「意識」章においては、対象を区別し分離すると同時に、その区別を止揚するものは、反省（＝「悟性」）意識であったが、「意識の諸形態」ではなく、「世界の諸形態」（III. 326）である歴史的世界においては、この「反省」意識に対応するのは、自己意識の「行為《タート》」（III. 328）である。「行為」こそ人倫的世界における「自己」（個体）と実体（普遍）との清澄な直接的関係を分裂せしめ、「自己」を「絶対的に自立した本質として妥当する」（III. 355）ことを可能ならしめる当のものである。

かくて自己意識の「行為」によって人倫的世界は没落し、この世界の単純で無媒介な「自己」は、自己意識と実体（＝国権および財富）という二重の「自己」に分裂する。ヘーゲルは、自己意識と国権、および自己意識と財富との相互媒介の運動を描くことによって、封建時代から近代市民社会の成立過程を、近代的な個の形成過程として叙述する。

ここで中心問題となるのは、近代市民社会を自己意識の行為（言語を含む）を発条として、「自己」と「実体」（財富）との相互媒介の世界として描き出すことである。教養あるいは外化の世界である近代市民社会においては、自己意識は、みずからの対象を本質的に「財富」という形式でもっている。近代世界の反省形式たる財富は、自己意識が外化（＝疎外）された当のものであり、かつまたそれは外化の止揚の担い手でもある。

「自己」は、財富の中に外化されることによって、みずからの人格の中に、「絶対的な非人格性」（III. 382）をみることになり、みずからの内に絶対的な分裂を経験する。しかしながら、かかる分裂した意識の中で自己意識は逆に、対象的本質（＝財富）がみずからの生み出したものであることを自覚する。

「物となった自己は、むしろ本質の自分自身への帰還である。すなわちそれは自覚的に存在する対自存在であり、精神の現存在である。」（III. 385）。

このようにヘーゲルは近代市民社会を「自己意識」（「自己」）と「財富」（「物」）との間の相互媒介運動としてとらえ、この運動を通じて自己は、媒介された自己として普遍的な自己へと形成されるのである。

かかる普遍的な自己意識が現実の歴史の中で登場するとき、それは啓蒙（＝「純粋洞見」）という形をとる。啓蒙は、すべての対象性を廃棄して、一切のものの中に自己を洞見する自己意識である。したがって、かかる啓蒙の行き着くところは、「思惟は物性であり、あるいは、物性は思惟である。」（III. 427）という存在と思惟との同一性の意識である。

かかる同一性が啓蒙の意識に現われるとき、それは功利主義の「有用性」（Nützlichkeit）（III. 428）という意識形態をとる。「有用性」においては、信仰をも含めてすべての対象的な実在は否定され、もっぱら自己意識との関係で意味をもつに至る。対象的実在は、「有用性」という観点からその自立性を否定され、こうして一切のものは自己意識の自己に解消される。一切の対象性を廃棄することによって、「有用性」の意識は「絶対的自由」（III. 431f.）の世界へ高まる。言うまでもなく「絶対自由」の世界とはフランス革命の世界である（『現象学』におけるヘーゲルのフランス革命観については、本書第七章一の（b）を参照）。

　これまで述べてきたように、「自己」と「物」との相互媒介の運動（＝外化あるいは教養の世界）から、すべての対象的性格を否定する「絶対自由」（＝フランス革命）の世界が現出した。しかし「絶対自由」を標榜する当の自己意識は自分がそれまでの媒介運動の所産であることを忘却し直接無媒介に普遍的なもの（＝普遍意志）に高まろうとする。その結果、この意識はあらゆる社会的歴史的形態の諸規定を否定してしまうことになる。「これらあらゆる諸規定は、自己が絶対的自由において経験する喪失のうちに失われてしまっている」（III. 439）とヘーゲルが言う所以である。ここにヘーゲルはフランス革命の失敗（＝恐怖政治）をみるのである。

　このように近代市民社会はヘーゲルによって「物」と「自己」とが相互に媒介し合う独自の世界としてとらえられ、かかる媒介の世界の歴史的所産である「絶対自由」という自己意識は、おのれの普遍性を確信しつつも、それを直接的に主張したため、一切の多様な対象を無媒介に否定する抽象的な「自己」とならざるをえなかったわけである。

　かかる抽象的な「自己」を克服するためにヘーゲルは、「絶対自由」（フランス革命）という現実の世界を去って、人間の内面の世界（＝道徳的世界観）へと赴く。彼は「良心」の自己において、真に普遍的な自己を見出す。「良心」とはヘーゲルによれば、「自分のうちに還帰し、自己においてその真理を確信している精神」（III. 478）ある。自分に対しても他者に対しても承認を与え、他者を媒介として、真に自分自身を確信している自己が、「良心」の自己にほかならない。

かくて「良心」において、自己承認と他者承認が可能となり、真の「相互承認」（III. 493）が成立することになる。したがってここにおいて媒介の総体を自覚している「絶対精神」（ibid.）としての自己が生成することになる。まことに媒介とは「自己生成」そのものなのである。

註

（1）『精神現象学』にいたるまでの「反省」概念に対するヘーゲルの評価の変遷に関しては、本書の第一章を参照されたい。
（2）Kant, *Kritik der reinen Vernunft*. B 137.『純粋理性批判』からの引用は、略号 KrV. と記し、慣例によるページを示す。
（3）Kant, KrV. B 132.
（4）Ibid.
（5）Kant, KrV. B 138, vgl. B 130, 139.
（6）Kant, KrV. B 131.
（7）Kant, KrV. B 137.
（8）Kant, KrV. B 132.
（9）Fichtes Werke, hrg. v. I. H. Fichte. Bd. I. S. 477.
（10）Vgl. Fichtes Werke. *a, a, O.*, S. 270.

第九章　媒介としての「言語」

一　言語——「精神の定在」

ヘーゲルは「言語」（Sprache）を「精神の定在」（das Dasein des Geistes）（III. 478, 490, vgl. III. 486）とか、「精神の本質という見えないものが見えるようになったもの」（III. 244）と規定していることからも明らかなように、言語はヘーゲル哲学の中心概念である「精神」と密接な関係を持っていることがうかがわれる。[1] このことからも「言語」がヘーゲル哲学においてなんらかの重要な役割を担っていることは容易に推察することができよう。事実、「精神」以外にもヘーゲルが使用する「思惟」（Denken）、「主体」（Subjekt）、「媒介」（Vermittlung）、「絶対者」（das Absolute）等々といった彼の哲学の主要概念は、いかようにか「言語」と関係づけられて論じられているといっても過言ではないほどである。

例えば「思惟」と「言語」の関係について言えば、ヘーゲルによると両者とも直接的なものを止揚して、対象の本質を顕ならしめるところの精神の力とも言うべきものである。[2] かかるものとして思惟と言語は相互に不可分のものであり、「思惟の諸形式はなによりもまず人間の言語において表出され、また貯えられている」（V. 20）

のである。人間は思惟によって活気づけられた言語によって事象の本質を語り、思惟は言語においてのみ本来の意味で思惟たりうるのである。

思惟と言語――一般に「ロゴス的なもの」（das Logische）――は「人間にとってきわめて自然なものであり、むしろ人間の固有の本性そのものである」（V. 20）とヘーゲルは言う。ヘーゲルにとって言語は思惟とともに人間の最も根源的なエレメントなのである。

確かにヘーゲルは言語そのものを体系的に取り扱わなかったにせよ、彼の哲学において言語の占める位置はきわめて重要なものであると言わなければならない。というよりも彼の哲学体系そのものが言語というエレメントなしでは存立しえないと考えるべきであろう。それはヘーゲルが彼独自の哲学の結論である実体＝主体テーゼを定式化した周知の主張からも端的に読みとることができる。

「私の見解は体系そのものの叙述（Darstellung）によってのみ正当化されなければならないのであるが、この私の見解によれば、すべては次の点にかかっている。すなわち真なるものを実体としてばかりではなく、まさに主体としても把握し、表現する（ausdrücken）ということである。」（III. 22-23）。

「実体は本質的に主体であるということは、絶対者を精神として言明する（aussprechen）ところの表象のうちに表現されている（ausgedrückt）。」（III. 28）。

ここで使われている「叙述」（Darstellung）とか「表現する」（ausdrücken）、「言明する」（aussprechen）といった言葉は、『精神現象学』において頻繁に用いられているが、これらの言葉はヘーゲルの言語論と密接な関係を有するものである。[3]

ヘーゲル哲学の核心は、敢えて一言で言い表わすとすれば、絶対者を「自己生成」（Selbstwerden）（vgl. III. 23, 24, 57, 585）の過程として把握し、それを言語によって表現する（ausdrücken）ことである、と言いうるだろう。

特に『精神現象学』の課題は、この「自己生成」の過程を、意識が言明する（aussprechen）ものの吟味を通して表現することである。そしてこの表現の内在的発展の総体をわれわれの前に言語を媒介として意識に演じさせ提示する（darstellen）ことが彼の体系の「叙述」（Darstellung）なのである。絶対者の「自己生成」を言語を媒介として叙述することが、かの「思弁的叙述」（III. 61）にほかならない。

ヘーゲルは、この絶対者の自己生成の運動を、周知のように「精神」とよぶ。「精神」とは、ヘーゲルが定式化しているところによれば、「みずからの外化においてみずから自身を知ることであり、他在において自己同等性を保つ運動にほかならない実在」（III. 552, vgl. III. 38-39, 588 usw.）である。

自我は、普遍的な自我へと自己形成すべく、みずからの主観性を外化して他者との一致へ向わなくてはならない。「精神」というエレメントにおいてはじめて自我はこの自我でありながら同時に他者との根源的な一致を成就するのである。ハーバマスの言葉を援用すれば、「精神」は「普遍的なものを媒介とした個別者の交通（Kommunikation）[4]」であると言えよう。したがって「精神」は本質的に「媒介」であり、自我がみずからの外化を通じて「対自的に存在する自我」（III. 25）として生成することである。

言語はこの運動そのものを現実化し媒介する当のものである。言語はこの精神の運動を十全に表現しつくすことができるし、またできなければならない、というのがヘーゲルの確信であり、この確信こそ彼がみずからの哲学の独自性を自負しえた所以でもある。個別的な自我が普遍的な自我へと自己生成するところの精神の運動は言語というエレメントにおいてはじめてその現実的な定在を得ることになるわけである。ヘーゲルによれば、自我が「この自我」であると同時に「普遍的な自我」であると言うことができるのは言語において他には存在しないのである（vgl. III. 376）。

二　「直観」（直接的なもの）の否定としての言語

言語が上述したような意味での「精神の定在」であるとすれば、それは静止的で固定した存在ではありえないことはおのずから明らかであろう。精神が自己生成する「活動」[5]（Tätigkeit, Energie）（VIII. 101［§34 Zusatz］）として把握されなければならないように、その定在である言語も人間とその世界を不断に媒介するものとして常に発展しつつあるものと考えなければならない。ヘーゲルにあっては、かのフンボルトの場合と同様に、言語は「エルゴン」（ἔργον）ではなく「エネルゲイア」（ἐνέργεια）なのであり、さらに言えば、それは「死せる所産ではなく、むしろつねに活動しつつある生産」（三木清[6]）とも言うべきものである。こうしたヘーゲルの言語観のゆえに、例えば『精神現象学』においては、意識の発展に応じて、しばしば意識が言明する（aussprechen）言葉の吟味が行なわれ、それが弁証法的な展開を促すことになるのである[7]。

ヘーゲルが言うように、「言語はもっぱら普遍的なものを表現する」（VIII. 74［§20］, vgl. III. 85）のであるが、しかし後でヘーゲル自身の議論にそくして詳しく考察するように、ヘーゲルが言う言語の普遍性は、個別的なものを排除した抽象的で固定的なものではなく、むしろ個別的なものをそのうちに潜在的に含みつつ自己展開し、終りにおいてみずからの内容を完全に言い表わして、真の普遍性を獲得することを可能ならしめるものである。したがって、言語は自己展開する能産とも言うべきものであり、「自分自身を生産して先導しながら自分自身に還帰する歩み」を実現する「主体」なのである（III. 61）。

例えば「絶対的なもの」という言葉は、それが直接的に言い表わされる場合、そのうちに含まれている内容の諸規定は捨象されている。

「私が『すべての動物』と言うとき、この言葉《ヴォルト》は動物学としてみなしえないのと同様に、神的なもの、絶対的なもの、永遠なもの等々という言葉は、そのうちに含まれているものを言明してはいない。[8]」（vgl. III. 24-25）。直接的に言い表わされたものは「直観」（Anschauung）であり、それはヘーゲルにとっては一つの空虚な名前にすぎず、「固定的に静止しているもの」（III. 62）である。直観あるいは直接的なものは、自己展開を通じてみずからの抽象的な普遍性を克服し、終りにおいてはじめてみずからの内容を言い表わして具体的に普遍的なものとなる。「空虚な初めは、この終りにおいてのみ現実的な知となる」（III. 25）とヘーゲルは言う。

直観は、もともと対象を具体的にとらえているものとみずから私念するのであるが、この直観が直接に言語によって言い表わされると、それは内容の規定性を捨象した「空虚な言葉[9]」（das leere Wort）（III. 289, 558）にすぎない。言語は直観の直接性を止揚して、直観に内容を与えるものである。それゆえ、B・パランに倣って言えば、「言語は直観を再建する（rétablir）はたらきをする[10]」と言えるだろう。

かくて言語は思惟と同様に直観的なもの（＝直接的なもの）の否定であり「媒介」である。労働が「阻止された欲望」（die gehemmte Begierde）（III. 153）であるならば、言語は「阻止された直観」（die gehemmte Anschauung）ともいうべきものである。言語は労働と同様に、人間の直接的なものからの分離の結果であり、同時にまたその止揚なのである。[11]

三　「思惟の身体」としての言語

「絶対的なもの」を把握するのに言語という媒介を放棄して感覚的なもの、直接的なものに訴えようとすることは、「言い表わせないもの」（das Unsagbare, das Unaussprechliche）に身をまかせることである。それは絶対的なものを個別的感覚的なもののうちに閉じこめることであり普遍的な認識の放棄を意味する。「言い表わせないもの、すなわち感情とか感覚は最もすぐれたもの、最も真実なものではなくて最も重要でないもの、最も真実でないものである」（VIII. 74［§20］, vgl. X. 280）とヘーゲルが言う所以である。

感情や直観にみずからの絶対的な立場を見出すことと、言語に表わせないものに依存することは、ヘーゲルにとって同一のことに帰する。それは人間がみずから普遍者たることを否定することであり、したがって「真実でないもの、非理性的なもの」（III. 92）として厳しく斥けられる。「人間の最高の賜物」である言語を放棄して、感覚的なものや言い表わせないものに身をまかせれば、かのメフィストーフェレスが予言したごとく「悪魔に身をゆだねて破滅しなければならない」というわけである（vgl. III. 271）。

普遍的なものを拒否して、個別的で直接的なものにみずからを限定すれば、それは「反人間的なもの」（das Widermenschliche）（III. 65）とならざるをえない。なぜならそれは他者との一致を拒むがゆえに、人間の本質である共同性に反するからである。個別的な自己は、みずからの本性である「普遍的な自己」（III. 346, 362, usw.）と成るために他者との一致を実現しなければならない。「われわれである私、私であるわれわれ」という「精神の概念」（III. 145）こそ人間がそのうちに本来の姿を表わすエレメントなのである。次に引用するヘーゲルの主張は、彼の人間観を簡潔に言い表わしていると言ってよい。

「人間性の本性とは他者との一致にまでせまってゆくことであり、この本性が現実に存在するのは、もっぱらもろもろの意識の共同性が成しとげられたときである。」（III. 65）。

したがって人間がその本性である他者との共同性を拒否して、感覚的なもの＝個別的なもの[12]に固執することは、ヘーゲルにとっては「人間性の根源を踏みにじる」（III. 65）ことと同義なのである。感覚的なものの個別性を止揚して、そのうちに内在している普遍的なものを顕ならしめる当のものが言語である。

言語は自己意識を外面化するとともに感覚的なものを内面化する。「直接的定在のうちにある感性界の滅却」（IV. 52）を通じて言語は存在に普遍性を与えるのである。感覚的なものは言語のうちに止揚されて普遍的な自己意識とならなければならない。なぜなら感覚的なもののうちには普遍的なものが内在しているのであり、それを顕在化せしめるのが言語にほかならないからである。言語を通じて存在はみずからの本質を語るというわけである。

ところで言語が存在の普遍的な本質を言い表わす場合、いうまでもなくそこには常に思惟がはたらいていなくてはならない。先にも言及したように言語と思惟は密接な関係をもっている。ヘーゲルが言語を「思想の産物」（VIII. 74［§20］）と規定するとき、われわれはそれを、言語よりも思惟の方が根源的であるという風に理解すべきではない。言語は決して思惟の仮りの宿などではなく、むしろ「思惟の身体」（VIII. 286［§145 Zusatz］）そのものであると言うべきである。J・イポリットの巧みな表現を援用すれば「言語は思惟に先行するとともに思惟を表現する」[13]のである。心身の場合と同様、言語と思惟とを分離することはできない[14]。もし両者を分離するならば、それは「おしゃべり」（Konversation）（III. 11, 48 usw.）に堕してしまう。

このような意味で言語はなによりもまず思惟の定在でなければならない。思惟は言語によってしかみずからを実現できないし、言語は思惟を通じてのみ真の言語たりうるのである。言語と思惟はこのように不可分のものである。ボーダマーも指摘するように「言語はすでに思惟を含意し、思惟は言語なしには存在しない[15]」と言うべきだろう。

このような「思惟の身体」である言語を通してのみ、われわれは感覚的なものの個別性を止揚して、それを普遍性のエレメントのうちに存立させることができる。言語が感覚的なものに内在する普遍的なものを暴くのである。

四　感覚的な「このもの」と言語――『精神現象学』冒頭章の解釈

ヘーゲルが『精神現象学』の冒頭において感覚的意識の立場を叙述するのは上記のような視点からであるということができる。

周知のようにヘーゲルは『精神現象学』の冒頭章で、意識の経験の叙述を、対象についての意識の直接的な確信から始めるのであるが、その際彼は意識のこの確信を意識が私念する（meinen）ものと、意識が実際に言葉によって言明する（aussprechen）ものとの矛盾を指摘することによって反駁する。感覚的意識は眼前にあるこの個別的なものをとらえていると自負しているのであるが、しかしこの直接的な意識がみずからの確信を言葉に出して言明するとき、それは「普遍的なもの」である。

感覚的意識が発する「このもの」すなわち「ここ」「いま」というような言葉で指示される直接的で個別的な存在は、この意識が私念するような純粋に個別的で直接的な存在ではありえず、他の「このもの」「ここ」「いま」によって媒介された「普遍的なもの」であることが判明する。

われわれが、眼前にあるものを「このもの」として感覚的に確信している場合、例えば目の前にある「このもの」を「この机」と言明するとき、これによってわれわれが表象しているのは、眼前にある「この机」という個別的なものであるが、しかし言葉に出して言われた「この机」は個別的なものではなく普遍的なものである。というのも眼前にある「この机」以外のすべての机も「この机」と言うことができるからである。

ヘーゲルが「（感覚的確信において――引用者）われわれが普遍的なこのもの、あるいは存在一般を表象しているのではないが、しかしわれわれが言語で言い表わしているのは普遍的なものである。」（III. 85）と言う所以である。

ヘーゲルが、言語はつねに普遍的なものを表明すると言う場合、注意しなければならないのは、言うところの「普遍的なもの」は個別的なものを捨象してそれに対立しているものではない。もし普遍が個別に対立しているならばヘーゲルが機会あるごとに指摘するように普遍は個別に対する一つの特殊になってしまうだろう。「普遍的なもの」は個別的なものの否定を媒介として存立するのであるから、個別的なものをみずからのうちに否定的な契機として含んでいなければならない。このことは、ヘーゲルが「普遍的なもの」を「『このもの』でもなく『かのもの』でもなく、このものでないものでありながら同時に一様に『このもの』でも『かのもの』でもあるような単純なもの」(III. 85)と規定していることからも明らかである。(16)

だからヘーゲルが、「言語は普遍的なものしか表現しないから、私は私が私念しているだけのものを言うことはできない」(VIII. 74 [§20])と言うとき、彼は言語が個別的なものを言い表わすことができないと述べているのではなく、むしろ言語は個別的なものだけを言い表わすことができないと主張していると解するべきである。

ヘーゲルがここで言おうとしているのは、感覚的な意識が、この個別的事象そのものを純粋にとらえていると思い込んでいるのは、あくまでも「私念」(Meinung)にすぎず、感覚的な「このもの」もつねに言語という普遍的なものに媒介されてはじめて、みずから個別的なものとして存立を得ているということである。

このような意味において、言語は感覚的意識が私念するものよりも「より真実なもの」(das Wahrhaftere)(III. 85)なのである。ヘーゲルは感覚的で個別的な存在の実在性を否定しているのではなく、むしろそれを真実なものとして容認するが、しかしそれは「最も抽象的で最もまずしい真理」(III. 82, vgl. VIII. 70 [§19 Zusatz 2], 182 [§85 Zusatz] usw.)にすぎない。感覚的なものは、みずからの個別性＝抽象性を止揚して普遍的なものにならなければならないが、それは言語によってのみ実現されるのである。したがって言語は感覚的個物を捨象するものでなく、むしろそれに存立を与える普遍的なものである。感覚的なものが個別的なものとして存立を得るのは言語という普遍的なものに担われているからにほかならない。(17)(18)

感覚的意識は「このもの」を普遍的なものとしてとらえることによって、対象の真理が対象そのもののうちにはなく、かえって自分のうちにあることを経験する。「対象は自我がこれについて知るから存在する」（III. 86）のである。かくて感覚的確信の真理は、対象の側から自我のうちへ押し戻されることになる。しかし「この自我」も「このもの」と同様の弁証法を経験する。感覚的意識は、自分が私念しているこの個別的な自我を言い表わすことはできない。なぜなら「私が、この個別的な私と言うときにも、私の言っているのはそもそもすべての私のことである。」（III. 87, vgl. VIII. 82-83 [§24 Zusatz 1]）からである。

かくて感覚的意識に対して真理は「対象」においても「自我」においても「普遍的なもの」として開示されたわけであるが、しかしこの普遍性は、個別的なものを可能態として含んでいるにすぎない。「このもの」も「この自我」もみずから展開して真に普遍的なものに生成しなければならないのである。「自我とは、あらゆる特殊的なものを捨象しながら同時にあらゆるものを覆い包んでいる普遍的なものである」（VIII. 83 [§24 Zusatz 1]）とヘーゲルが言うように、「このもの」にせよ「自我」にせよ、みずからのうちに潜在的に含んでいるあらゆる諸規定を展開してはじめて具体的に普遍的なものとなる。

『現象学』におけるこれ以後の展開は、「このもの」と「この自我」があらゆる媒介を経て、みずからの抽象性を克服し真の「自我」として生成する道程にほかならない。「自我、あるいは生成一般、この媒介するはたらきは、その単純性のゆえにまさに生成する直接性である」（III. 25）とヘーゲルが言う所以である。

「このもの」の展開は、対象的自然の内面化の過程であり、「この自我」の展開は、自我の外化の過程である。この二つの過程はその統一において把握されなければならない。両過程は個別的なものの普遍化過程であると同時に普遍的なものの個別化過程である。「対象は全体として推論（Schluß）である。すなわち普遍的なものが限定を通じて個別性へ至る運動、あるいは逆に個別性が止揚されたものとしての個別性すなわち限定を通じて普遍的なものに至る運動である」（III. 576）とヘーゲルは言う。この二重の媒介過程――「推論」の運動――を担うのが言語である。言語は抽象的な個別性をも、抽象的な普遍性をもその反対へと止揚する「神的な本性」（III. 92）をもっているのである。

五　言語の三つの性格――「記号」「名称」「ロゴス」

われわれは、『精神現象学』の冒頭にそくして、言語が自我の外化と感覚的な対象の内面化を媒介するものとして、考察してきた。ここでは言語は「意識の定在」として現われていると言ってよいだろう。

ヘーゲルは、すでにイェーナ期の「精神哲学」に関する講義草稿において、意識の定在としての言語を、人間の自然に対する支配という観点から考察している。この草稿では「言語」（＝「記憶」（Gedächtnis）の所産）、「道具」（Werkzeug）（＝「労働」〔Arbeit〕の所産）、「家族財産」（Familiengut）（＝人倫関係の所産）という外化の三つの形式の究明を通じて、「主体と客体の対立を完全に止揚する」（GW. VI. 286）方途が模索されている[19]（vgl. GW. VI. 277f.）。

それと並行して、この草稿では、J・ハーバマスも指摘しているように、上記の三つの外化の形式の相互的な有機的連関から精神の概念が確定されようとしている[20]。ここでは、言語は、精神の「第一のポテンツ」（GW. VI. 297）として、他の二つの外化の形式に先行する最も根源的なものとして位置づけられている[21]。ヘーゲルによれば、精神は最初に「意識一般」として存在し、そして意識は第一にまず「言語として現存在する」（GW. VI.

280）のである。

ヘーゲルは言語の本源的な形態を「記号」（Zeichen）のうちにみている。「記号」は、直観によって与えられる直接的で無差別な世界――ヘーゲルはこの世界を「形象の国」[22]（das Reich der Bilder）（GW. VIII. 190）と呼ぶ――をうち破って、この世界を主体（自我）との関係において定立する。記号は「直観の直接的にして固有な内容を滅し、直観に他の内容を意味や魂として与える」（X. 270）とヘーゲルは言う。したがって「記号」を与えることは、人間が外的対象の直接性を止揚して、それを自分のものとなそうとする偉大な行為なのである。「記号は偉大なものと言わなければならない。もし知性があるものを記号づけるならば、そのとき知性は直観の内容と手を切って感覚的素材に疎遠な意味を魂として感覚的素材に与えたのである。」（X. 269）。

ヘーゲルにとっては直接的で実体的なものは決して「驚くに値しない事態」（III. 36）であるが、直接的なものを否定して、それに他の意味を与える精神の否定的な作用は「巨大な力」（III. 36）とも言うべきものなのである。

このように記号は、みずからの感覚的定在とは違った「疎遠な魂」を指示することによって、「自我」を対象のうちに定立する。ヘーゲルはこのことを「対自存在が対象の本質として対象である」（GW. VIII. 188）という風に言い表わしている。ところで記号は、主体が対象に対して任意に意味を付与したものであるから、ここでは主体と客体との統一は恣意的で外面的なものにとどまる[23]（vgl. GW. VI. 286, X. 269）。「主体は記号においては止揚されていない」（GW. VI. 287）とヘーゲルが言う所以である。

「名称」（Name）は、記号よりも高次な言語の形態である。「名称」は記号の外面性、恣意性を止揚して対象をいわば新しく生み出すのである。「名称によって存在するものとしての対象は自我から生み出される。これは精神がなすところの第一の創造行為である」（GW. VIII. 189-190）とヘーゲルは言う。アダムが最初にあらゆる事物に命名することによって、自然全体を観念的に支配したように[24]、名称を与えることは「全自然を精神から創造すること」（GW. VIII. 190）にほかならない[25]。

われわれは対象を感覚しているかぎり対象と無媒介に一体化しているが、対象が命名化されることによって、対象は「自我」として生成し、「一つの精神的なもの」（GW. VIII. 190）となる。

「精神はロバに次のように言う。〈お前はある内なるものであり、この内なるものは自我であり、お前の存在は私が勝手に作りだした一つの音響（ein Ton）である……〉と。」（GW. VIII. 190）。

かかる意味において名称はまさに「対象へと生成した自己」（GW. VIII. 196）なのである。しかし、名称は感覚的な個物を観念的なものとして定立する「個別的な名称」（GW. VI. 289. vgl. GW. VIII. 196）であるかぎり、それはいまだ「個別的な観念性」（eine einzelne Idealität）（GW. VI. 290）であることを免れない。名称は本来事物を区別する作用であり、「具体的に限定されたものを表現する」（GW. VI. 289）ものである[26]。それゆえ、名称は現前する個別的な対象に囚われていると言える。

名称が個別的な対象から解放されて、他の名称との連関のうちに定立されることによって観念の自由な結合と展開が保証される。すなわち名称は「ロゴス」（λογος）（GW. VIII. 190）とならなければならないのである。かくて「観念的なものの総体」（GW. VI. 297）は、ロゴスとしての言語によって与えられる。言語は「諸々の名称の連関」（die Beziehung der Namen）（GW. VI. 289）であり、自然全体は言語において「観念的に定立された自然」（GW. VI. 318）へと止揚されるのである。ここにおいて、自我と自然とが真に統一され、人間の「自然に対する観念的な支配」（GW. VI. 281）が成就されることになる。

ヘーゲルは以上のことを次のように要約している。「ロゴスは理性であり、事物と語ることとの本質であり、事柄（Sache）と言説（Sage）であり、カテゴリーである。」（GW. VIII. 190）。

われわれは簡単にではあるが言語の記号的性格、名称的性格、ロゴス的性格を考察してきた。言語は以上の三つの性格をみずからのうちに具えているとヘーゲルは考えている。こうした言語の性格のゆえに人間は対象をみずからと対立したものとして定立すると共にこの対立を止揚することが可能なのである。対象との対立を定立するという側面からすれば言語は「意識」であり、この対立を止揚するという側面からすれば、「媒語」である。このゆえにヘーゲルは言語を「媒語としての意識」(Bewußtsein als Mitte)(GW. VI. 277)と呼ぶ。

したがって「意識はあるものを自分から区別するとともにこれに関係する」(III. 76)と言うことができるのは言語においてである。意識はロゴスとしての言語において定在を得て、「みずからを観念的なものの総体」(Totalität)へと組織化」(GW. VI. 297)するのである。[27] この意味で言語は「意識の現存在する概念」(GW. VI. 288)なのである。

六　ヘーゲルの言語観から見た『精神現象学』理性章「頭蓋論」の解釈

意識が言語においてみずからを総体化する過程を叙述するのが、いわゆる「意識の経験の学」としての『精神現象学』にほかならない。

自然が「観念的なものの総体」としての言語の中に止揚されているというヘーゲルの主張は、『精神現象学』の「理性」章の「A　観察する理性」の結論部にあたる「頭蓋論」(Schädellehre)のところに端的に示されている。ここでは周知のように、「あらゆる実在であるという意識の確信」(III. 179)をもつ理性が、みずからの確信を真理にまで高めるべく自然の観察へと向かい、その結果「頭蓋」のうちに自己を見出したとき、理性は、みずからを「精神の存在は物である」という「無限判断」の形で表明する(vgl. III. 577, 257f.)。(「無限判断」については、本書第七章一の(c)を参照。)。

ヘーゲルは、「感覚的確信」の弁証法の場合と同様に、ここでも経験している当の意識（＝観察する理性）が私念しているものとこの意識が実際に言語において表明しているものとが矛盾することを指摘する。言語はつねに意識の私念（思い込み）を反駁するのである。

「普通には精神について、精神が存在するとか、存在をもつとか物であるとか、個別的な現実であるとか言われる場合、これによって私念されているのは、人が見たり、手に取ったり、たたいたりなどすることのできるものではないが、しかし言われているのはこのようなものなのである。」（III. 260, vgl. III. 577）。

「精神は物（ein Ding）である」（III. 259）という言葉は、私念の立場（＝表象の立場）からすれば、「非精神的なもの」（III. 577）であり、精神と物は対立したものと考えられているのであるが、「われわれ」の立場（＝概念の立場）からすれば、それは「このうえもなく精神豊かなもの」（III. 577）であって、「自我と存在の統一」（III. 260）を言明しているのである。

このように自我と自然の統一は、「精神は物である」という無限判断の形をとって、言語のうちに表現されているわけである。かかる意味において言語は「観念的に定立された自然」（GW. VI. 318）であり、自然の内側に打ちたてられたいわば第二の自然なのである。[28]

七　「意識の定在」から「精神の定在」へ

これまでわれわれは、言語を主体と客体（自然）とを媒介する「意識の定在」として、考察してきたのであるが、言うまでもなく言語の本質はそれに尽きるものではなく、さらに言語を主体と主体とを媒介する「自己意識の定在」としても、考察しなければならない。というよりも言語は、主体相互を媒介する精神的な定在であることによって、主体と客体を媒介するものであると言うべきであろう。

「記号」も「名称」も本来なんらかの対象を指示するものであるが、このような対象を指示する行為も他の意識（主体）との共同性を前提にしてはじめて意味をもちうるのである。言語は共同体のうちにその本来のエレメントをもっているわけである。ヘーゲルはイェーナ期の「精神哲学」に関する草稿で次のように述べている。「言語は……民族の言語としてしか存在しない。……ただ民族の作品としてのみ言語は精神の観念的な現存在である。……言語は普遍的なもの、もともと承認されたもの（Anerkanntes）、万人の意識に同じように反響するもの（Widerhallendes）である。言葉を発する意識はすべて、言語において直接他の意識になるのである。」（GW. VI. 318）。

言語は、自己意識を他の自己意識と媒介するものとして、いわばその対他存在の様相においてはじめて、「精神の定在」としての本来の姿があらわになる。イェーナ期の精神哲学講義草稿では、ハーバマスも指摘しているごとく、[29]言語は労働とともに主体と客体を媒介するものとして構想されているのであるが、現実的な精神のレヴェルにおいて、言語は主体と主体を媒介するものとして、人間の共同性のうちにその存在基盤をもっている、とヘーゲルは考えているのである。[30]

言語は共同体のうちにのみ本来の定在を持つという上記の思想は、『精神現象学』にそのまま持ち込まれ、ここでは「精神」の歴史として具体的に展開されることになる。

八　「精神の定在」としての言語の歴史

『精神現象学』の「精神」章は、Ａ・コイレも指摘するごとく、「精神の生の歴史」（＝民族の歴史）が「言語の歴史」として叙述されていると言っても過言ではないのである。(31) この「精神」章では、古代ギリシアの人倫的社会における「個」と「全体」(国家) が直接結びついている「単純な自己」からは始まって、個が解体され、法によって外面的、形式的に統一・支配されていたローマ時代を経て、「個」が自己形成を媒介として「全体」にまで至りつこうとする近代的な「個」としての「普遍的自己」(III. 362 usw.) が生成してくるまでの過程を、ヘーゲルは「自己」の定在である「言語」の歴史を通して叙述しようとしている。われわれは、先に「精神」を「自己生成」の過程として考察したが、この過程が、ここ「精神」章では、言語によって歴史的に現実化される過程として叙述される。この過程は、また言語が人間の共同性を現実化する過程にほかならない。われわれはこのことを「精神」章にそくして簡単に示してみたい。

まず古代ギリシアの人倫的世界にあっては、「自己」は「単純な自己」であって、「人倫的実体」としての「統治」(Regierung) と無媒介に一体化されている (III. 334-335, 350)。それゆえ人倫的世界を表現する言語は「掟と命令」(Gesetz und Befehl) (III. 376, vgl. III. 266-267, 479) である。「掟」「命令」「習俗」といった人倫の「普遍的な言語」(III. 266) において「自己」はその定在をもっているのである。これらの「普遍的な言語」においては、「自己」はみずからの対自存在 (自立存在) を人倫的実体のうちに埋没させている「非現実的な影」(III. 346, vgl. III. 332) にすぎない。

こうした人倫的な「自己」を破壊して、「自己」が「絶対的に自立した実在として妥当する」(III. 355) ことを可能ならしめるのが「行為」(Tun) (III. 292) である。なぜなら、ヘーゲルによれば行為の目的は、「個体を表現すること、あるいは個体を言明すること」(die Darstellung oder das Aussprechen der Individualität) (III. 292-293) にほかならないからである。

言語が純粋に個体そのものを表現することができるようになるのは、近代社会においてであるが、近代社会は

『現象学』では、「自己」が二重化する「自己疎外的精神」（＝自己形成《ビルドゥング》）の世界として叙述される。この世界においては、かの古代社会の人倫的実体の中に埋没していた「単純な自己」は自己意識と実体（＝国権と財富）という二重の「自己」に分裂する。ここでは「自己」は分裂という形式においてみずからを表明しているのである。そして、かかる「自己」の二重化という疎外（＝外化）を媒介にして「自己」が実体をわがものとする過程が、「教養《ビルドゥング》の世界」であり、『現象学』がその方法にしたがって描くところの近代世界である。この二重化された「自己」がその統一において定在しているものが言語にほかならない。言語は自己意識（＝自我）に普遍性を与え、実体を個別化するところの「媒語《ミッテ》」（III. 373, 386 usw.）なのである。

ヘーゲルはここで、封建体制から君主制を経て近代市民社会の成立に至るまでの歴史過程を、『現象学』の方法に従って、自己意識の疎外（外化）の展開過程としてとらえ、かかる過程を言語の発展段階として提示する。教養の世界の発展の第一段階（封建体制）を表現する言語は、「忠言」（Rat）（III. 374、376）である。封建体制の中で生きる「家臣」は、個人として独立することなどは眼中になく、みずからの意志を越えた共同体のために身をささげる「誇り高き家臣」（III. 374）である。しかし彼らが共同体のために発する「忠言」は純粋なものではなく、そこには当人が自覚していない幾ばくかの私的な利害が含まれているのである。それゆえ、「忠言」はいまだ自己意識の内面を完全に外化した言葉ではない。それは「一般の利益について語りながらも、みずからの特殊的利益をひそかに留保する」のである（vgl. III. 375）。ヘーゲルは自己意識の外化（＝普遍化）と実体（＝国権）の内面化（＝個別化）は相即するものと考えている。

したがって、「忠言」において自己意識がみずからの真の内面性を外化したのではないとすれば、その分だけ実体である「国権」の主体化は阻まれることになる。それゆえ、「忠言」は「みずからを完全に知り、言明（ausspricht）しているような精神ではまだない」（III. 378）とヘーゲルは言う。封建体制はドイツにおけるように、多くの諸邦に分割されていて、統一した国家の実現が妨げられ、一つの国家意志にまでまとまることはなかった。このような領邦国家とその家臣の関係を、ヘーゲルは「忠言」という言葉によって言い表わしているのである。

それに対して、フランスにおいては、封建体制から一歩進んで絶対主義国家が成立するに至る。「朕は国家なり」というルイ一四世の象徴的な言葉が示しているように、国家が一つの具体的な意志をもつものとして現われる。それと共に自己意識（個人）と国家の関係は「廷臣」と「国王」との関係に移行する。こうして「廷臣」が「王」に語りかける言葉が「追従の言語」（die Sprache der Schmeichelei）（III. 379）にほかならない。かかるへつらいの言葉を通じて、「廷臣」は「国王」を称賛し、国家の頂点にまつり上げることによって、「国家」（＝実体）は「自己」（＝主体）へと生成し、「自己」には普遍的権力が与えられることになる。

「忠言」においていまだその実定性を免れなかった「国権」を「自己意識の対自存在へと、また個別性へとなす」（III. 378）のが「追従の言語」なのである。「追従の言語」によって諸々の自己意識はみずからの「内面的確信を外化」（III. 378）するのであるが、このことによって「国権」を自己意識にまで高めるのである。しかしこの場合、他の自己意識を排除する「国権」の個別性は、自己意識の「自己」そのものではなく、かえって、「国権」の「自己」は諸々の自己意識に対立する「即自」（III. 384）となっている。それゆえ、「追従の言語」は、「いまだ一面的な精神」（III. 384）であるとヘーゲルは言うのである。

「忠言」も「追従の言語」も、分裂した「自己」を媒介する定在なのではあるが、しかしこれらの定在は、自己意識と実体という二つの「自己」を真に統一する「媒語」ではなく、いまだこれら二つの「自己」のどちらか一方を実定化し、既成化している「一面的な精神」なのである。

これに対して「分裂した言語」（die Sprache der Zerrissenheit）（III. 384）は、この「自己」としての「純粋な自己」

（III. 376, vgl. III. 390）を完全に表現するものである。「分裂した言語」とは、自己意識がその対象を国家から「財富」に転換するときに問題の中心となる近代市民社会をその根源において表現する言葉であると言ってよいであろう。なぜなら近代市民社会はヘーゲルにとって、「財富」に規定された利己的な個人と個人が全面的に敵対し対立し合っていると同時に、そのことによってまた全面的に相互に依存し合ってもいる矛盾に満ちた社会であり、自己意識（人間）と物（財富）とが相互媒介的に転換し合う独自の世界として把握されていたからである。

「分裂した言語」は、「すべてを語り、すべてを分裂させる判断を下す」（III. 386）ところの自己意識の定在である。この言語においては、「自己」は他者のうちにみずからの対象を持っているが、しかしこの対象は直ちに止揚されて「自己」のうちに解消している。ここでは、「自我にとって他者であるものはただ自我自身にすぎない」（III. 398）のである。それゆえ、「分裂した言語」が下す判断は、二重化した「自己」を無媒介に「純粋な自己」へと止揚する「無限判断」（das unendliche Urteil）（III. 385, 398 usw.）である。「分裂した言語」において、自己意識は、その純粋な個別性において、直接に普遍性へと高まるのである。この言語は、「絶対的な転倒」（III. 386）を言明するがゆえに、近代市民社会（＝教養《ビルドゥング》の世界）全体の真理であり、したがって「精神の現存在」（die Existenz des Geistes）（III. 385）なのである。

九　「分裂した言語」から「良心の言語」へ

かくて言語は、「分裂した言語」に至ってはじめて、その独自の様相において現われることになるのである。われわれは、教養の歴史が言語においてその定在をもっていることを、考察してきた。教養の歴史は、自己意識が自分に対立するすべての実体的なものを否定して、純粋に個別的な「自己」として生成してくる過程にほかならない。しかし自己意識の個別化過程は、同時にその普遍化過程でもあるのである。言語はこの二つの過程をその統一において媒介する「精神の定在」である。「言語において、自己意識の対自的に存在する個別性そのものが現存在するようになり、その結果この自己意識の個別性が他人に対して存在するものとなる」(III. 376)とヘーゲルが言う所以である。自我が個別化すればするほどかえって逆に自我の定在である言語はそれだけ一層普遍的な媒体とならざるをえないわけである。[32] ヘーゲルは、自我の個別化過程が言語においては同時にその普遍化過程に転変することを次のように叙述している。

「(言語において――引用者)自我はこの自我でありながら同時に普遍的な自我である。自我の現象が、同時に直接的に『この』自我の外化であり消失であり、このことによって自我は、その普遍性のうちにとどまっている。自分を言明(ausspricht)する自我は聴き取られる(vernommen)。そこには伝播があり、ここにおいて自我は、自分が定在していることを認める人びととの統一のうちに直接的に移行して、普遍的な自己意識になっている。」(III. 376)。

ここにヘーゲルの言語観が集中的に述べられている。言語は、「この」自我の定在であることによって、普遍的な自我の定在となるのである。なぜなら個別的な自我は、言語においてのみ、その十全な姿で「聴き取られる」からである。自我の言明(Aussprechen)と聴取[33](Vernehmen)は自我の外化の同一の過程にほかならない。それは自我の二重化の過程であると同時にその統一化の過程でもある。

ヘーゲルは二重化された自我の真の統一を「良心の言語」(die Sprache des Gewissens)のうちに見ている。「良心の言語」は、「自分のうちに還帰し、自己においてその真理を確信している精神」(III. 479)の定在である。「分裂した言語」には、「良心」のこの自己確信(=自己承認)が欠けているのである。「分裂した言語」はこの「自己」をも普遍的な「自己」をも直接に転倒させる「自己解消の遊戯」(III. 386)であった。それゆえ、ここでは真の「自己」への還帰は成就していないのである。

自分に対しても他者に対しても承認を与え、真に自己を確信せしめうるエレメントが、「良心の言語」にほかならない。この言語は、自己意識の自己確信を、普遍性のうちに定立する。

「言語がここで（『良心の言語』において――引用者）獲得した内容はもはや教養の転倒され転倒する分裂した自己ではなく、……自分の承認（Anerkennen）を確信し、このような知として承認された精神である。」（III. 479）。

ここにおいて言語は、その最深の意味を得ることになる。言語において自己意識がみずからを「聴き取る」と共に他者によっても「聴き取られる」ことが、自己意識をして、自己承認と他者承認を可能ならしめるのである。かくて言語は「相互承認」を現実化するものであり、したがってまた「絶対精神」そのものの根源的エレメントにほかならないのである（vgl. III. 492-493）。

われわれは、言語を「自己」生成の定在として、考察してきた。「自己」とは、ヘーゲルによれば、「みずからの内に還帰した内面的なものでありながら、直接に定在し、内面的なものが定在しているのを自覚している当の自己自身の確信」（III. 553）である。かかる「自己」の定在を、われわれは「良心の言語」のうちに見出した。『精神現象学』の展開は、「感覚的確信」の段階における個別的な「自己」としての「この自我」が、みずからの定在である言語を通じて、普遍的な「自己」へと生成する「精神」の運動にほかならない。

言語はヘーゲルにとって、何よりもまず「内面的なものを存在するものとして定立する力」（GW. VIII. 189）である。言語を通じて自我（自己）は、みずからの内面性を存在のエレメントの中に定立すると同時に、対象の直接性を止揚して、対象を自我との関係のうちに定立する。自我の外化と対象の内面化は言語において同時に行われるのである。したがってヘーゲルによれば、言語は「内面性が外面的であると同時に外面性が内面的であるところの完全なエレメント」（III. 528-529, vgl. VIII. 280［§142 Zusatz 2］）なのである。かくて対象は、言語において自我に対立するもう一つの自我として定立されることになる。この自我の二重化は、周知のごとく「精神」の運動にとって本質的な過程である。それは自我が反省された「自己」として、すなわち対自存在として生成する過程である。ヘーゲルがいうところの「概念」とは、言語というエレメントに住まうところの「対自的に存在する自己」にほかならない（vgl. III. 580）。

「自己」の対自化の過程は、同時に自我が対他存在たることを実現する過程でもある。なぜなら、われわれが先に示したごとく、「自己」が自立的になればなるほど、「自己」の定在たる言語はますます普遍的な伝達手段としてその共同的な性格を顕在化するからである。言語は、まず「意識の定在」として「自己」を自然のうちに二重化し、さらに「自己意識の定在」として、「自己」を他者のうちに二重化する。この二重化過程は同時にその統一化過程にほかならない。まことに言語は、「二つの自由な自己の統一」（GW. VIII. 189）として、「精神の定在」なのである。

註

（1）ヘーゲルはまた言語を「精神の純粋な現存在」（die reine Existenz des Geistes）とも規定している（XX. 107）。

（2）ヘーゲルは、言語を「直接的定在のうちにある感性界の滅却」（IV. 52）であると言い、他方、思惟を「直接的に現存在するものの否定」（VIII. 57［§12］）であると述べている。

（3）『精神現象学』の中でaussprechen（表明する）、ausdrücken（表現する）、darstellen（叙述する）、という三つのタームは一般に区別して使用されているようである。>aussprechen<についての用法は、例えば冒頭章において、意識が私念するものと、それが「言明する」（aussprechen）ものとの矛盾が指摘されているところに典型的にみられるように、>aussprechen<は、意識（主体）の外化に関して使用される（vgl. III. 52, 61, 82, 162, 270, 281, 376, 479 usw.）。>ausdrücken<については、「法則は対立を静止している両側面としてとらえて表現する（ausdrücken）」（III. 211）と言っているように、>ausdrücken<は総

じて意識の対象に即して客観的に用いられる場合が多い。しかも「外は内の表現」（Ausdruck）」（III. 202, 212）という言い方からも察せられるように、>ausdrücken<は、対象的なものの内面化をも含意していると言ってよい（vgl. II. 23, 120, 135, 190 usw.）。>darstellen<>Darstellung<は、意識の外化（aussprechen）と対象の内面化（ausdrücken）を統一的に把握する「われわれ」の立場から用いられていると考えてよいだろう（vgl. II. 22, 33, 72, 79 usw.）。

（4）J. Habermas, *Technik und Wissenschaft als >Ideologie<*. Frankfurt a. M. 1968. S. 15.

（5）精神は「無過程な存在」（ein prozeßloses ens）ではなく「活動」であるかぎり、精神はみずからを「外在化」（sich äußern）せざるをえないというのがヘーゲルの根本的主張である（vgl. VIII. 101 [§34 Zusatz]）。

（6）『三木清全集』第二巻（岩波書店、一九六六年）一六九頁。

（7）D・クックも指摘するように、ヘーゲルは『精神現象学』において「意識がその固有の世界観を叙述するために使う言語を分析することによって経験の弁証法的本性を示している」と言えるだろう（D. Cook, *Language in the Philosophy of Hegel*. Mouton 1973. p. 41.）。

（8）ヘーゲルはまた直接的に言い表わされた抽象的な「神」について次のように言っている。「彼岸にある抽象的本質としての神、それゆえ、区別や規定性を含まない神は実際にはただの名前にしかすぎず、悟性が捨象した残りかす（caput mortuum）にすぎない。」（VIII. 234 [§112 Zusatz]）。

（9）『精神現象学』において、一般にSpracheとWortは区別されていると考えてよい。Spracheはつねに積極的な意味で使われているのに対して、Wortの方は、一、二の例外（例えばIII. 559）をのぞいて、内容のない抽象的なもの、という消極的なニュアンスを含んでいる（vgl. III. 24, 27, 70, 159 usw.）。

（10）B. Parain, *Recherches sur la nature et les fonctions du langage*. Paris 1942. p. 144.

（11）ヘーゲルは「労働」を「（自然と人間との）分裂（Entzweiung）の結果でもあり、また分裂の克服でもある」（VIII. 89 [§24 Zusatz 3]）と述べているが、このことは言語についても当てはまるであろう。

（12）ヘーゲルは感覚的なものの規定として「個別性」と「相互外在」（das Außereinander）を挙げている（vgl. VIII. 74 [§20]）。

（13）J. Hyppolite, *Logique et Existence*. Paris 1953. p. 52.

（14）後で示すようにヘーゲルにとって言語は「理性」であり、「事柄と言説」（Sache und Sage）の統一である（vgl. GW. VIII. 190）。しかるに言語が事柄の本性を表わさず駄弁におちいるのは、「言葉《ヴォルト》の罪ではなく、欠陥のある無規定な思惟、無内容な思惟の罪である」（X. 280）とヘーゲルは言う。言語は真実の思惟と一体となってはじめて事柄の本性を表現しうるのである。

ヘーゲルはまた言語と事柄を分離して、事柄そのものに重きを置く考え方が、かえって言語による事柄の概念把握をさまたげる結果になりかねないことに注意を促している（vgl. II. 247-248）。

(15) T. Bodammer, *Hegels Deutung der Sprache*. Hamburg 1969. S. 60.

(16) イポリットは「普遍的なもの」を適切にも「個別的なものと対立すると共に個別的なものに媒介されている」と注釈している（J. Hyppolite, *Genèse et structure de la Phénoménologie de l'Esprit de Hegel*. tome I. Paris 1970. p. 91）。

(17) 藤沢令夫が「言葉」に関する論文において、「われわれは好むと好まざるとにかかわらず、それと気づかずに、――つまり潜在的なかたちで――言葉を通じてものを見、言葉に包まれた事象を感受している」と言うとき、それは感覚的意識を論じるヘーゲルの議論とも重なり合うと言えるだろう（藤沢令夫『イデアと世界』［岩波書店、一九八一年］七頁以下参照）。

(18) 『精神現象学』の冒頭章をこのように解釈すれば、フォイエルバッハの周知の批判は失当と言わなければならないだろう。フォイエルバッハによれば『精神現象学』における「感覚的確信」の矛盾は、「普遍的なものである言葉《ヴォルト》と、つねに個別的なものである事柄《ザッヘ》との矛盾」にほかならない（L. Feuerbach, Werke. hrsg. von W. Bolin und F. Jodl. Bd. II. S. 287. 以下フォイエルバッハからの引用は巻数と頁数のみを示す。）。

しかしながら、フォイエルバッハにとっては、「言葉はまったく事柄に属していない」（II. 185）のであるから、この矛盾を言語によって越えることは、真に矛盾を止揚したことにはならないのである。ヘーゲルが感覚的な「ここ」や「いま」を反駁するのは、事柄そのものではなく、「論理的な『ここ』、論理的な『いま』」（II. 187）なのである。

フォイエルバッハにとって感覚的なものはそれ自身自立した実在をもつものであって、言語によっては決して止揚されない。したがって個別的で「言い表わせないもの」（das Unsagbare）は、ヘーゲルが言うように「非理性的なもの」ではなく、「それ自身で意味と理性をもっている」（II. 288）のである。「言葉が止むところに初めて生命が始まり、初めて存在の秘密がひらかれる」（II. 288）とフォイエルバッハは主張する。

ところで、ここでフォイエルバッハのヘーゲル批判の前提となっていることは、個別的なものは事柄そのものに属し、言語はそれに対して個別的なものを捨象した形式的に普遍的なものしか表現しないということである。しかし、われわれはこの前提そのものを問うてみなければならない。

感覚的意識が「このもの」をとらえるとき、純粋に事柄そのものをとらえているわけではなく、そこにはいかようにか言葉によって制約されていると考えるべきである。例えば、「この本」は、「この机」の上にあり、かつ「この本箱」の横にあり、更に「この部屋」の中にある等々、というように、他の「このもの」の媒介において存在する。しかも「このもの」は単に論理的なものではありえない。なぜなら、こうした他の諸々の「このもの」の媒介がなければ、われわれの「この本」に対する感覚は崩れてしまうであろうからである。「この本」は、他の「このもの」との関連において初めて「この本」として感覚し得るのである。

D・クックも主張するように、「個別的なものの有意味な経験というようなものは、他の個別的なものとの関連を離れて存在しない」と言うべきであろう（cf. D. Cook, *op. cit.*, p. 188）。

言語は「このもの」を言い表わすと共に「このもの」にとどまらずそれを普遍的な連関のうちに置く当のものなのである。ヘーゲルは、フォイエルバッハが考えているように、言語は普遍的なものだけを表現し、個別的なものはこれを言い表わすことは出来ないと考えているのではない。そうではなく、われわれが本文で示したように、言語は個別的なものだけを言い表わすことができず、むしろ言語は個別的なものを普遍的なエレメントへ止揚することによって、かえって個別的なものに存立を与える、とヘーゲルは考えているのである。

ついでながら、フォイエルバッハにとって言語は感覚的な個物を表わすことができず、ただ抽象的に普遍的なものしか表わさないのであるから、言語の本来の役割は、「我と汝」を媒介する伝達手段である。「言語は、類の実現（die Realisation der Gattung）、個体的分離を止揚して類の統一を表現するために、我と汝とを媒介するものにほかならない。」（II, 169）。

(19) 以下、イェーナ期ヘーゲルの精神哲学草稿からの引用は、次に掲げる決定版全集からのものである。Hegel: Gesammelte Werke. Bd. 6. *Jenaer Systementwürfe I*. hrsg. v. K. Düsing u. H. Kimmerle. Hamburg 1975.（以下、この巻からの引用は、GW. VI.と略記し、ページ数を付す。）。Hegel: Gesammelte Werke, Bd. 8. *Jenaer Systementwürfe III*. hrsg. v. R. -P. Horstmann. Hamburg 1976（以下、この巻からの引用は、GW. VIII.と略記し、ページ数を付す。）。

(20) Vgl. J. Habermas, *a. a. O.*, S. 31f.

(21) ハーバマスが指摘しているごとく、ここでは、「言語」と「道具」と「家族財産」という三つのカテゴリーは、単に相互に無関心な意識の定在として並列的に並べられているのではなく、むしろ重層的な関係にある。「道具」の使用は、言語によるコミュニケーションを不可欠のものとしているし、「家族財産」は、道具の使用（労働）による主体相互の関係を離れては無意味なものとなる（vgl. J. Habermas, *a. a. O.*, S. 32）。

(22) 「形象の国」は、かの「すべての牛が黒くなる夜」（III, 22）であり、「夢見る精神」（GW. VIII. 190）である。イェーナ草稿で、ヘーゲルはこうした「形象」の即自的統一の世界を「夜」（Nacht）という表現で表象化している（GW. VIII. 186f.）。加藤尚武が指摘するように、ヘーゲルはここで、「この『夜』の克服を理論化しようと試みている」のである（加藤尚武『ヘーゲル

哲学の形式と原理』[未来社、一九八〇年] 二二三頁)。

(23) ヘーゲルは『精神現象学』において、かかる「記号」の外面性を、個体と個体の「記号」にすぎない「人相」との関係で説明している(vgl. III. 239)。「記号」についてのヘーゲルの見解は、イェーナ期の草稿から『エンツィクロペディー』まで一貫して変わらない。『現象学』における「記号」については、III. 233, 236, 239, 243, 251 usw. を参照。

(24) アダムの命名行為についてヘーゲルは次の箇所で言及している(vgl. GW. VI. 288, GW. VIII. 190, IV. 52.)。

(25) 言語《ロゴス》はヘーゲルの宗教的表象と結びついている(vgl. I. 373ff.)。ヘーゲル哲学とヨハネ福音書の冒頭との関係については、中埜 肇『ヘーゲル哲学の基本構造』(以文社、一九七九年)第二部第二章が参照されるべきである。

　I・フェッチャーは、言語は神の永遠の創造が人間において開示されている当のものであるから、ヘーゲルが言語を「創造行為」に結びつけて語っているのは偶然ではないと言う(vgl. I. Fetscher, *Hegels Lehre vom Menschen*. Stuttgart 1970. S. 174f.)。

(26) 周知のようにプラトンにとっても「名称《オノマ》」は、「区別のための道具」である(プラトン『クラテュロス』388 B-C)。

(27) ヘーゲルが言語を「観念的なものの総体」というとき、それは個別的な観念＝名称の単なるよせ集め(Aggregat)ではない(vgl. GW. VI. 289f.)。それはボーダマーも指摘するごとく「みずからのうちに悟性的かつ理性的に分肢化された有機的全体」と考えなければならない(vgl. T. Bodammer, *a. a. O.*, S. 71.)。

(28) ヘーゲルによれば、言語は「自然に対する観念的な(ideal)支配」を可能にし、労働は「自然に対する実在的な(real)支配」を遂行する(vgl. GW. VI. 281)。K・レーヴィトも指摘するごとく、言語と労働は精神の「根源的な現存様式」であって、両者とも、自然に対する「否定的な行動様式」である(vgl. K. Löwith, *Hegel und die Sprache*. In: Sämtliche Schriften 1. Stuttgart 1981. S. 382)。

(29) J. Habermas, *a. a. O.*, S. 32f.

(30) ヘーゲルは「言語は人間と人間との間の最高の力である」(IV, 52)と述べている。

(31) Cf. A. Koyré, *Note sur la langue et terminologie hégéliennes*. In: Etudes d'histoire de la pensée philosophique. Paris 1961. p.200f.

(32) ここの箇所の解釈は、稲葉 稔の教示によるものである。稲葉は、近代的な自己意識の独自なあり方と言語との関係を次のように適切に解釈している。「『自己意識』の在り方が『自分だけで自分のためにあるという自利的個(孤)別』(die für sich seiende Einzelheit des Selbstbewußtseins)となればなるほど、その『自己意識』の定在となるべき『言葉』は『言葉』として逆にますます流通的たらざるをえなくなって来る。この一見相反するように見える二つの事柄は、もともと一つに結びついており、それが一つに結びついている場がまた近代的世界の場なのである。」（稲葉　稔『疎外の問題』〔創文社、昭和五十年〕一八六頁）。

（33）>Vernehmen<（聴き取ること）は、周知のようにヘーゲルにおいては元来神の言（ロゴス）を聴き取ることであり、したがって「理性」（Vernunft）と等置される（金子武蔵訳『精神の現象学』上巻〔岩波書店、一九七三年〕四六五頁〔訳注一三〕参照）。

Vernehmenは、何よりも「自己」の分裂の統一過程を媒介する。それは「自己」が自分自身と対話すること――すなわち思惟すること――を可能にすると共に「自己」と他者との対話を可能にする。「理性」とは、「自己」の外化を「聴き取ること、聴くこと」（Vernehmen, Hören）にほかならない（vgl. GW. VIII. 190）。このことは、ヘーゲルにとって同時に神の言（外化）を聞き取ることなのである。『精神現象学』における“vernehmen”の用法についてはIII. 239, 376, 479, 519, 559を参照。

第十章　媒介としての「教養」

一　ゲーテとヘーゲルの教養観——人間の「自然性」の克服

　ゲーテは、エッカーマンとの対話の中で、エッカーマンが見知らぬ人たちとの社交を好まず自分の性分に合った身近な教養のある人たちとのみ付き合おうとしていることを諫めて、「教養」（Bildung）の意義について語っている。以下のゲーテの言は、ヘーゲルの教養論を考える上で重要な示唆を与えているように思われるので、少し長い引用になるが敢えて紹介しておこう。

「もし私たちの生まれつきの性向を克服しようと努めるのでなければ、そもそも教養《ビルドゥング》などというものは、いったい何のためにあるのだろう。他人を自分に同調させようと要求するなど愚の骨頂だ。私はそんなことをしたことはない。私は人間というものをいつも自立した個人としてのみみなしてきた。そういう個人を探求し、その独自性を学び知ろうと努めてきたが、それ以外の同情を彼らから得ようとはまったく望みもしなかった。それで今ではどんな人間とも付き合うことができるまでになったのだが、そうやってはじめて、さまざまな性格があることに気づくようにもなったし、人生に必要な身の処し方もできるようになったのだ。性に合わない人たちと付き合ってこそ、彼らとうまくやっていくために自制しなければならないし、それによって私たちの中にあるさまざまな側面が刺激をうけ、発展し育成されるのであって、やがて、どんな人と向かい合ってもびくともしないようになるわけだ。[1]」

ゲーテにとって教養とはまず何よりも「生まれつきの性向を克服すること」（natürliche Richtungen zu überwinden）にほかならない。自分の生まれつきの性格に合った人とだけ交際したり、あるいは自分の我意を通して他人を意のままに操ろうとするのは、どちらの場合もみずからの自然の性向に身を任せて生きることであり、およそ教養を欠いていると言わなければならない。気の合った仲間とだけ付き合えば、ものを見る視野は仲間内に限定され、およそ普遍的なものの見方に至りつくことはできないであろう。さりとて自分とは考え方の違う他人を自分の意見に従わせようとすると、他人の見解の内在的な理解を拒み、独断的な見解に陥って対話を不可能にしてしまう。いずれにせよ、自分とは違う見方・考え方を排除することで他者との真の共同性を可能にする普遍的な立場へ至る道をみずから閉ざしてしまうことになり、ひいては正常な人間関係は保たれなくなるであろう。

人が社会の中で他人と共存するためには、まず他人を独立した一個の人格として認めなければならない。そのための前提となるのは、他人を自分と同じ独立した個人としてみなし、そのような人間として付き合えるように自分の生まれつきの性格を陶冶しなければならない、ということである。そうしてはじめて人は、多種多様な人間の存在に気づき、そのようなさまざまな人間の中で揉まれて自制することを覚える。かかる「自制」を通じて、社会的人間へ陶冶・育成されてはじめて教養ある人間となる、というわけである。

「教養」はロマン語系の言葉ではcultureであり、もともとcultivate（耕す）から出てきた言葉であることはよく知られている。自然なままで存在するものに人間が手を加えることによって洗練されたものにする、というのが原義である。ドイツ語の bilden や Bildung もかかる意味を継承するものである。もちろんこれらのドイツ語の中に鳴り響いている神秘主義の音色も聞き逃すわけにはいかない。人間は神の姿（Bild）に似せて造られたがゆえに、みずからの魂の内にある神が灯した火を消さないように、それを養い育て上げる義務がある、というのがそれである。かかる中世の神秘主義の伝統の上に、近代になって徐々に神との関係から離れて、人間の素質（自然）と環境という観点から教養の意義が説かれるようになった(2)。

人間の生まれつきの性向を克服する、という先のゲーテの言葉も、教養の原義に則っていると言える。人間の自然性を克服する、ということは、別の観点から言えば、生まれつきの自分の我欲を抑制して自分とは異なる他者の存在をあるがままに認め尊重し、その他者と向き合うことを通してみずからの特殊性を陶冶し克服する、ということである。自分と異質な他者を排除したり回避したりせず、それを自己形成のための必須条件たらしめること――このことによってのみ、自分の特殊性を止揚して普遍的な立場に至りうるのである。それゆえ、教養とは自分の我欲を相手に押し付けるのでも、相手に無批判に従うことでもない。自分とは異なった多種多様な人間を受け容れることでみずからの特殊性を乗り越え、他者にそくしてみずからを鍛え育成しなければならない、ということである。

このゲーテの教養観と以下に引用するヘーゲルの教養に関する言説を並べてみれば、両者の類似性は一読して明らかであろう。

「教養にとっては客体的なものを自由に見る目が必要である。それは、私が対象の中に自分の特殊な主観を求めることをしないで、対象をあるがままに、自由に対象の独自性において考察し取り扱うということ、自分の特殊な利益を考えずに対象に関心をもつことである。」（IV. 260）。

ゲーテとヘーゲルの上記二つの引用文の共通項の中に、われわれがこれから述べるヘーゲルの教養論の核心的なところが言い表わされていると言っても過言ではない。

ゲーテの場合と同じくヘーゲルにとっても、「教養」とは何よりもまず、人間の生まれつきの性向、すなわち、人間の特殊性（＝自然性）を克服し、よってもって普遍的、一般的な存在へとみずからを陶冶することを意味する。ヘーゲルはこのことを、「教養とは特殊性の圭角を削り落として、特殊性が事柄の本性にしたがって振舞うようにすることである。」（『法の哲学』VII. 345［§187 Zusatz］）とも表現している。あるいはこのことと関連して、教養とは、「普遍的なものに適合するように自己形成することである」（vgl. III. 364, 365）という『精神現象学』の教養規定を思い起こすのもよい。

次にゲーテとヘーゲルの両者に共通しているのは、他者、あるいは自分とは異質なものを通じて自己形成する、という教養の本質的な側面である。先のゲーテの教養観をヘーゲル流に言い換えれば、教養とは、みずからの特殊性あるいは自然性を克服し、自分と異なる他者を独立した人格としてあるがままに受け容れ尊重し、自分の特殊な主観を他者に押し付けるのではなく、あくまでも他者を他者として承認しながら、他者との共同性へとみずからを形成し陶冶する、ということになろう。

しかしゲーテと異なって、ヘーゲルの教養概念は、社会的主体としておのれを陶冶することにとどまらない。人間は社会内存在である前に自然の内で生きる存在であろう。そうだとすれば、自然内で生きる主体として、何よりもまずみずからを自然内存在へと形成しなければならない。しかしこのことは、社会的主体へと自己形成することと別のことではない。人間は個人としてではなく、社会的に陶冶された主体として共同して自然に働きかけるとともに、自然内存在であることによって社会を形成する。

自然や社会は、人間諸個人にとって直接には疎遠な他なるものとして存在している。しかし自然や社会なしに人間は存在できない以上、それらが人間にとって単に疎遠なものではなく、人間の本質に属するものでもある。一見、疎遠で外的なものに見える自然や社会の中に、自分自身の本質を見出す過程を、人間の自己形成＝教養の過程として叙述すること、ヘーゲルの哲学体系は、かかる教養の構造をそのエレメントとしている、と言ってよいであろう。「絶対的な他的存在のうちにおいて純粋に自己を認識すること」（das reine Selbsterkennen im absoluten Andererssein）（III. 29）というヘーゲル哲学の基本的なテーゼもかかる教養概念の哲学的定式化にほかならない。

かくて教養概念はヘーゲルの体系全体を貫くものであるが、それは若いときからもち続けていた人間の教養と、それを育む教育に対する彼の並々ならぬ関心から出てきたものと言えるだろう。それでは教養と教育に対するいかなる現実的な関心から彼の教養概念が鍛えだされてきたのか、以下においてみていくことにしよう。

二　ヘーゲルの教養観を貫くもの——共同的な主体への自己形成

ヘーゲルはその生涯を通じて、教養とそれを育むべき教育について深い関心を抱いていた。彼はすでにギムナジウム時代に教育の重要性を力を込めて語っている。ギムナジウム卒業に際しての告別の辞の中で、一八歳のヘーゲルは、自分の生国であるヴュルテンベルク公国の学芸とトルコのそれとを比較して、トルコにおける学芸が貧弱なのはトルコ人に学芸の才がなかったというよりもむしろ、彼らが教育をなおざりにした結果である、と語り、それに較べて教育の重要性と学芸の効用を信ずる国王カール・オイゲンの配慮の下にギムナジウムで教育を受けたわが身の幸福と光栄について述べている。

このときに口にした「教育は国家の幸福に重大な影響を与えるものである[3]」という言葉は、ヘーゲルの終生変わらぬ確信であったと言える。それは、後年においてもヘーゲルはベルリン大学に職を得て哲学の講義を始めるにあたって次のように語っていることからも明らかである。

「この国では教養と学問の繁栄とは国家生活そのものにおける根本的な要素の一つとなっている。ドイツの中心点の大学であるこの大学においてこそ、あらゆる精神的教養の、およびあらゆる学問と真理の中心点である哲学もまた、自己にふさわしい場所とすぐれた保護を見出さなければならない[4]。」

ヘーゲルによれば、人間は直接的で自然のままでは本来の人間たりえないのであって、みずからの直接性・自然性から抜け出て、普遍的・精神的な存在になるべく形成、陶冶されなければならない。これがヘーゲルの言う「教養」の一般的な意味であるが、そうだとするならば、人間は教養（＝自己形成）を通じて、みずからの特殊性を止揚し、他者との共同性の自覚にまで至らざるをえないであろう。

「人間性の本性とは、他者との一致にまでせまっていくことであり、この本性が現実に存在するのは、もっぱら諸々の意識の共同性が成しとげられたときである。反人間的なもの、動物的なものは、いつまでも感情の内にとどまり、もっぱら感情によってのみ自分を伝えるということである。」（『精神現象学』「序文」III. 65）。

感情や感覚は人間が動物と共有する低次の能力である。人間がかかる次元にとどまることは人間が人間であることを否定して動物的な領域にとどまることである。かかる自然でナマのままの感情や感覚を陶冶して社会的共同的な主体へとみずからを形成することが教養の眼目である。

したがってヘーゲルの言う教養が、個人的な人格の陶冶にとどまらず、社会生活や国家の幸福に根源的に係ってくるのは、彼の人間観、教養観からして必然のことなのである。

かかる意味でのbildenとかBildungという用語はヘーゲルの初期の論稿からすでに顔を出している。彼の最初期の論稿である『民族宗教とキリスト教』（一七九三／九四年）の中ですでに次のように書きつけていた。

「自然は、一人ひとりの人間の中へ、道徳性から生じてくる一層繊細な感情の芽を植えつけておいた。自然は、単なる感覚よりも一層高い目的、すなわち道徳的なものに対する感受性を、人間の中に置いたのである。このうるわしい芽が窒息しないように、この芽から道徳的な理念や感覚に対する現実的な感受性が生え出てくるようにということ、それが教育（Erziehung）と教養《ビルドゥング》の仕事である。」（N. 8）。

人間の感性を陶冶して、そこに孕まれている理性（道徳的理念）を育むこと、これが教育や教養が目指すところのものなのである。教育や教養のこのような目的は、個人の心情の中で自己完結するものではなく、宗教や政治やその他もろもろの社会的文化的領域と手を携えて、「民族精神の形成」に資するに至ってはじめて現実化される。

「民族の精神、歴史、宗教、民族の政治的自由の段階――それらは相互の影響からしても、また、それらの性格からしても、切り離して考察することはできない――、それらは一つの紐帯に編み合わされている。……民族精神を形成する（bilden）ことは、ひとつには民族宗教に関わり、またひとつには政治的状況にかかわる事柄でもある。」（N. 27）。

個々の市民は、政治や宗教や芸術などを通じて、民族精神の形成にあずかるとともに、こうして形成された精神的実体としての民族精神に育まれながら、みずからを全体的な人間として形成していく。かかる相互作用を媒介するのが教養なのである。かくて教養は、民族精神の形成に関連づけられるがゆえに、およそ人倫の形成にかかわるすべての領域をおおうことになる。

ヘーゲルにおける教養概念の多義性はここに淵源する。Bildungは、教養という意味ばかりではなく、ある時は「文化」の意味に用いられ、またある時には「教育」「（自己）形成」「陶冶」などの意味を含意する。それらの意味は相互に区別されながら、同時に関連してもいる。この語のもつ多義性とその関連性を巧みに駆使してヘーゲルはみずからの「精神」の哲学を体系的に叙述しようとしたと言うこともできるのである。

三　シラーの教養観とヘーゲルへの影響

若いヘーゲルが民族宗教を論じたのは、宗教が民族精神を形成する上で、政治と並んで最も重要な領域の一つとみなしていたからである。若いヘーゲルにとって宗教の眼目は、単なる私的な個人の魂の救済にあるのではなく、「国民の精神の高揚、教化」（N. 5）に奉仕するものでなければならない。そのためには宗教は「冷たい悟性」（N. 57. vgl. N. 10）に訴えるのではなく、感性（心情）の琴線に触れるのでなければならない。そうしてこそ宗教は人間の心（道徳心）を動かし人びとを行為へとかきたて、かくて生き活きとした民族精神を育むことに資するようになる。

感性と理性はカントにおけるように相互に相反し排除し合うものではなく、両者は相互に作用し合い活気づけ合って、全体として人間の本性を形成している。かかるヘーゲルの考え方の中に、人間の美的教育を通じて真に自由な人間と国家を樹立しようとしたシラーの影響を見逃すわけにはゆかない。

シラーは、フランス革命が自由、平等、友愛という高邁な理念を掲げながら、現実には政治的腐敗に陥り恐怖政治に行きつかざるを得なかった真の原因を、国家を構成する一人ひとりの人間に真の自由が確立されていないことの中に見出していた。シラーは、その著作『人間の美的教育についての一連の書簡』（一七九五年）において、個々人を真に自由ならしめるためには、個人の人間性そのものを全体として根本的に陶冶し、育成しなければならないことを主張する。

「人間を人間たらしめているのはまさに、人間がたんなる自然が造ってくれたままのものに立ち止まらずに、自然が人間に対して予期した歩みを理性によってたどり直し、必然の所産を自分の自由な選択の所産に作り変え、自然的な必然性を道徳的な必然性に高める能力をもっているからである。[5]」

かのファウストをして「私の中に二つの魂が宿る」と嘆かしめたように、近代的な人間の中には、理性と感性という相反するものがせめぎ合っている。かかる近代人の内面的な分裂を克服するためには、単に理性の力によっても、あるいはまた感性のみの力によっても不可能で、両者の対立、分裂を認めつつも、両者を包み込むような、より高次の全体的立場に立たなければならない。言うまでもなく、このような人間の全体性を志向するのが、シラーの言うところの「教養」であり、「美的教育」なのである。

注意しなければならないのは、かかる全体的な地平に至るための条件として、したがってまた教養の本質的な側面として、「分裂」あるいは「対立」が強調されていることである。

シラーは、感性と理性という人間の内面性を成り立たしめている主要な契機を近代の「教養」がバラバラにした社会的原因を、学問の専門化と階層や職業の分化の中に見て、教養（文化）の否定的な側面を以下のように描いている。

「近代の人間性にこの傷を負わせたのは、まさに文化（Kultur）そのものである。一面において、拡大する経験と一層分化した思考が学問の細分化を招き、他面では国家の複雑な機構が身分と職業の厳しい分離を必然的に招き寄せると、人間性の内面的な結びつきは引き裂かれ、好ましくない争いが人間性の調和的な力をバラバラにしてしまったのである。[6]」

近代の教養文化が人間性の全体に傷を負わせたにしても、分裂や対立を飛び越えて、一挙に全体性の地平に至りつくことはできない。現実の矛盾や対立を見据え、そこをロードスと見定めて、そこで踊らなければならない。文化や社会制度、そしてそれらを担う人間のすべてを支配している分離や対立を媒介としてのみ、真の全体性への道が人間に開かれることになるのである。シラーは言う。

「人間のうちの多種多様な素質を発展させるためには、それらを相互に対立させるよりほかの術がなかったのである。この力の対立が陶冶（すなわち教養――引用者）の大なる手段であるが、しかしそれはまたあくまで手段でしかない。というのも、このような対立が続くかぎり、やっと陶冶への途上にあるばかりであるからである。人間のうちで個々の力が別々に孤立し、我がもの顔で排他的な立法を振り回すことによってはじめて、それらの力は事柄の真実と矛盾し、外面的な現象に不精にも満足している常識を、対象の深部へと突き進ませざるをえないのである。[7]」

ところで近代の人間と文化が生み出した対立と分裂に深く刻印された二元的構造を、鮮やかな形で定式化したのがカント哲学であろう。

周知のようにカントは、感性に「受容性」の能力を、理性に「能動性」の能力を与え、両者は能作を異にするものとして、厳格に区別した。しかし他方でカントは『判断力批判』で感性と理性、美的判断と道徳的判断との調和・均衡を求めていた。それは次のようなカントの言に端的に表われている。

「自然の美に対して直接的な関心をもつことは、……常に善き魂のしるしである。そして、この関心が習慣的であって、自然観照と直ちに結びつくのであるならば、それは少なくとも道徳的感情にとって好ましい情調をしめすものである、と私は主張する。[8]」

シラーにとってカントが究極的にめざしたもの、すなわちカント哲学の「精神」は、カントの二元論にあるのではなく、現象と物自体、感性と理性、自然と道徳、美と善、等々、総じて感性界と叡智界を厳密に区別した上で両者をいかに結びつけるか――カントの言葉で言えば、いかに「均衡」させるか――ということの中にあった。かかるカントの「精神」[9]を引き継ぎ、顕揚することは、単に認識論上の、あるいは美学上の問題にとどまらず、自由な社会を築くための基礎となる個人の人間性を根本的に育成することに関わる重大な問題であった。感性と理性が内面において分裂している近代人特有の疎外を止揚して、感性（自然）と理性の調和・均衡を体得せしめる人間の育成を待ってはじめて、自由な人間による自由な共同体の実現が可能になるというわけである。次の文章にカント哲学の「精神」をくぐり抜けたシラーの人間観が端的に表明されている。

「彼は人間であるべきなのだ。自然が彼を排他的に支配すべきではなく、また理性が彼を条件付きで支配してもならない。どちらの立法も互いにまったく独立していて、しかもまったく一致していなければならないのである。[10]」

感性と理性がまったく異質で相互に独立したものでもあるのにかかわらず、いかにして両者は一致しうるのか。シラーによれば、感性と理性という異質なものを結びつけるものこそ「美的教育」であり「美的教養」なのである。シラーは言う。

「感覚の受動的状態から思惟や意志の能動的状態への移行は、ほかならぬ美的自由という中間状態によって生ずるものであり、この状態はそれ自身においては、われわれの認識に対しても、また心性に対して何ごとも決定することはなく、したがって、われわれの知性的、道徳的価値をまったく不確かなままにしておくのではあるけれども、しかし、この美的自由という中間状態は、その下でのみわれわれが認識や心術に到達しうるための必然的条件なのである。一言で言えば、感性的人間を理性的にする道は、まずその人間を美的にすること以外にはない。[11]」

それゆえ美的教育は、感覚（感情）や理性（道徳）の対象のように限定されたものではなく、人間性全体に関係する。例えば、われわれが奉仕を受けて気持ちよく快適になったり、健康を享受することができたりするのは感覚的状態に関係することである。談話や出来事を通じていろいろなことを考えるのは、悟性や認識に関わることである。われわれはまた、他人の言動に接して、その性格に尊敬の念をいだくことがある。これは道徳的状態に関係することである。

感覚的状態、悟性的認識、道徳的状態はそれぞれ人間の能力の一部分に属し、それぞれ特殊な対象をもっている。それに対して美的な能力は人間の能力の全体に関わる。それゆえにシラーは次のように言う。

「健康のための教育、認識のための教育、道徳のための教育、趣味と美のための教育がある。この最後の教育はわれわれの感性的能力と精神的能力の全体をできるかぎり調和させるように育成するという意図をもっている。(12)」

かくて美的な教育は、芸術を通して人間の感性を磨くという部分的な役割にとどまらず、感性から理性へ、あるいは理性から感性へと橋渡しすることによって、全体として調和のとれた人間へと個人を陶冶・形成することをその使命としているのである。それゆえシラーにとって美的教養とは、人間の中にある理性と感性という相反するものを止揚して、両者を調和・均衡へと導く媒介者なのである。

「美は、互いに相対立していて決して一つのものになりえない二つの状態（感覚と思惟という対立する二つの状態――引用者）を互いに結びつける、と言われる。この対立からわれわれは出発しなければならない。われわれはこの対立をまったく純粋に、そして厳密に把握し認識し、二つの状態がこの上もなく明確に区別されるようにしておかなければならない。そうでないと、われわれは混同することはあっても合一することはない。第二に、この二つの対立する状態を美が結びつけ、したがってこの対立を止揚すると言われる。二つの状態は互いにどこまでも対立し合うのだから、この状態を結びつけるためには、それを止揚する以外にはない。したがってわれわれの第二の仕事は、この結合を完全なものにして、それを純粋に、そして完璧に遂行し、二つの状態が第三のものの中に完全に消え去り、全体の中にいかなる分割の跡も残さないようにすることである。そうでないと、われわれは個々バラバラにしてしまうことがあっても、合一することはない。(13)」

いきおい引用が長くなったが、このシラーの言はヘーゲルに決定的な影響を与えたことは推察に難くない。ヘーゲルは、ここからカントの二元論、というよりも二元論一般を止揚する視座を得たにちがいない。感覚は多様なものを受け容れ、それらを結び合わせるが、悟性はすべてのものを分離し区別する。理性は区別され分離されたものを再び統一する。美は知性（悟性と理性）と感性を結びつける「第三のもの」である。感覚と知性はまったく能作を異にするものであって、両者を混同することは許されない。もし両者が統一されるとするならば、統一された「第三のもの」の中で両者は止揚されていなければならない。言い換えれば、感覚と知性は、相対立すると共に一つのものでなければならない。

感情（自然）が知性（理性）を従属させるなら、普遍的な道徳性を破綻せしめ、秩序ある社会の創出を不可能にするであろう。逆に理性が感情を支配するなら画一的で冷徹な社会が現われるに違いない。理性を標榜しながら恐怖政治に陥らざるをえなかったフランス革命のように――。それゆえシラーは次のように言う。

「統一を要求するのが理性なら、自然は多様性を求める。そしてこの二つの立法部から人間は要求を受ける。前者の法はごまかしのきかない意識によって、後者の法は打ち消すことのできない感情によって人間に刻印される。それゆえ、もし道徳的性格が自然的性格を犠牲にすることによってしか自分を主張できないのなら、それは常にまだ教養が不足していることを示すことになるだろう。(14)」

シラーにとって、感性と理性は、一方は多様性を求め、他方は統一を要求するものとしてそれぞれはたらきを異にするとしても、両者は単に相反するものであるにとどまらず、相互に前提し合っており、全体として調和を保つべきものなのである。感性を陶冶して理性へ橋渡しするもの、逆に理性を感性の領野にともされた灯として認識させるものこそ、教養にほかならない。かかる教養に裏づけられてこそ、社会を構成する一人ひとりの国民は多様で自由な生を享受しつつ、全体として調和のある自由な社会を実現する可能性が開かれるのである。

「教養をつんだ人間（der gebildete Mensch）は自然をわが友とし、ただその恣意を制御しつつも、その自由を敬うのである。それゆえ、理性が自然的社会の中にその道徳的統一をもち込む場合、自然の多様性を犯してはならない。また自然が社会の道徳的機構の中でその多様性を主張しようとする場合、そのことによって道徳的統一に破綻をきたすようなことがあってはならない。勝利をしめる形態は単調さと混乱との中間にある。したがって性格の全体性は必要の国を自由の国に変えることができ、また変えるにふさわしい国民のもとで見出されるに違いない。[15]」

ヘーゲルはシラーの美的教育論からいろいろなことを学んだにちがいない。それらを挙げると、以下の三点になるだろう。

（1）教養あるいは自己形成ということを、単に個人の内面の成長の問題とはせずに、社会を支える共同的人間への自己形成ととらえたこと。したがって、教養を個人と国家を結びつける媒介として位置づけたこと。

（2）教養は、人間の個別的なものにとどまるものではなく、トータルな人間性の陶冶に係わるものであること。

（3）教養が、矛盾や対立を前提にしていること。相対立するものがないかぎり、自己形成という意味での教養という概念が成り立たないこと。

シラーの美的教育に関する一連の書簡形式の論文が、一七九五年に雑誌『ホーレン』に掲載されたとき、ヘーゲルはいち早くそれを読み、「シラーの『ホーレン』の最初の二冊はぼくに大いなる楽しみを与えてくれました。

人類の美的教育についての（シラーの――引用者）論文は傑作（ein Meisterstück）です。」（Br. I. 25）とシェリングに書き送ったのも、いま、われわれが見てきたシラーの見解に鑑みれば充分うなずけるであろう。

四　教養の主体的条件――ギムナジウム校長時代のヘーゲルの教養観

これまでのヘーゲルの教養観からも明らかのように、彼のいう教養を一般的に定義すれば、個人がおのれの特殊性（自然性）を止揚して、みずからを普遍的なものにまで陶冶し育成していくことである、ということになろう。このことをヘーゲルは、「個人において普遍的なものを実現すること」（XI. 535）、あるいは「個別的存在を普遍的本性に高めること」（IV. 258）という風に定式化してもいる。

ヘーゲルはもちろん、このような教養の一般的・抽象的な定義に甘んじていたわけではない。というよりも、かかる教養の一般的規定の背後に、教養の具体相が常に思い浮かべられていたことは言うまでもない。ヘーゲルが教養についてもっとも具体的に論じたのは、彼がニュルンベルクのギムナジウムの校長として、年少の生徒の教育に実際にたずさわっていた時期であろう。

この時期にヘーゲルは一方で、ギムナジウムの生徒のために、『哲学予備学』のテクスト（*Texte zur Philosophischen Propädeutik*）を書いて、みずからの哲学体系を簡潔に、しかも分かりやすく説明しようと努力し、他方では、終業式や送別の場で公に、校長としてみずからの教育観を披露している。われわれはヘーゲルの教養論を具体的に知るために、まず『哲学予備学』からみておこう。

ヘーゲルは、個別的本性を普遍的なものに高める、という教養の一般的規定を以下のように説明している。「人間は一面では自然的存在である。そのようなものとして、人間は恣意と偶然にしたがって行動するので、不安定で主観的な存在である。彼は本質的なものと非本質的なものを区別しない。――しかし第二に、人間は精神的で理性的な存在である。この側面からすれば人間は本性からして、あるべきところのものではない。動物が教養を必要としないのは、動物が本性からしてそれがあるべきところのものだからである。それは自然的存在にすぎない。しかし人間はその両面が一致するようにしなければならない。つまり自分の個別性を自分の理性的な側面に一致するように、すなわち後者が支配するようにならなければならないのである。」（IV. 258）。

個人はその特殊性を陶冶して、普遍的一般的なものへと自己形成するためには、何よりも、自然的なもの、感覚的なもの、直接的なものからの離脱を要求される。人間は自然的、感覚的存在であると同時に理性的存在である。前者の面からすると人間は欲望のままに身を任せ、偶然に左右される主観的で不安定な存在である。他面、人間は理性的で精神的な存在として、欲望を制御し、感覚でとらえられたものの真偽を区別し、普遍的全体的な観点から物事を判断できる存在でもある。

自然的、感覚的存在を止揚して理性的存在に一致させるところに教養が存在する。それはとりもなおさず、部分的一面的なものに身を任せることから離れて、全体的な視野に立って物事の是非を判断するべく自己形成することにほかならない。それゆえ、みずからの感情のおもむくままに行動したり、自分の利害関係から物事を判断したり主張するのは、私的なもの、部分的なものに身を委ねるがゆえに無教養と言わなければならない（vgl. IV. 258）。

ヘーゲルは教養のいわば主体的な条件――彼はそれを「理論的教養」（IV. 259）と呼んでいる――として、（I）豊富な知見（II）正しい判断力（III）客観性、の三つを挙げている。

（I）についてヘーゲルは次のように述べる。

「知識が豊富なことは、教養にとっては絶対的に必要である。なぜなら、人間はそれによって身の回りの些事についての部分的な知から普遍的な知へと高められるからである。人間は一般的な知によって、他の人間と知識を、より広く共有することができるようになるし、一般的に関心のもたれるいろいろな対象をわがものにできるようになる。人間は自分が直接に知り経験するものを越え出ることによって、他にももっとよい振舞い方や行動の仕方のあることを学び、自分のやり方が唯一絶対のものでないことを知るようになるのである。」（IV. 259）。

人は多くの知見をもてばもつほど、自分の狭い経験や行動を越えて、より一層広い観点から物事を眺めることができ、それがひいては自分の考えを絶対化することを妨げ、自分を自分から突き放し、自分自身から距離を置くことによって、物事を客観的に判断する可能性が拓かれる。かかる観点から、後年においても、例えば『法の哲学』（一八二一年）において、「議会の討論の公開性」（VII. 482［§314］）が市民にとって「最大の教養の手段」（das größte Bildungsmittel）（VII. 483［§315 Zusatz］）であることが強調される。議会が公開されることによって、市民はみずからの慢心や狭い了見を矯正して、より広い観点から自分たちの真の利益を知って、国事に関して一層理性的に判断できるようになるからである。

かくて豊富な知見は正しい判断力を養うための必要条件である。それは何が本質的なものであるかを見きわめる判断力に奉仕してこそ教養たる実を示す。それゆえ正しい判断力を身につけることが個人の教養の核心を占める。

上記の（Ⅱ）正しい判断力、についてヘーゲルは次のように言う。

「教養にとって現実のいろいろの関係やさまざまな対象についての判断が必要である。そしてそのためには、何が大切であるか、つまり事柄と相互の関係との本性と目的であるものが何であるかを知ることが肝要である。これらの観点は直観によって直接与えられるものではなく、実際に事柄に取り組んでみることによって、その事柄の目的と本質についてよく考え、また手段がどれだけ有効かどうかについて考えてみることによって得られるものである。教養のない人間は直接的な直観に立ちとどまっている。」（IV. 259）。

あらゆる事柄はさまざまな関係の網の目の中で存在しているがゆえに、人間は現実にさまざまな対象や対象相互の関係に対して判断をくださないわけにはいかない。その際、本質的なものと非本質的なものを区別して正しい判断を下すためには、事柄に関係するもの全体を見渡すことを可能にする普遍的な観点に立たなければならない。直観や感情は、眼前の個別的部分的な事柄にのみ執着するがゆえに教養とは正反対のものなのである。

正確で正しい判断をするためには、さらに正しい認識に基づかなければならない。それゆえに正しい認識に至るためには、みずからの主観を抑制して、対象をあるがままにとらえる「客観性」が要求される。

教養の三つ目の条件である「客観性」については、次のように述べられている。

「教養にとっては客体的なものを自由に見る目が必要である。それは、私が対象の中に自分の特殊な主観を求めることをしないで、対象をあるがままに、自由に対象の独自性において考察し取り扱うということ、自分の特殊な利益を考えずに対象に関心をもつことである。」（IV. 260）。

かかる客観性は教養の必須条件であるにとどまらず、教養の体系とも言うべきヘーゲル哲学の根底に存在する方法的態度でもある。例えば、哲学史の叙述において、或る哲学を批判する場合、その哲学が自分の哲学の原理や命題に相反するからという理由でその哲学を批判してはならない、とヘーゲルは言う。なぜなら、そのようなことをすれば、相手もみずからが前提にしている原理や命題に基づいて反論するであろうからである。双方とも自分が認める原理や命題に依って相手を反駁しても、議論はもの別れに終わるだけであろう。

一方が「あなたの哲学は私のと一致しないから真ではない」と言えば、他方も同じ権利でもって同じ言葉を投げ返してくるだろう、というわけである。ヘーゲル好みの言葉で言えば、特殊に特殊を対置しても対立を止揚できないということである。それゆえヘーゲルは次のように言うのである。

「相手の非真理を示そうと思えば、何か別のものをもってくるのではなく、相手に即して示さなければならない。私が私の体系や命題を証明した上で、だからそれに対立する体系や命題が偽りだ、と結論しても何にもならない。別の命題にとって、私の命題はつねに異質なもの、外的なものなのだから。命題が偽であることを示すには、それと対立する命題が真であることを示すのではなく、その命題そのものに即して偽なることを示さなければならない。」（XVIII. 125）。

かかる方法は哲学史を叙述するヘーゲルの基本的な立場であるだけではなしに、ヘーゲル哲学そのものの叙述方法でもある。「意識の教養の詳細な歴史」（III. 67）を叙述する『精神現象学』の次の言葉からもそれは明らかであろう。

「学問的認識は対象の生命に身を捧げること、すなわち、対象の内的必然性を眼前に見すえ、そしてそれを言い表わすことを要求する。」（III. 52）。

対象の内在的な把握は、しかし対象の批判・評価とは別物ではない。両者を結びつけてはじめて学問的な叙述が可能となるのである。ヘーゲルの哲学体系の叙述方法と「教養」の概念との結びつきを考え合わせながら『現象学』「序文」の次の言葉をいま一度玩味すべきであろう。

「最も容易なことは、内容のある堅固なものを評価する（beurteilen）ことであり、それより困難なことは、それを把握する（fassen）ことであり、最も困難なのは評価と把握を結びつけて、その叙述（Darstellung）を生み出すことである。」（III. 13）。

以上に述べたようにヘーゲルが挙げた教養の三つの条件は相互に関連し前提し合いながら一つの全体を形成している。正しく理にかなった判断ができるためには、広い知見が必要であり、豊富な知識を前提にしてこそ、客観的で普遍的な認識の可能性が拓かれる。また自分の利害から離れて対象をあるがままに客観的に見ることは正しい判断を下す前提であることは言うまでもない。このように見れば先の、（Ⅰ）豊富な知見、（Ⅱ）正しい判断力、（Ⅲ）客観性は、（Ⅰ）が（Ⅱ）の前提になければならず、（Ⅱ）が成り立つためには（Ⅲ）がその基礎になければならない。さらに（Ⅰ）も（Ⅱ）と（Ⅲ）に結びつかない限り、単なる博識にとどまり、教養とはなりえないだろう。

このように考えると、正しく判断することが人間の教養の中核をなすものであり、そのための不可欠の条件として、広い知見と認識の客観性が要求される、と言えるであろう。

上記の（Ⅰ）（Ⅱ）（Ⅲ）はあくまで教養の主体的な条件であって、教養がめざす目的そのものではない。かかる主体的な条件を通じて普遍的なものへと自己形成する場合の当の普遍的なものとは具体的にいかなるものなのか。

五　教養がめざすもの——独立不羈の社会的主体の形成

先述したようにヘーゲルは一八〇八年から一八一六年にかけてギムナジウムの校長として教育の実践のただ中にいた。それ以前の一八〇七年に『精神現象学』を世に問うて、みずからの哲学体系の要石として教養を位置づけていたヘーゲルは、すでに確立していた彼の教養観を、ギムナジウムでの教育実践の中で生かそうと努力したと言えるのである。

その経緯は、ヘーゲルがギムナジウムの校長として八年間の就任期間におこなった何回かにわたる終業式の式辞や送別の辞などにおいて表明されているので、われわれはそれらの式辞の中にヘーゲルが教養の意義を具体的にどのように考えていたかを、次にやや立ち入って考察することにしよう。

ヘーゲルは、一八〇八年の秋にニュルンベルクのギムナジウムの校長に就任したが、その翌年に催された前校長の送別の式辞でその教育上の功績を顕彰しながら、教養の意義と教師の使命に言及している。その際ヘーゲルは、人間性の形成という観点から教養の価値について語っている。

ヘーゲルによれば、若者は、学校の授業を通じて新たな知識や真理を獲得し、広く教養をつむことによってみずからの視野を拡げ、自分を取り巻く環境やその中で営まれる生活の意味を次第に自覚し理解するようになるが、彼らはいまだ人生経験に乏しく、あふれんばかりの生への具体的な欲求に突き動かされるあまり、現実から遊離したようにみえる学問の抽象的世界に背を向けがちである。これに対して人生経験を積んだ大人は、若者よりもはるかに深く若いころに学び取った教養や技能の意味を評価することができるのである。

ヘーゲルは次のように語りかけている。

「大人は何が人生において夢幻のものにすぎないか、何が人生の真理であるのかをわきまえております。すなわち大人は人生のあらゆる有為転変のもとで、われわれを守り、われわれを強め、われわれを支えてくれるものが、若いころ心に刻み込んだ古い知恵の宝庫であることを経験しているのです。大人は、およそ教養の価値がいかに大なるものか、その大なること、古人の言葉通りであることを経験しているのです。その言葉というのは、次のようなものです。つまり、教養のある人間と無教養の人間との差異はきわめて大きく、それはおよそ人間と石との差異と同じほどのものである、というものです。」(IV. 307)。

ここでヘーゲルが引き合いに出している「古人」とは、古代ギリシアの哲学者で、キュレネ学派の祖であるアリスティッポスのことである。[16] アリスティッポスにとって、教養の価値が大なるのは、それが人間の外面を整えるためではなく、人間性そのものを涵養するからにほかならない。ディオゲネス・ラエルティオスは、その著

『ギリシア哲学者列伝』の中で、アリスティッポスについて次のように伝えている。「無教養な者であるよりも乞食であるほうがましだとアリスティッポスは言った。なぜなら、乞食に欠けているのはお金だけれど、無教養な者には人間性が欠けているからだ。[17]」

このようにアリスティッポスにおいても、教養は人間に外面的な博学を意味するのではなく、人間性を根底から育成するのに役立つべき知恵を言い表わすものであった。かかる教養の偉大な価値を体得してこそ、人生の荒波を乗り越える力をわがものとすることができるのである。このような意味で、過去に積み上げられた知識と真理は、人生の有為転変に抗して人間を守り育ててくれる「知恵の宝庫」なのである。

ヘーゲルがこのように述べるとき、彼の頭の中には、教養の偉大さを強調するアリスティッポスの言葉だけではなく、アリスティッポスとほぼ同時代の哲学者であるデモクリトスの「教養は、順境にある人びとにとっては飾りであるが、逆境にある人びとにとっては避難所である[18]」という言葉も浮かんでいたのかもしれない。

それはともかく、ここでヘーゲルは、人生の有為転変の中で自分を支えることができる知恵を育成することを教養の一般的な意義と考えている。それゆえ教師の使命は「この教養の宝、過ぎ去ったすべての時代が作り上げた知識と真理の宝を自分のものとして、それを後世に伝えること」（IV. 307）でなければならない。

ここでは、ギムナジウムの校長として教育の実践に携わっているヘーゲルと、これより数年前に『精神現象学』を著した体系家ヘーゲルとが一本の糸で結ばれていると言うべきであろう。周知のように『精神現象学』は、個人の素朴な意識が、みずからを取り巻く世界をおのれの知の所産として認識する過程を知の歴史過程と重ね合わせて叙述したものである。そこでは個人の意識が普遍的な知にまで至るところの「教養の詳細な歴史」（III. 68）が描かれる。この意識の教養の歴史は、過去のすべての時代の産物である「知識と真理の宝を自分のものとして、それを後世に伝えること」を教育の使命とするギムナジウム校長のヘーゲルの言と別物ではない。というよりも、教育の実践と体系的思考は表裏一体のものと考えられていると言うべきであろう。

ヘーゲルが教養を自己形成、あるいは人間性の形成と規定する場合、それは上に述べた人生の有為転変を乗り越える知恵を意味するにとどまらない。ヘーゲルにとって教養を身につける究極の目標は、「人倫的に教養を積んだ人間」（ein sittlich gebildeter Mensch）（IV. 336）へとみずからを形成することにある。したがってギムナジウムの教育は、個々の学問の特殊な知識や技術を教えること――このことをヘーゲルはギムナジウムの校長として決しておろそかにしていないが――よりも、むしろ諸々の学問を学ぶ前提として、社会において人びとと共同して生きていく中で、他人の意思や意見を尊重し、しかもそれに流されず、独立に思考し判断できる社会的な主体へと生徒を陶冶することに何よりも重きを置かなければならないのである。ヘーゲルがギムナジウムの教育目標を、「学問研究のための準備」（IV. 314）と位置づけるのは、かかる意味においてであろう。社会生活をおこなう中で、思慮分別をそなえた独立不羈の精神を育成すること――このことこそ、すべての学問知識を有用たらしめるところの教養の核となるべきものなのである。

「この核こそ何よりもすべてのものを有用たらしめる基礎となるものであり、あらゆる身分の人たちの心の中に培われなければならない大切なものなのです。まことに最近私たちが目にしたことは、自分の国民の心の中にこのような内面的な背骨（innerlicher Hintergrund）を保持し強化することをないがしろにし、それを軽蔑して、国民をもっぱら実利的なものにのみ目を向けさせ、ただその手段としてのみ精神的なものに目を向けさせた諸々の国家が支柱を失って危機に瀕し、多くの実用的な手段に取り囲まれながら崩壊するに至った姿ではないでしょうか。」（IV. 319）。

このようにすべての知識や技術の基礎にあって、それらを真に有用たらしめている教養を身につけることこそギムナジウム教育の眼目とするところであるが、それを可能にするのがヘーゲルによれば、ギリシア・ローマの古典教育なのである。

しかし、ヘーゲルの時代にすでに教養の手段としての古典古代の学習に関する欠陥が実利的な立場から指摘されるようになった。例えば、ラテン語の習得は、かつては教養を身につける唯一の手段であったが、今や、どのような学問であれ自国語で自由に表現できない民族は、およそ教養ある民族とは認められないという風潮と相まって、ラテン語学習に対する風当たりが強まってきた。ヘーゲルはラテン語の学習が、実利的な学問に席を譲らなければならなかった現状を次のように語っている。

「このような視点、しばしば通俗的な機械主義に堕してしまっている欠点の多い方法、多くの大切な専門的知識や精神的技能の獲得をないがしろにしている事態、これらの事情のゆえに、ラテン語の知識は、これまで有してきたこれこそ主要な学問としてみなされるべきであるといったみずからの要求や普遍的でほとんど独占的な教養の手段であるべきだという長い間にわたって守られてきた尊厳から次第に退位させられてしまったのです。ラテン語の知識は目的と見なされることを止め、そしてこれに向かっていた精神的努力は、何ら教養の糧となりえないような日常的感覚的な事柄をも含めて、いわゆる即物的なものが今やみずからを越えて力をもつようになるのを見なければならなくなったのです。」（IV. 315）。

「即物的なもの」（Sachen）とは目の前の欲望や利益に駆り立てられた人間が追い求める実利的なもの、という意味であろう。眼前の利益を求める実利主義も、実利を意に介さず、ただひたすら学問の世界に引きこもる専門主義もエゴイズムに結びついていて、自らが求めるもの以外のものについては関心がなく視野の外に置かれる。こうして人生や自分をとりまく世界に関する全体的な認識と批判意識への志向がそこから抜け落ちてしまうことになろう。それが延いては、国家を弱体化させ衰退へと導くことにもなるのである。

一方では、ギリシア・ローマの古典文化の習得は、単に過去となったものを受け取るだけの受動的なものとなって、狭く「学者の暇つぶしのための関心事」（IV. 317）にすぎなくなってしまっている。[19] それに反発して他方では、高度な精神的教養を実生活に役立たないものとして軽蔑し、目の前に横たわる実利的なものを求める学問が台頭してきている。かかる現状を見据えながら、ヘーゲルは古典古代の教養の必要性を改めて強調するのである。

なるほど、ギリシア・ローマの古典の教養は、ラテン語の習得に象徴されるように、現代の実利からはもちろん、古典本来の精神からも遠ざかり、機械的で受動的なものになりさがっている。しかし古典的教養の眼目とするところは、人間の魂を学問や高尚な趣味によって活気づけ、独立心を養い育て、あらゆる良きものを創出するための基盤を形成することにある。ヘーゲルは言う。

「理解と思慮分別の母であり、精神の現在と覚醒の母である独立不羈の態度、この実質的な内面性を得させるものは、……かのいわゆる実用的な素材でも、かの感覚的な事物でもなく、それ自体で価値を持ち、関心をひくところの精神的内容にほかなりません。この精神的内容だけが、これによって培われ大きくなった心を自立的な価値、絶対的な目的の核たらしめるのです。」（IV. 319）。

ヘーゲルにとって古典的教養を身につけることは、単に遠い過去の人びとの仕事に敬意を払って、その知識を増やすことにあるのでもなく、また古代人の偉大な作品を懐かしんで思い出の対象とするものでもない。古代人の残した足跡に刻み込まれている彼らの偉大な心情、徳に裏打ちされた彼らの堂々たる態度や性格、それらを育んだ習俗や法律――これらのものを学ぶことによって独立不羈の精神を養うことが、人間が人間として生きていくための「高度な精神的教養」（IV. 317）にとって、なくてはならないものなのである。すべての実利的な知識も、かかる精神的な教養の上に築かれてこそ、実りある有用なものとなりうるのである。

「高度な精神的教養」といっても、ギリシア人にあっては個人的な自己陶冶によって得られるというよりも、習俗や法律に育まれる中で社会的に身につけられるものである。

ヘーゲルは「古代人の仕事を知らない人は美を知らずに生きる者である、と言っても決して言い過ぎではないと思います」（IV. 318）と語っているように、古代ギリシア人にあっては、その芸術作品や社会制度にみられるように、感性と理性、自然的なものと精神的なもの、個人と国家、人間的なものと神的なものは美しい調和をたもっていた。近代社会においてはこれら二つの敵対し合うものが、ギリシアの世界では相互に編み合わされて、浸透し合いながら、ひとつの生き活きとした美しい全体を形作っていた。そこでは自然的、感覚的、個別的なものはそのままで独立性をもたず、精神的なものの表現としてのみ意味をもち得たのである。かかる意味において、古典ギリシアの世界は美的な世界であり、後年の彼の言葉で言えば、「ギリシアの美においては、感性的なものは単に精神が自分を啓示するための記号、表現にすぎない」（XII. 24）のである。

古典古代においては、近代人のように自然的、感性的なものと理性的、精神的なものとが分離し対立しておらず、一なる美しい全体が感覚的なもののなかに直接に現前している。

かかる明るく透明な全体性は、単純素朴で幼稚なものではなく、ギリシア悲劇の主人公のように運命の苛酷さを知り、それを自由な節度ある行為によって乗り越えようとするときに感じる悲哀の上にひろがるものなのである。こうした全体性に触れることは、近代の部分化した人間に、本来のあるべき美しい自由な人間性を想起させ、そのことを通じて精神を陶冶し、思慮分別を備えた自立的な精神を育てあげる上で必要不可欠なのである。

「人文研究（studia humaniora）は、人間の全体について信頼のおける表象を与えてくれます。古代国家における自由のあり方であるところの公的生活と私的生活との、普遍的なものに対する感覚と私的な心情との密接な結びつきのゆえに、個人における人間性の一大関心事たる公的活動と私的活動との最も重要な支柱、すなわち民族を滅ぼしもすれば生かしもする諸力が、常日頃の交際の中に生きる思想――これはおよそ今日の私たちの教養からすると、私たちの生活と行動の圏内に入り込まない思想ですが――として、現われざるをえないのです。」（IV. 365）。

古典古代の世界に足を踏み入れることによって、近代人の眼前の表象から置き去りにされた全体の調和の中で、独立不羈の態度を養うことこそが、すべての学問的知識を有用たらしめる核とならなければならないものなのである。

六　ヘーゲル教養論の核心――「疎遠なもの」（「隔離壁」）を媒介とする自己形成

このようにヘーゲルは精神的教養の核に独立不羈の態度の育成をおいたのであるが、かかる独立自存の人間を作り上げるためには、単に古典古代の人たちの学芸や習俗を鑑として学んで、それを自分のものにするということだけで十分ではなく、過去の知識が将来の世界に向けて新しい実体を作り出すためのより高度な実践的教養の基盤とならなければならない、とヘーゲルは言う。

「教養とは、これに先立つ素材や対象を、自分がこれに働きかけるものとしてもつものであります。つまり教養は先立つ素材や対象を変化させ、これを新しく形成し直すものなのです。私たちは古代の世界を自分のものとしなければならないのですが、これはこの世界を所有するためというよりは、むしろ私たちが造り変えなければならないものとしてもつためなのです。」（IV. 320）。

これまでの世界を造り変え形成し直すという実践的教養が可能なためには、世界を「疎遠なもの」（etwas Fremdartiges）（IV. 321）としてみずからに対立させんとする「分離の要求」が「理論的教養の条件」（ibid.）として前提されなければならない。

「自然や精神の実体が対象になるためには、これらが私たちに相対立するものとして登場しなければなりません。これらは私たちにとって疎遠なものという形態を取らなければならないのです。」（ibid.）。先立つ世界の素材を、みずからに「対立するもの」、「疎遠なもの」として対象化するところに、人間の主体的理論的教養が成立する。かかる主体的精神は、事物をみずからに疎遠なものとして対象化し、かかるものとしてみずからに対立する「隔離壁」（Scheidewand）を媒介として、陶冶される。人間は、みずからに疎遠で異質な分離壁あるいは「隔離壁」を通して自己を形成し再発見するのである。そして、人間がそこにおいて教養を身につける大きな隔離壁の一つが古典古代の世界にほかならない。

「私がここで言っている教養のための分離が、それを通して遂行される隔離壁とは、古代人の世界のことであり、古代人の言語のことであります。しかし、これらはたしかに私たちを私たちから切り離すものではありますが、同時に自己自身への還帰に際しての始発点と導きの糸とを合わせもつものであり、古代人との親交を取り結ぶとともに、自己自身を再発見する始発点と導きの糸とをもつものなのです。そしてこの際、この自己自身の再発見が精神の真実で普遍的な本質を求めてのものなのです。」（IV. 321-322）。

「外国語を学ぶことは自国語を学ぶことである。」というゲーテのよく知られた言葉と同じ意味で、古代世界の言語や習俗、文化を学ぶことは、異質な世界に身を置くことによって、みずから生を受けている世界を相対化し、より一層普遍的な観点から自己と自己を取り巻く世界を再発見することにほかならない。かかる意味において、「分離」、「疎遠なもの」こそ教養の絶対的な条件なのである。

現在使っている自分の国の言葉と違った「隔離壁」としての外国語や古典語を学ぶ時、文法の勉強は欠かすことができない。しかし機械的で無味乾燥な文法の学習はおよそ人間の精神にとって退屈なものであり疎遠なもののように思われるが、ヘーゲルによればそれは、「最も普遍的で最も高貴な教養の手段の一つ」（IV. 323）でもある。なぜなら、文法を学ぶことは、教養にとって最も本源的な区別する能力である悟性を研ぎ澄ますからである。「文法は範疇、つまり悟性の固有の所産と諸規定とをその内容にしているのです。したがって、文法において悟性自身が学習されはじめるのです。文法がはじめて私たちに教えるこれら最も精神的な本質は若者にとって最高に理解しやすいものであり、まことにこれらの本質以上に理解されうる精神的なものはありません。」(IV. 322)。

なるほどギムナジウムの生徒の場合、まだ多様なものを全体的なものにまとめあげる理性の能力は未発達である。だからこそ、将来に向けてかかる理性能力を養うために、その基礎となる悟性能力を十全に磨く必要がある。文法の学習は、悟性能力を理性能力へ橋渡しする「論理的教養の初歩」(IV. 322)をなすものであり、かかる意味において、それは「哲学の初歩」(IV. 323)でもあるのである、とヘーゲルは言う。

「古典語の文法の習得は、同時に持続的に間断なく理性を働かさなければならないという利点をもっています。というのも母国語の場合と違って、この場合には反省されることのないままに習慣が正しい言葉の組み合わせをもたらしてくれるということはなく、悟性を通して規定された品詞の価値を絶えず念頭にし、品詞の結合の規則を絶えず助けとしなければならないからです。そして、このことによって特殊的なものを普遍的なもののうちに包摂するとか、普遍的なものを特殊化するといったことが絶えずおこなわれることになるのであり、そしてこのうちにこそ理性の活動の形式が成立するのだからです。――こうして厳格な文法の勉強は最も普遍的で高貴な教養の手段の一つなのです。」(IV. 323)。

教養の絶対的条件である分離壁は、古代世界の習俗や言語にとどまらない。人間の精神に疎遠なものはすべて、精神がそこにみずからを再発見すべき必然的な通過点であり、教養そのものの地盤なのである。かかる意味でヘーゲルは、ギムナジウムで課せられる「宿題」や「軍事訓練」でさえ教養の条件と考えている。

勉学の目的は単なる知識の受容ではなく、教わったものを通して人生に出会うさまざまな問題を処理できる主体的な能力を養うことにある。それゆえ、知識の受容とその応用は、教養を構成する二つの契機である。学校で学び、身につけた知識を自由に正しく生かすためには、何よりも独善的で屁理屈をこねまわす態度を排さなければならない。ピュタゴラス教団に入った人たちが、最初の数年間、沈黙を強いられたのは、自分の独りよがりの思いつきや勝手な屁理屈を根絶せしめるためであった（vgl. XVIII. 228f.）。自由闊達で主体的な思考力を身につけるためには、まずその対極にある「沈黙」や「服従」からはじめなければならないというわけである。それと同じように、ギムナジウムにおける自習や宿題も自発的な思考に至るための必要不可欠の通過点であるとヘーゲルは考える。

「宿題を粗略におこなったり、遅延したり、おこなわなかったりする悪習を厳格に追及し、勝手を許さず、正しくきまりを守らせて、課せられたものを定められた時限までに提出するということが、毎日の日の出と同じように確実なものとなるように躾けるということにもまして本質的なことはありません。宿題は学校で学習したところのものの反復を通して、より一層確実なものにするという点で大切であるばかりではありません。この宿題を通して、若者は単なる理解から自発的な活動へ、自主的な努力へ導かれるのであり、それゆえに一層重視されなければならないのです。」（IV. 332）。

教えられた知識を決められた期日までに反復して学習する宿題や自習は、自由な思考的訓練と正反対のものであるが、まさにそのようなみずからに疎遠な「隔離壁」を媒介にしてこそ、真に自発的な思考が可能となるというわけである。

かかる意味において、軍事訓練さえもヘーゲルにとっては教養たりうるのである（vgl. IV. 330f.）。軍事訓練は、命令されたことを直ちに行うための迅速な理解力を必要とするばかりではなく、一見すると学生の本分である勉学から最もかけ離れているようにみえる。というよりも最もかけ離れているがゆえに、かえって「隔離壁」としての教養の手段なのである。

「他の面で教養を積んだ人間は、何か特定のものだけに限られた本性をもつものではなく、むしろすべてのことについて能力があるものです。必要ならば自分にこれまで無縁であった技能や学問の中でも飛び込んで行こうとするためには、いたずらに困難とか無能だという考えにこだわっていてはならないのであって、躊躇することなく、それを手に取り上げてみるということにもまして大切なことはありません。」(IV. 331)。

「宿題」にしろ「軍事訓練」にしろ、自由闊達な主体的精神を育むべき教養とは対極にあるものであるが、まさにかかる対極のものを通してこそ、真の意味で教養が獲得されるのである。

われわれはこれまでヘーゲルの教養観を、主として彼がギムナジウムの校長として教育の実践にかかわっていたときの言説を中心にみてきたわけであるが、彼の教養観がいかにギムナジウムの教育の実践に基づいていたか、そしてそれが彼の哲学体系にいかに通底しているか、その一端をみてきた。逆に言えば、ヘーゲルの哲学体系は、一見現実離れした抽象的なものにみえるが、その実、具体的な現実認識に裏づけられたものであることを、彼の体系全体をおおう「教養」概念にそくして見てきたわけである。

自己形成ということに集約される教養は、大きくは、対象を認識する場面における「理論的教養」と、対象に働きかける「実践的教養」とに分けられる。

ヘーゲルは『法の哲学』の中で、理論的教養として「言語」を、実践的教養として「労働」を挙げて、次のように説明している。

「人の関心を引きおこす規定や対象が多様であるということから理論的教養が発展する。理論的教養とは、単に表象や知識が多様であるというばかりではなく、表象する働きや一つの表象から他の表象へ移っていく場合の活発さ、敏速さであること、錯雑とした普遍的関連を把握することなどであって、――悟性一般の教養、したがってまた言語の教養でもある。――労働によって獲得される実践的教養とは、欲求の産出と仕事一般の習慣、さらに自分の行動を、一つには材料の本性に従って、また一つには特に他人の恣意に従って制限することの習慣であり、こうした訓育（Zucht）によって獲得される、客観的活動とどこででも通用する技能との習慣である。」（VII. 352［§197］）。

多様な対象とそれらの普遍的連関を知るところの、「言語」をエレメントとする「理論的教養」および働きかける対象にそくしておのれを陶冶する「実践的教養」――教養全体を構成するこれら二つの教養を可能にする絶対的な条件は、みずからとは「疎遠なもの」「異質なもの」と向かい合うこと、疎遠なものを媒介としてみずからを形成することである。[20] かかる「疎外による媒介」（die entfremdende Vermittlung）（III. 351）を通じて、自分を普遍的なものへと形成することができてはじめて、自分が何であるかを知ることができる。

「疎遠なもの」「異質なもの」とは、小は学校の宿題、外国語、大は歴史や自然に至るまで多種多様でありうる。要するに自分を取り巻き、自分を存在たらしめているすべてのものは、自分とは異なる存在であると同時に自分を支えている共同存在でもあることを自覚すること――より一般的に言えば、「異質なもの」の中にその独自性（多様性）とその普遍性の両面を同時に認識すること――かかる自己認識の中に、ヘーゲルは教養の究極の意義を見出したと言えるであろう。

註

（1）J. P. Eckermann, *Gespräche mit Goethe in den letzten Jahren seines Lebens*. hrsg. von Heinz Schlaffer. Carl Hanser Verlag.

München 1986. Sonntag, den 2. Mai 1824. SS. 103-104.

（2）Vgl. H. G. Gadammer, *Wahrheit und Methode. Grundzüge einer philosophischen Hermeneutik.* Tübingen 1975. S. 14. 野田宣雄『ドイツ教養市民層の歴史』（講談社、一九九七年）一八頁。土橋寶『ゲーテ教育学研究』（ミネルヴァ書房、一九九六年）二三九頁。

（3）Vgl. Rosenkranz, *G. W. F. Hegels Leben.* Belin 1844. Nachdruck: Darmstadt 1971. S. 19

（4）ヘーゲル『小論理学（上）』（村松一人訳、岩波書店、一九九二年）一四頁。ローゼンクランツも次のように述べている。「彼（ヘーゲル）は教育というものを常に尊重し、それを個人の偶然的な特殊性の克服、訓育（Zucht）、人倫の生成と解した。彼にあっては教育の積極面は個人が普遍的な人倫の母乳に育てられながら、それをまず最初に疎遠な実在として直観することのうちに生き、段々とそれを概念的に把握し、かくして普遍的な精神へと移行するという点にあった。」（Rosenkranz, *a. a. O.*, SS. 174-175）。

このローゼンクランツの言は、『法の哲学』の中に見出される、教育学に関する以下のヘーゲルの見解に照らしても首肯できるであろう。「教育学とは、人間を人倫的にする術である。それは人間を自然的なものとみなし、人間を生まれ変わらせる道を指し示す。つまり、人間の第一の自然を第二の精神的な自然に変化させ、こうしてこの精神的なものを人間の中で習慣になる道を指し示す。」（VII. 302［§151 Zusatz］）。

（5）Schiller, *Über die ästhetische Erziehung des Menschen in einer Reihe von Briefen.* Dritter Brief. In: Schillers Werke. Bd.4. Insel Verlag. Frankfurt a. M. 1966. S. 196.

（6）Schiller, *a. a. O.*, Sechster Brief. S. 205.

（7）Schiller, *a. a. O.*, Sechster Brief. S. 209. いわゆる「反省」（Reflexion）概念に対するヘーゲルの認識が深まるにつれて、「教養」における分離・対立の側面の重要性も認識されるようになる。その機縁を与えたのが、シラーであったことは、この引用文からもうかがい知ることができよう。

ヘーゲルがフランクフルト期（一七九七〜一八〇〇）に、「反省」にまつわる諸々のアポリアを克服した後、イェーナ期（一八〇一〜一八〇七）に至って、「反省」概念を正しく評価できるようになってはじめて、「教養」の否定的側面を安じて強調するようになる（「反省」概念を「媒介」概念として認識するようになった経緯については、本書第一章、第二章を参照されたい）。イェーナ期の初めに書かれた『差異論文』や『信と知』で堰を切ったように「教養」概念が多用され、「教養」における対立・分離の側面が前面に押し出されるのも上記の理由からである（vgl. II. 21, 22, 33, 90, 119, 293 usw.）。

「教養」の否定的な側面に言及した箇所を『差異論文』から一例だけ挙げておく。「教養においては、絶対者の現象であるものが、絶対者から孤立し、自立的なものとして固定される。しかし同時に、その現象は、自分の根源を否定することはできず、現象の諸限定の多様性を全一的なものとして構成することに向かわなければならない。」（II. 20）。

（8）Kant, *Kritik der Urteilskraft*. B 166

（9）シラーによれば、カントの先験哲学が質料（内容）を形相（形式）から、あるいは感性を理性から厳密に区別したために、あたかも感性と理性が必然的に相反するものだとみなされるようになったが、そのような考え方は、カント哲学の「文字」の中には存在しても、その哲学体系の「精神」には決して存在しない（vgl. Schiller, *a. a. O.*, Dreizehnter Brief. S. 229）。シラーが指摘したカント哲学における「文字」（Buchstabe）と「精神」（Geist）の間に存在する矛盾という視点を、ヘーゲルもカント哲学における「二つの精神」（II. 256）という言葉で継承する。カントは、一方では、感覚（経験）につながれた悟性と経験を越える理性を区別し、経験を越えた理性概念は諸々の矛盾に巻き込まれるがゆえに、「仮象の論理」たらざるをえないことを証明し、こうして理性を断念することによって極端な経験論に身を任せることになる（vgl. II. 179）。他方、カントはカテゴリーの演繹において、悟性概念を媒介として、感性（存在）と理性（思惟）の対立を止揚しようとする。ヘーゲルは一方では、理性を断念するカントの批判哲学の「精神」を、経験を疑おうとはせず、それどころか経験をア・プリオリに真理の基準にしてしまう独断的な常識の哲学――イギリスの経験論哲学と同一の地平に立つ哲学――として拒否し、他方ではカテゴリーの演繹にみられるカント哲学の思弁の「精神」を真の「精神」として賞揚する。それゆえカント哲学には二つの相反する「精神」が存在する、とヘーゲルは言う。「われわれはカント哲学のうちにうかがえる二つの精神を区別せねばならない。ひとつは、（二元的な――引用者）体系によって常に破綻させられる（真の――引用者）哲学の精神、いまひとつは、理性的な理念の死をめざす体系の精神である。」（II. 256）。

（10）Schiller, *a. a. O.*, Vierundzwanzigster Brief. S. 269.

（11）Schiller, *a. a. O.*, Dreiundzwanzigster Brief. S. 260.

（12）Schiller, *a. a. O.*, Zwanzigster Brief. S. 251.

（13）Schiller, *a. a. O.*, Achtzehnter Brief. S. 245.

（14）Schiller, *a. a. O.*, Vierter Brief. S. 200.

（15）Schiller, *a. a. O.*, Vierter Brief. SS. 202-203.

(16) ディオゲネス・ラエルティオス『ギリシア哲学者列伝』(加来彰俊訳、岩波書店、二〇〇六年)第二巻、七十二節参照。

(17) ディオゲネス・ラエルティオス、前掲書、第二巻、七十節。アリスティッポスはまた次のようにも言ったと伝えられている。「教育を受けた者と無教育の者とはどの点で違うか、と訊ねられたとき、『それは調教された馬が調教されていない馬とちがうのと同じ点においてだ』と彼(アリスティッポス)は答えた。」(ディオゲネス・ラエルティオス、前掲書、第二巻、六十九節)。

(18) デモクリトス、Fg. 180. この「避難所」というデモクリトスの言葉は、逆境から目をそむけて自分の中になぐさめを見出す、という意味にとるべきではなく、高度な人間性を培う知的洗練を指し示す言葉として理解すべきであろう。廣川洋一は、デモクリトスがここで言っている「教養」(パイデイアー)について次のように注釈している。「(デモクリトスの言う「教養」は——引用者)私たちの『徳への教育』そのものではないとしても、それはもはやたんに子供の教育でも躾けでもない。それらよりも、いっそう知的に進んだ段階における教育、より高度の人間的教養(とその結果としての知的洗練)を、それは意味しているとみられるからである。」(廣川洋一『ギリシア人の教育』[岩波書店、一九九〇年]一三三頁)。

(19) 当時のラテン語学習が文法の反復練習にみられるように、退屈で機械的なものに堕しているのを教育学者のバゼドーは次のような、いささか誇張した表現で揶揄した。

「おお、どれほど多くのすなおな少年と礼儀正しい青年が、毎日の呪わしい授業時間に、神の御使いや人間のなかの賢者の言葉を——体罰を加えられて無理矢理暗記させられた言葉を——繰り返すことだろう。しかも残念なことに、彼らはその言葉をけっして理解しないし、また彼らが成長して師匠のもとを離れるときにも、けっしてその言葉を尊敬しないのである。丸天井は、毎日、殴られた者の叫び声で鳴り響いた。——それは、神があたえた以上に悟性と記憶力を用いなければならない被造物の叫びであり、あるいはむしろ、けっして理解されない言葉の格語尾を忘れた未来のニュートンの叫びである。またそれは、より良きもののために創造された精神の叫びであるが、その精神は、いやいやながら、思い違いをしつつ、内容の空虚なローマの語句と母国の語句との入れ換えをやっている。友よ、青春時代をあわれみたまえ。」(J・B・バゼドー『デッサウに設立された汎愛学舎、博愛主義の学校』一七七四年)(M・クラウル著、隅本他訳『ドイツ・ギムナジウム二〇〇年史』[ミネルヴァ書房、二〇〇三年]六頁)。

(20) 「教養」や「媒介」なる概念が、直接に全体性や統一を指示するものではなく、何よりも「区別」や「分離」「対立」を表わす概念であることに注意すべきである。それは例えば、『論理学』において「存在」と「概念」を橋渡しする「本質」論を「諸規定の区別」をそのエレメントとする「反省規定の体系」と規定し、これを「媒介の圏」(eine Sphäre der Vermittlung)と言い換えていること(vgl. V. 58)、さらにかかる論理学の叙述方法に基づいて書かれた『法の哲学』においては、各人の特殊な欲求と普遍的な目的が分裂している「人倫の喪失態」（VII. 338［§ 181］）である市民社会を「差異の段階」（die Stufe der Differenz）（ibid.）あるいは「媒介の地盤」（der Boden der Vermittlung）（VII. 340［§ 182］）としての「教養の圏」（vgl. VII. 360［§ 209］）と規定していることからも明らかである。それゆえ教養は、おのれの利害に何よりも関心をはらう市民社会に生きる特殊な人間を、普遍的共同性へと陶冶するための「絶対的な通過点」であり、したがってまた「絶対者の内在的な契機」なのである（vgl. VII. 344f.［§ 187］）。

終章

「媒介」をめぐるヘーゲルの思想的営為を、われわれは、初期のテュービンゲン期から、「媒介」概念の生誕地である『精神現象学』まで、時にはヘーゲルの錯綜した思考過程にもできるだけ内在しながら、考察してきた。「媒介」概念にまつわるさまざまアポリアをヘーゲルが乗り越えていった過程と、その後に到りついた彼の体系的思考のあとを、最後に今一度大まかに振り返り、「媒介」をめぐるヘーゲル以降の哲学史の展開をごく簡単に展望して、拙論を閉じることにしたい。

テュービンゲンの神学校に入学して、その学問的経歴を開始したヘーゲルを取り巻いていた状況は、彼が理想とするものと遠くかけ離れていた。彼は神学生として、当時の宗教的状況に違和感を持つようになったのはごく自然な成り行きであった。ルター派の正統が支配していた当時のキリスト教会は、君公を中心とする専制権力と結びつくことによって、国家機構全体の中に深く分け入り、世俗的な職業のみならず、国全体の教育制度にも深く関与していた。宗教と政治は、互いに手を取り合って「権威」と「権力」をふりかざすいわば同じ穴の貉として当時の支配機構の中に君臨していたのである。

ヘーゲルが学んでいたテュービンゲン神学校は、まさに公国のエリートを養成する施設として嘱望され、神学校の卒業生は、将来、聖職者をはじめとする国家のあらゆる要職につくための門戸が開かれていた。

こうしてキリスト教会は、政治的権力をいわば「後光」(1)として、その権威を笠に着て思想統制や異端弾圧をおこなっていたわけであるが、このような状況の中で神学生であったヘーゲルは、キリスト教会が本来の姿を見失って「私的宗教」と化してしまった原因を究明するとともに、現状の宗教に対置する形で、「民族宗教」という新たな宗教を構想する。

このヘーゲルの処女論稿ともいうべき「民族宗教」論の中に、すでにその後を貫くヘーゲルの存在観がすでに現われている。存在するものはすべて孤立して存在しているのではなく、相互に関係し合い相互に媒介し媒介され合いながらその存立を保っている、というのがそれである。

それゆえ、宗教もそれだけで孤立しているのではなく、政治や歴史、芸術など他の諸領域と関連し合いながら「民族精神」という全一的な精神を形成しているのである。その中でも宗教は政治とともに「民族精神」を形成する最も重要な環であると考えて、ヘーゲルはまず宗教のあるべき姿に目を向ける。

宗教が民族の精神形成に重要な役割を担っているとするならば、それは個々の人間の生にも深いかかわりを持つものでなければならない。宗教が「民族宗教」として、民族の「精神」に働きかけるためには、それは個々の人間の精神に直接に訴えかけなければならない、というのがこの時期のヘーゲルの宗教観であった。

周知のように、この時期のヘーゲルはカントの実践理性の立場に立って、道徳的行為の実現の中に宗教のあるべき姿を求めていたが、しかしカントのように個人の道徳的完成に重きをおくのではなく、あくまでも個人の道徳的行為を通して民族精神を高揚させることに宗教の目的を見定めていた。

個々人の道徳的行為を実現するためには、単に人間の理性のみに期待してもそれは充分ではありえない。「感性」や「心情」に訴えかけることによってはじめて、道徳的なものが十全な意味において実践的となるのである。「感性」と「理性」はカントの言うように能作を異にするものとして厳格に区別されるべきものであるにしても、しかし両者は不可分なものとして人間の全体を形成している。

感性と理性のあいだの生き活きとした直接的な和合――その根本原理をこの時期のヘーゲルは「愛」のうちに見出していた――の中に、あるべき宗教としての「民族宗教」が構想されていたのである。

感性と理性の直接的な交感にその基礎をおく「民族宗教」を特徴づけて、周知のようにヘーゲルは「主体的宗教」、「公的宗教」と呼んだ。感性と理性、個（私的なもの）と全体（公共的なもの）、此岸（人間）と彼岸（神）が引き裂かれることがなく、両者がそれぞれ直接に一体となっているところに、人びとの道徳心を高揚させ、その魂に実践的なものを吹き込む根源がある。人間の中にあるこの根源的な「善性」とも言うべき「神的火花」を養い育てることこそが本来の宗教の目的なのである。

「愛」をその原理としている「感性」と「理性」との直接的な統一――この生き活きとした統一を断ち切り、すべてのものからその相互の生きた関係を引き裂き、冷たく生命のないものにしてしまうのが「悟性」あるいは「反省」である。

現に存在するキリスト教は、人間と神、地上の国と天国、此岸と彼岸を分断する「悟性」が生み出した宗教として断罪される。

聖書によれば人間の本性は堕落していて人間の力では直接に神的なものにあずかることはできない。それにもかかわらず、人間が神的なもの、永遠なものにあずかろうとすれば、両者をつなぐ「媒介」者を必要とするであろう。それが当時のヘーゲルによれば「キリストへの信仰」にほかならない。

キリスト教においては、「キリストへの信仰」という「回り道」（＝媒介）をして救いを求めなければならないわけであるが、それは、人間の本性が腐敗しているがゆえに神的なものに直接あずかることができない、という人間蔑視の上に築かれた教義なのである。ヘーゲルはここでは、「感性」と「理性」との直接的な和合をその基礎とする「民族宗教」の立場から「媒介」(「回り道」)の宗教としてのキリスト教を批判しているのである。

感性によって促された生き活きとした道徳感情とこの感情の中に溶かし込まれている感性と理性、人間的なものと神的なものの直接的な合一、という立場から「民族宗教」を構想し、かかる観点から人間の道徳性を抑圧するキリスト教を批判の俎上に載せたのがテュービンゲン期(一七八八〜一七九三)のヘーゲルであった。

神と人間の仲保者(＝媒介者)としてのイエスを必要とせざるを得なかったのも、キリスト教が、人間の本性の中に輝いている「神的火花」を冷たい「悟性」によって消し去ろうとし、神的なものを人間の手の届かぬ彼岸に置いた結果なのである。

ベルン期(一七九三〜一七九六)になると、ヘーゲルは感性と理性を直接結びつける直接性の立場から一歩退いて、感覚的なものよりも優位を占める道徳的な「自律」を主張するカントの立場に今一度立ち帰って宗教の究極目的を改めて考え直そうという姿勢を示す。

『キリスト教の既成性』において、ヘーゲルは、本来自由で道徳的な教えであったイエスの宗教が、キリスト教会の支配によって人びとに直接的に訴えかける力を失い、イエスの「権威」という「回り道」を経ることによって、人びとの精神を抑圧する「既成的宗教」に姿を変えた経緯を語る。

ヘーゲルは、キリスト教が既成化の道を歩むに至ったそもそもの原因を、自由な意志に基づくイエスの道徳的で主体的な教えが、あたかもイエスの「権威」に基づくものであるかのように誤って受け取られたことの中に認めた。それはとりもなおさず、人間の精神の中にある理性と悟性の能力を誤認していることにほかならない。すなわち、キリスト教会は、イエスの指し示した理性に基づく道徳的で主体的な教えを、悟性によって定められた客体的な規則のように取り扱ったために、キリスト教は既成化の道を歩まざるをえなかった、というわけである。イエスの「権威」という「回り道」（＝媒介）を経たキリスト信仰こそ、イエスの説く本来の主体的で道徳的な教えを、既成的で客体的宗教へと変貌させた当のものなのである。

こうして、理性と悟性、主体的なものと客体的なもの、道徳的なものと既成的なものを明確に区別し、その上に立って理性の自律に基づく人間の自由を取り戻すことが『既成性論稿』を書いているヘーゲルの目ざしていたテーマであったであろう。しかしここではキリスト教の「既成性」が生じてくる経緯が発生史論的に叙述されるが、「既成性」そのものを止揚しようというところまでには至っていない。

そもそもキリスト教会の「既成性」にイエスの道徳的な宗教を直接に対置しても問題は解決できないのは明らかであろう。それは後年のヘーゲルの言い回しを使えば、特殊（「既成性」）に特殊（「道徳性」）を対立させることになって、何ら問題の解決にならないからである。事実、ヘーゲルは、フランクフルト期（一七九七～一八〇〇）になると、周知のように、それまで依拠していたカントの道徳的な義務命令の立場も普遍的なもの（道徳性）による人間の内面の抑圧であり、主人と奴隷、支配と服従という対立関係を人間の内面に持ち込んだものにすぎないことを自覚するに至る。

こうして、カントの実践哲学の諸原理に基づいて構想されたイエスの道徳的で主体的な宗教も、キリスト教会の「既成性」を克服できないことを見て取ったヘーゲルは、「道徳性」（主体）と「既成性」（客体）の対立を全体として乗り越える新たな地平を模索することになる。この課題に、ヘーゲルは、イエスの宗教をそれまでのような人間の道徳的完成をめざす「徳」の教えとしてではなく、「生」と「愛」の教えとして改めて解釈しなおすことによって、答えようとするのである。

「生」は、ヘルダーリンらの思想的な影響のもとに、一にして全なるもの、分離と対立のうちにある多様なものを媒介にしてみずからを形成する全一的な統一として把握されることになる。かかる全一的な「生」に人間はいかにして至りつくことができるか、という問いをめぐって、フランクフルト期のヘーゲルの思索が展開されると言ってよいであろう。

この時期、ヘーゲルは当初、「愛」の中に生ける全体的「生」を見出そうとする。それは、ベルン期に実践理性の立場に立ってキリスト教の「既成性」を克服しようとして挫折したヘーゲルが、もう一度それ以前のテュービンゲン期の、感性と理性を直接的に結びつける「愛」に立ちもどって考え直そうとした、と言うこともできよう。しかしながら、われわれがこれまで幾度となく強調してきたように、「愛」はその直接的な性格のゆえに、みずからと対立する多様なものを止揚することができず、諸々の客体的なものに付きまとわれることになる。こうしてイエスの「愛」の宗教は、それが求めた人間の「生」の全体性を取り戻すことができず、その本来の意図とは反対に、神の国を地上の国から引き離し、キリスト教会を国家から遠ざけることになるのである。

全体的な「生」のうちにある諸々の関係を断ち切って、分離と対立に身をまかせざるをえなかったのが、愛の人イエスをとらえた「運命」であった。そしてイエスを襲った「運命」の最たるものが「所有」と「国家」にほかならない。

「愛」は感情であるが、個別的な感情ではなく普遍的な感情である。「愛」は同じ精神を分けもつ主体と主体の間にはたらく調和した感情である。そこには主体から分離した客体的なものが介在する余地はない。

しかし、「愛」が「所有」あるいは「財産」という「死せるもの」と出会うとき、「愛」はこの客体的なものと対立関係に入り込まざるをえない。それが近代社会においては避けて通ることができない「運命」となる。愛するものと愛されるものとの間には、たとえ分離されていても、両者は同じ精神をもつ一つの生の器官であり、直接的に一なるものである。しかし愛する者はそのほかに、所有とその権利をめぐるさまざまな「死せるもの」と関わっている。「愛」の関係の外に、物の所有をめぐってさまざまな対立関係に巻き込まれざるをえないのである。

物を介する多様な対立関係を「愛」はその直接性のゆえに、「排除」はしても「止揚」することはできない。それゆえ、イエスの「愛」の教えは、「所有」にかかわる市民的および国家的な諸関係に出会うとき、「カイザルのものはカイザルに、神のものは神に返しなさい」と言わざるをえず、現実の世界から逃避し、全体的な「生」からの離反という「運命」に身をゆだねることになるのである。

かくてフランクフルト期に書かれた草稿『キリスト教の精神とその運命』において、「愛」という直接的なものによって全体的な「生」と合一することがめざされていたにもかかわらず、「愛」は「死せるもの」（「所有」や「国家」）と和解できず、そこから逃避することによって、かえって全体的な「生」から離反し対立する運命にみまわれるのである。

ヘーゲルが全一的な「生」に至る道を、宗教的な「愛」のうちに見出そうとした背景には、「悟性」（反省）や「理性」といった人間の思惟能力が無限なものあるいは全体的なものを把握することができない、という前提があった。

「悟性」あるいは「反省」とは周知のように、ものごとを「区別」し「制限」する能力である。「反省」（「悟性」）は、諸々の相互に関連し合うものを「区別」することによって個別化し、孤立化させる。主観（主体）と客観（客体）、精神と物体、個と全体など本来一つのものを区別し分断するのが「反省」である。したがって一なる全体としての「生」は、ものごとの生き活きとした連関を断ち切ってすべてのものを客体化する反省や悟性によってはとらえることできない。

フランクフルト期のヘーゲルは、「反省」（「悟性」）や「理性」のような人間の思惟能力と全体的な「生」との関係についてさらに立ち入って考察している。この時期に書かれた『信と知』（一八〇二年）において、全一的な「生」――ヘーゲルはそれをパルメニデスに因んで、「存在」と呼んでいる――を、人間の認識能力によってとらえることができるかどうかが問題にされている。

人間の思惟は、「反省」（＝「悟性」）が生み出す「概念」を通じて、制約されたもの、他から分離された個別的なものを定立する。しかし「反省」概念が定立した個々のものは、それ自身で無条件に存在しているのではなく、他のものとの関わりの中で、究極的には全体との関連の中で存在している。

とするならば、個々の存在は自存しているのではなく、全体との関係の中でその存立を得ていることになろう。それゆえ、個々のものが存立可能であるためには、それらを合一するところの全体が最初の「存在」として前提されていなければならない。全体が最初のものであり、根源的なものであって、多様な個々のものは、その存在根拠を全体のうちにもっているわけである。

「反省」は、すべての事象を個々バラバラで固定したものとして規定するがゆえに、反省（悟性）が生みだす概念は、相互に孤立したものとして他を排除し合う。ところが他方では、反省が定立した個々のものは関連し合ってもおり、究極的には全体との関係において存立している。こうして個々のものを区別し規定する反省概念は、相互に孤立したものとして排除し合うと同時に相互に関係し合わざるを得ない、という矛盾・対立に陥る。このよう事態の中にヘーゲルは「アンチノミー」を見出している。

しかしフランクフルト期のヘーゲルは、カントと同様に、「アンチノミー」の中に人間の思惟（反省＝悟性）は有限な世界（経験界）を越えてはならない証左を見出し、こうして無限なもの（全一的なもの）は人間の認識（思惟）の彼岸におかれ、信仰の対象にされてしまうのである。

「悟性」や「反省」はアンチノミーに巻き込まれるがゆえに全体的「生」（無限なもの）を把握することができ

ないなら、それよりも高次の人間の思惟能力である「理性」の場合はどうなのか。

フランクフルト期のヘーゲルは、「理性」にも、全体的「生」を把握する能力を認めない。この時期のヘーゲルは、「理性」の役割を、「悟性」（「反省」）規定に、それと対立するいま一つの規定を対置することによって、悟性の有限性、一面性を認識することに見出している。この時期のヘーゲルにとって、「理性」は、イェーナ期以後のように無限なものそのものを認識する能力としてではなく、悟性の有限性を証示して真に無限なものをみずからの外部に置くことによって有限と無限を区別する能力――カント的な意味での「批判的理性」――として考えられているのである。

以上のように、人間の認識能力である「反省」（悟性）も、それよりも高次の能力であるはずの「理性」も無限な「生」を把捉することができないとすれば、いったい何がそれを可能にするのか。

人間の思惟能力の無力を認識したからこそ、ヘーゲルは無限なるものに到る道を「愛」および「愛」をエレメントとする「宗教」に託したのであった。

しかし先述したように、「愛」や「宗教」も感情という直接的なものに基礎をおいているがゆえに、有限なものと無限なものの対立を真に止揚することができない。

ヘーゲルは、「愛」の主体的なはたらきも人間の「思惟」の客体的なはたらきも、全体的「生」の一面しかとらえることができないことを確認するに及んで、「愛」と「思惟」（反省）を外面的につなぎ合わせるところに、あるべき「宗教」を構想する（「愛のプレーローマ」としての宗教）。しかしかかる「宗教」の具体的な内容をフランクフルト期のヘーゲルは明らかにしえない。

このような状況の中でヘーゲルは、全体的な「生」と「思惟」の関係をもう一度考え直すように迫られたに違いない。

イエスの「愛」の宗教は、「所有」とその上に築かれている「国家」を前にして挫折し、人間の「生」の全体性を回復することはできなかった。「愛」は、「所有」という死せるものから逃避することによって、人間の「生」の全体を「生ける国」と「死せる国」に分断してしまったのである。

「所有」が生み出す世界は、みずからの所有物を守るために他者を排除する私利の世界であり、「死せる国」である。「所有」の論理的表現は「反省」形式であることは言うまでもない。「反省」が生み出す世界は個々のものを分断し孤立化させる「死せる国」である。

分断化された個々のものは、確かに死せるものとして「生」の全体に対立している。しかし同時に、個々の死せるものは、「生」全体の一分肢でもあることにヘーゲルは気づくことになる。つまり、生ける全体は、個々の死せるものの「外部」に存在すると同時に、個々のものは全体の一分肢として生ける全体の「内部」にも存在する。

かかる矛盾は「反省」や「悟性」にとって、「神秘」であり「背理」であるが、しかし「生」の全体の中ではこの矛盾は不可分のものとして統一されて存在している。そうだとすれば、「反省」(「悟性」)が生み出す矛盾した規定、すなわち「アンチノミー」は、単に「反省」規定の限界を指し示しているだけではなく、それ自体無限な「生」の「外化」したものであり、「現われ」(Äußerung)でなければならないであろう。こうしてヘーゲルは、「反省」によってとらえられる有限なものの総体を、全体的な「生」の「現象」として把握する道を切り開くことになる。

反省諸規定が生み出す区別や対立が一なる「生」の現象だとすると、「アンチノミー」はそれまでのように、悟性認識の限界を示すにとどまらず、かかる「アンチノミー」を克服して、全体的な「生」へ到りつくためのより高次な人間の思惟能力が要請されることになろう。

こうして、悟性(反省)の「アンチノミー」を全体的な「生」へと止揚する一層高次の思惟能力として「理性」

が表舞台に引き出されるのである。

今や「理性」は、それまでのような、悟性概念の有限性を示して有限なものと無限なものを峻別する「批判理性」であることをやめ、悟性規定が生み出す「アンチノミー」を媒介として「生」の全体を把握するものとしてとらえられることになる。それは、『一八〇〇年の体系断片』における「生は結合と非結合の結合」という周知の表現の中に含意されていたといえよう。それと共に、主観（愛）と客観（反省）、無限なものと有限なものの対立を真に統一するものとして、「宗教」から「哲学」への転回の可能性が示唆されることになる。

およそ以上のような思考過程があったからこそ、ヘーゲルは、『一八〇〇年の体系断片』の十日後に書かれた『キリスト教の既成性』の改稿で、有限なものと無限なものとの間の関連を形而上学の問題として、「概念」による「媒介」を通じて解き明かそうという見通しをつけることができたと言えるであろう。

事実、その後一か月余りを経て、ヘーゲルは、シェリングに宛てた手紙の中で、周知のように、「一にして全なる「青年時代の理想」を「反省形式」を媒介として体系化する道をはっきりと表明するに至る。こうして続くイェーナ期以後、ヘーゲルは、みずからの「生」と全体の「生」の関係を「概念」を媒介として究明することを哲学の使命だと見定めて、学問（哲学）の体系化をめざして邁進することになるのである。

イェーナ期（一八〇一～一八〇七）に至ると、ヘーゲルは、みずからが求める「哲学」を、近代に特有な「反省文化」の中から必然的に生まれて来たものとして、より一層広いパースペクティヴのもとに位置づける。デカルト以来、近代のヨーロッパ文化は、精神と物体、人間と自然、主観と客観、有限と無限などさまざまなかたちで、人間の全体的「生」を引き裂き、二元性に刻印づけられた文化を形成してきた。かかる「分裂」と「対立」にすみずみまで染め上げられた近代の「反省文化」がその頂点に達している、というのがヘーゲルの同時代に対する診断であった。

時代が引き裂いてしまった全体性を回復すること――それが時代によって課された哲学の要求となる。

ヘーゲルは、フランクフルト期までの研究成果を踏まえて、無限なもの（「生」）と有限なものの関係を、「絶対者」とその「現象」としてとらえることによって、「反省文化」の二元論的パラダイムを原理的に乗り越えようとする。こうして有限なものを無限な「生」として把握すること、「区別」と「対立」のうちにある多様なものを「絶対者」の「現象」としてとらえることが「哲学の課題」となる。ヘーゲルはかかる課題にこたえるために、「反省文化」の落とし子として、「反省文化」そのものの原理をそれぞれの立場から表明している「反省哲学」を吟味しようとするわけである。

こうして、カント、ヤコービ、フィヒテの哲学は「主観性の反省哲学」として批判の俎上にのせられるのである。ヘーゲルは、これら三者の哲学の批判を通じて、「反省文化」をその根底から止揚すべく、みずからの「媒介」思想を鍛え上げていくことになる。

ヘーゲルはまず、「反省哲学」に共通する特徴を、有限なものを絶対化して、無限なものを把握できないものとして、人間の認識の彼岸におくところに見ている。有限と無限を裁断して、無限なものを認識不可能なものと見なすのが「反省哲学」の一般的な特徴だというわけである。

ヘーゲルは「反省哲学」の一番バッターとしてカント哲学を吟味する。カント哲学の中にヘーゲルは、「反省哲学」そのものを止揚する「思弁」の原理を見出すと共に、この原理がカント自身によって無残に切りきざまれて「主観的なもの」に貶められ、ふたたび主観と客観、現象と物自体に峻別された顛末を明らかにしようとするのである。

カントは「統覚」の根源的な統一の中に、主観と客観の対立を根源から統一する「思弁的理念」を認めたとして、ヘーゲルはカテゴリーの演繹にかんするカントの根本思想を「真の観念論」だと言って称賛する。つまりへーゲルは、カントの言う「純粋統覚」の中に、自我（思惟）と多様なもの（存在）を根源的に統一する「理性の理念」が実質上表明されているとみなすのである。主観と客観、思惟と存在を根源的に統一する「統覚」の統一は、ヘーゲルによれば、決して主観的なものではなく、主観と客観がそこから分かれ出てくる「第一のもの」であり、これこそ「理性」にほかならないのである。したがって、経験的な自我もそれに対立する多様な客観的世界もそれ自体として存在しているのではなく、両者を統一している本体である「理性」を媒介としてのみ、その存立が可能なのである。対立しているものは、自存しているのではなく、媒介者（理性）においてその存立を得ているわけである。

しかし、ヘーゲルによれば、カント哲学の中に読みとられるこのような「思弁的は側面」は、カント自身によって蹂躙されてしまうのである。すなわち、「純粋統覚」における自己意識の根源的な統一は、カントによって単に主観的なものに貶められるのである。こうして主観的なもの、有限なものが絶対化されることによって、主観と客観、現象と物自体、有限と無限が対立させられるに至る。かかる事態は、『純粋理性批判』の「先験的弁証論」において理性の「理念」を取り扱うときにより一層明白になる。

すでに言及したように［本書第五章の二（b）］、悟性の諸規定が「理念」をとらえようとすれば、「アンチノミー」に巻き込まれざるをえないのは、悟性認識が無限なものを把握できない証左であるとカントは考えて、悟性認識の内容を「現象」と呼んだことを、ヘーゲルは高く評価した。しかしそこから、カントは人間の認識は経験界を越えてはならない、という消極的結論を引き出したのである。

しかしヘーゲルによれば、カントがかかる消極的な結論に至ったのは、「アンチノミーの媒介者」を見誤ったためである。「アンチノミーの媒介者」とは、言うまでもなく「理性」のことであるが、思惟諸規定がアンチノミーに陥るのは、悟性の生み出すカテゴリーが、無限なもの（＝理念）をとらえることができないことを告知しているのであり、それと同時に、悟性の矛盾した諸規定を定立しかつ止揚するところの「理性」が、アンチノミーの真理として立ち現われているからにほかならない。

カントはしかし、アンチノミーの中に矛盾を統一する真の媒介である理性を認識することなく、有限（現象）と無限（物自体）を切り離し、人間の認識を有限で主観的なものに限定してしまうのである。ヘーゲルによれば、カントはアンチノミーがみずから自身を止揚するという「矛盾」の本性に思い至らなかった、というわけである。

ヤコービは、カテゴリーが制約され他によって媒介された有限なものであるということに着目して、カテゴリーに基づく悟性認識が制約され媒介された認識の連鎖であって、どこまでもその有限性を脱することができないという事実から出発する。それゆえ、無限なものは認識の彼岸に押しやられ、信仰の対象にされるのである。ヤコービにあっては、信仰と概念的思惟は対立したものであり、思惟は制約（媒介）されたものを越えることができないのに反して、信仰の対象である絶対者（神）は、いかなる制約（媒介）されたものを含んではならないのである。したがって、無限なもの（神）についての理性知は、一切の制約（媒介）されたものを含まない「直接知」となる。こうして「理性」は、制約（媒介）された悟性認識を排除して、「憧憬」や「苦悩」といった主観的感情に変えられてしまうのである。

ヘーゲルは、ヤコービが制約（媒介）された悟性認識が無限なもの（神）を把握できない、というヤコービの洞察の正当性を認めるが、しかしそこからヤコービが無限なもの（神）に関する知が媒介を許さない「直接知」であり「感情」でなければならないと結論づけたことに異をとなえるのである。ヤコービは、有限なものと無限なもの、媒介された知（悟性）と無媒介な知（理性）を対立したものと考えたが、悟性の制約された媒介的認識が、それ自身のうちにある「区別」や「対立」を止揚して全体的な認識に到る、という媒介的思惟の本性をヤコービは認識しなかった、というわけである。

フィヒテは、カント哲学における「統覚」の根源的統一たる自己意識の統一を、無制約な自我の自己定立活動ととらえ、かかる自我をみずからの哲学体系の原理にすえることによって、そこからすべての意識の内容を体系的に導きだそうとした。かかるフィヒテの企図をヘーゲルは「思弁の真の所産」であるとし、フィヒテの「はかり知れない功績」であると賞賛を惜しまない。

しかしながら、自我＝自我という体系の第一原則はフィヒテにあったは無媒介に主張されるため、直ちに非我によって制約を受けることになる（第二原則）。そこで両者の綜合がめざされる（第三原則）が、かかる綜合は、両者の対立を前提にしているがゆえに、部分的綜合でしかありえず、それはまた新しい対立を生むことになり、かくて際限のない綜合がくりかえされることになる。こうしてフィヒテにあっては、自我（主観）と非我（客観）の綜合は「主観的要請」とならざるをえない。「綜合」が「要請」にとどまらないためには、自我と非我の対立を自我＝自我である根源的同一性に媒介された対立としてとらえ、非我に制約された経験的自我が無制約な自我へ到る内在的な媒介運動が示されなければならない。

カント、ヤコービ、フィヒテの「主観性の反省哲学」の批判を通してヘーゲルが確立した「真の哲学」について、簡単に振り返っておこう。

「反省哲学」が、その認識基盤として絶対化した有限なものを、ヘーゲルは絶対者（無限なもの）の「現象」ととらえた。このことによって、有限なもの（現象）は絶対者がみずから反省し、個別化したものであり、逆に絶対者は有限なものがみずからを止揚した全体であること、言い換えれば、現象（反省）を媒介として絶対者を把握すると共に、現象を絶対者の被媒介態としてとらえること、端的にいえば現象と絶対者を相互に媒介されたものとして、一なるものとして把握すること——これこそ「反省哲学」の批判的吟味を通してヘーゲルがたどり着いた「真の哲学」である。

かくて、「反省」（現象）を媒介として無限なもの（絶対者）を把握すること、すなわち「絶対者を意識において構成すること」が哲学に課せられることになる。『精神現象学』はまさに、これまでわれわれが述べてきたヘーゲルの媒介思想の総決算として世に現われることになる。かかる意味において『精神現象学』は、ヘーゲル哲学の生誕地と呼ぶにふさわしい著作であると言える。

ここで改めて、これまで幾度となく言及してきた『精神現象学』「序文」のかの媒介の規定に戻ってみよう。そこでは、「媒介」は、一般的に「自己運動する同等性」と規定され、さらにそれは、「自己自身への反省」、「対自的に存在する自我」、「純粋な否定性」、「単純な生成」と言い換えられていた。それは、『精神現象学』の中心的なテーゼである実体＝主体という観点から言えば、「自己他化による自己自身との媒介」という「主体」（自我）の自己定立の運動を通じて絶対者（＝実体）を構成することにほかならない。

ヘーゲルが、「媒介」を「自我」「反省」「否定性」「生成」さらに「直接性」と等置していることに、もはやわれわれは奇異の念を抱くことはないであろう。これら「媒介」概念の諸規定は、テュービンゲン期以来、同時代の「宗教」や「政治」、「哲学」などに対する長年にわたる批判的考察を通じて生み出されてきたものであることをわれわれは知っているからである。

上記の「媒介」の諸規定に即して表現すれば、『精神現象学』は、「自我」が、みずからの意識の「直接性」を「否定」し、「反省」あるいは「悟性」が定立した諸規定およびそれら諸規定の「否定」を通じて、最終的に絶対知へと高まり、こうして「自我」が絶対的な「自己」として「生成」する過程を叙述するものである。

もう少し分かりやすく言えば、『現象学』は、意識とその対象がまったく対立したものと思い込んでいる素朴な「自我」の意識から出発して、この意識が多様な対象を通じてさまざまな経験を積み重ね、最後に、意識の「確信」と対象の「知」が一致する「絶対知」にまで到りつく過程を描くのである。

この過程は、自我の意識の側面から言えば、「感覚」から出発して、「知覚」⇓「悟性」⇓「自己意識」⇓「理性」⇓「精神」といったさまざまな形態をとりながら、普遍的な知に到るところの「意識の教養の詳細な歴史」でもある。こうして「媒介」の体系としての『現象学』は、意識の経験を通して得られる「教養」の歴史として叙述される。

「教養」とはおのれの「自然性」（＝直接性）を止揚し克服することであった。みずからにとって他なるもの、疎遠なものに立ち向かうことによって自己形成を遂げるのが教養の本義である。したがって共同的存在としての人間が社会の中で教養を積むとは、相対立するさまざまな他者を通じて、他者を尊重すると同時に他者に流されない、思慮分別の備えた独立不羈の精神を培うことである。「人倫的に教養を積んだ人間」へと自己形成することこそ、「教養」がめざす究極の目標にほかならない。

ギムナジウムの校長として推し進めたヘーゲルのこのような「教養」の実践は、意識が疎遠なものに向かい合い、かかる「疎外による媒介」によって普遍的な自己意識へと自己形成していく『現象学』のモチーフと別物ではないことをわれわれは、本書の第十章で確認してきた。

自己形成としての「教養」は、対象を認識する「理論的教養」と対象に働きかける「実践的教養」に分けることができる。「言語」は、多様な対象とそれらの普遍的な関係を認識するところの「理論的教養」に属する。それに対して「労働」は、対象にそくしておのれを制御し、行動するところの「実践的教養」である。『現象学』は、「言語」(Sprache）と「行為」(Tat)が織りなす「教養の詳細な歴史」であるとも言えるであろう。とくに「言語」は「精神の定在」と規定されているように、「教養」の最も根源的なエレメントである。ヘーゲルは教養の歴史を言語の歴史として叙述しているのをわれわれはみてきた（本書の第九章）。

「言語」は、「自我」あるいは「自己」の内面を外的に存在するものとして定立すると同時に対象の直接性を止揚して、それを自我との関係の中に置く。かくて言語において「自我」は対象の中にみずからを二重化する。他者に対しても「言語」は「自我」を二重化するが、近代社会に至って、「自我」が個別化し自立化するほど、その「言語」は「自我」と「他者」を媒介する普遍的な伝達手段として、ますますみずからの共同性をあらわにするのである。かくして「言語」は、意識の定在として、「自我」を自然の中に二重化し、また自己意識の定在として、「自我」を他者の中に二重化する。かかる二重化を止揚して、普遍的な「自我」へと生成することを可能にするのもまた当の言語なのである。かかる意味において、「言語」はまさに「精神の定在」にほかならない。

これまでわれわれが見てきたように、ヘーゲルがドイツ観念論の中で絶対的な自負をもってみずからの立場を主張しえたのは、彼独自の「媒介」概念のゆえであった言っても許されるであろう。本書で大まかにたどってきたように、カントの「批判」からヘーゲルの「思弁」へと到るドイツ観念論の展開は、ヘーゲルの目からすれば、有限なものと無限なものとの間の「媒介」の可否をめぐって行われたと言いうるが、しかし、「媒介」概念は、いわゆるドイツ観念論の「円環」を閉じたヘーゲル哲学の成立にとって根本的な意味をもつにとどまらない。ヘーゲルの死後、彼が批判の矢面に立たされるのも、まさにこの「媒介」概念をめぐってなのである。

フォイエルバッハは、いち早く彼独特の直接的な感性の立場から、ヘーゲルの思弁的な「媒介」の形式性と抽象性を批判するに至る。フォイエルバッハは言う。

「あるものが真であるのは、それがもはや媒介されたものではなく、直接的なものである場合のみである。……媒介される真理は、いまなおその対立物に取りつかれている真理である。それは、それと対立するものから始めるが、しかしその後その対立物は止揚される。しかし、もしそれが止揚されるべきもの、否定されるべきものならば、なぜ私はそれから始めなければならないのか。なぜ、すぐさまその否定から始めてはいけないのか。[2]」

かかるフォイエルバッハの「媒介」批判を踏まえて、若きマルクスはヘーゲルの法哲学の批判的吟味に向かう。マルクスによれば、ヘーゲルによる国家と市民社会の和解（媒介）は、「見せかけの媒介[3]」にすぎず、いわば「木製の鉄であり、普遍性と個別性との対立を揉み消すこと[4]」にほかならない。

キルケゴールも、マルクスとは異なった立場からではあるが、人間的なものと神的なものとのヘーゲル的な「媒介」に対して厳しい批判の矢を放ったのは周知のとおりである。[5][6]このようにヘーゲル以後の哲学を一瞥しただけでも、「媒介」概念の究明が、ヘーゲルを分水嶺とする近代から現代に至る哲学史の大きな流れを理解するための必須の作業となるはずである。

それにしても「媒介」概念をかかげて、みずからの哲学の正当性を絶対の自負をもって主張し、思想界に君臨したヘーゲルがその死後、まさに当の「媒介」概念をめぐって、いかにしてマルクスやキルケゴールによって批判を浴びることになるのか――かかる問いはまた哲学史の新たな展開を促すものであって、別の研究に俟つほかない。

註

（1）この終章では、以下、ヘーゲルの著作から引用する主要な語句にはカギカッコを付けるが、巻数や頁数は示さないことにする。それらの語句はすでに本書の第一章から第十章までのしかるべき箇所で巻数や頁数を付けて言及しているからである。

（2）L. Feuerbach, *Grundsätze der Philosophie der Zukunft*. Sämmtliche Werke. hrsg. v. Bolin und Jodl. Bd. II. Frommman Verlag. S.301. vgl. *Kritik der Hegelschen Philosophie*. SW. Bd. II. S.175, 185 usw.

（3）K. Marx. *Kritik des Hegelschen Staatsrechts*. K. Marx・F.Engels Werke. Dietz Verlag. Bd. I. S.206.

（4）K. Marx, *a. a. O.*, S.288. vgl. S.291f., 295. 因みに、「木製の鉄」（das hölzerne Eisen）というマルクスの表現は、ヘーゲルの『論理学』から借りてきたものであろう（vgl. VI. 291）。

（5）Vgl. S. Kierkegaard, *Wiederholung*. Gesammelte Werke. übersetzt von E. Hirsch und anderen. 5.Abteilung. Eugen Diederichs Verlag. S.21f., *Der Begriff Angst*. GW. 11.Abteilung. S.8f., 34 usw., *Abschließende unwissenschaftliche Nachschrift zu den philosophischen Brocken*. GW. 16. Abteilung. S. 29 usw.

（6）Vgl. H. Schmitz, *Hegel als Denker der Individualität*. Meinsenheim a. Glan 1957. S.90.

初出一覧

本書は以下の諸論文に加筆、修正を加えたものである。

一　「ヘーゲルの言語論に関する一考察」（大阪大学文学部『哲学論叢』第十四号［一九八三年］）……第九章

二　「ヘーゲル「媒介」論の成立（1）」（大阪大学文学部『哲学論叢』第十六号［一九八五年］）……第二章

三　「フランクフルト期のヘーゲル」（広島経済大学研究論集、第九巻、第四号［一九八七年］）……第二章

四　「イェーナ初期のヘーゲル――「媒介」概念の成立過程――」（広島経済大学研究論集、第十一巻、第三号［一九八八年］）……第五章

五　「ヘーゲルの『媒介』思想」（里見軍之編著『ドイツ観念論とディアレクティク』所収、法律文化社、［一九九〇年］）……第一章

六　「若きヘーゲル――経済学研究への道――」（広島経済大学研究論集、第十四巻、第二号［一九九一年］）……第三章

七　「媒介の体系としての『精神現象学』」（広島経済大学研究論集、第十六巻、第四号［一九九四年］）……第八章

八　「ヘーゲルの教養論」（広島経済大学研究論集、第三十二巻、第三号［二〇〇九年］）……第十章

九　「ヘーゲル『精神現象学』の成立と方法の問題」（広島経済大学研究論集、第三十三巻、第一号［二〇一〇年］）……第六章

十　「ヘーゲル『精神現象学』Vorredeの考察」（広島経済大学研究論集、第三十七巻、第四号［二〇一五年］）……第七章

十一　「ヘーゲルのLeben概念について」（広島経済大学研究論集、第三十九巻、第一号［二〇一六年］）……第四章

人 名 索 引

ディオゲネス・ラエルティオス（Diogenes Laertios） 320
ディルタイ（Dilthey, W.） 35
デカルト（Descartes, R.） 28, 148, 187, 216, 244, 255, 346
デモクリトス（Democritos） 321, 334
デューシング（Düsing, K.） 35, 36, 170, 173
トレーデ（Trede, J.M.） 36

ナ行
中埜　肇 101, 102, 170, 298
ニムロデ（Nimrod） 100
野田又夫 72
ノール（Nohl, H.） 9, 41, 104

ハ行
ハイデッガー（Heidegger, M.） 171
ハイム（Haym, R.） 99
ハーバマス（Habermas, J.） 274, 282, 287, 297
速水敬二 140
パラン（Parain, B.） 276
パルメニデス（Parmenides） 56, 130, 343
ヒッペル（Hippel, Th.G.von） 107
ピュタゴラス（Pythagoras） 329
ヒューム（Hume, D.） 168, 172, 191, 199
フィヒテ（Fichte, J.G.） 8, 28, 29, 35, 36, 39, 68, 69, 71, 100, 148-151, 162, 163-168, 172, 187, 188, 191, 216, 228, 229, 234, 235, 237, 239, 262, 264, 265, 347, 350
フェッチャー（Fetscher, I.） 298
フォイエルバッハ（Feuerbach, L.） 296, 297
藤井哲郎 209
藤沢令夫 296
藤田正勝 36, 140, 171
プラトン（Platon） 69, 215, 298
プルタルコス（Ploutarchos） 252
ペゲラー（Pöggeler, O.） 66, 170, 171
ヘラクレイトス（Herakleitos） 108, 123
ヘルダーリン（Hölderlin, F.） 35, 37, 105, 107, 109, 110, 123, 124, 131, 140, 143, 171
細川亮一 250
細谷貞雄 66, 68, 100, 170
ボンジーペン（Bonsiepen, W.） 252

マ行
マクベス（Macbeth） 88
マルクス（Marx, K.） i, 97, 98, 354, 355
マルクーゼ（Marcuse, H.） 69
マルシュ（Marsch, W-D.） 100
三木　清 275
モーゼ（Moses） 89
モンテスキュー（Montesquieu） 34, 97, 101

ヤ行
ヤコービ（Jacobi, F.H.） 8, 28, 29, 35, 36, 62, 70, 71, 107, 149-151, 160-163, 167, 168, 172, 187, 188, 191, 228, 229, 233, 236, 239, 251, 347, 349, 350
山本道雄 68, 173

ラ行
リュクルゴス（Lykurgos） 89, 97
ルカーチ（Lukàcs, G.） 99
ルソー（Rousseau, J.-J.） 34, 35, 42, 44, 66, 67, 81, 82, 99, 100
レーヴィット（Löwith, K.） 298
レッシング（Lessing, G.E.） 107, 108
ローゼンクランツ（Rosenkranz, K.） 73,

事 項 索 引

サ行

タ行

ナ行

ハ行

マ行

ヤ行

ラ行

ワ行

文　献

I．原　典

1．ヘーゲル

Hegels theologische Jugendschriften. Hrsg. v. H. Nohl. Tübingen 1907.
Nachdruck 1966.
I. Volksreligion und Christentum. Fragment 1-5.
II. Das Leben Jesu.
III. Die Positivität der christlichen Religion.
IV. Der Geist des Christentums und sein Schicksal.
V. Systemfragment von 1800
VI. Anhang ――Entwürfe 1-13

G.W.F.Hegel: Werke in zwanzig Bänden. Hrsg. v. E.Moldenhauer u. K.M.Michel. Suhrkamp Verlag. Frankfurt a. M.1971.
Bd. I : Frühe Schriften.
1. Fragmente über Volksreligion und Christentum (1793-1794).
2. Die Positivität der christlichen Religion (1795/1796). Neufassung des Anfangs (1800).
3. Eleusis. An Hölderlin (1796).
4. Das älteste Systemprogramm des deutschen Idealismus (1796 oder 1797).
5. Entwürfe über Religion und Liebe (1797/1798).
6. Anmerkungen zu den ≫Vertraulichen Briefen über das vormalige staatrechtliche Verhältnis des Wadtlandes zur Stadt Bern≪ [von J.J.Cart] (1798).
7. Daß die Magistrate von den Bürgern gewählt werden müssen [Über die neuesten inneren Verhältnisse Würtembergs.] (1798).
8. Der Geist des Christentums und sein Schicksal (1798-1800).
9. Systemfragment von 1800.
10. Die Verfassung Deutschlands (1800-1802).
Bd. II : Jenaer Schriften 1801-1807.
1. Differenz des Fichteschen und Schellingschen Systems der Philosophie (1801).

2. Aufsätze aus dem kritischen Journal der Philosophie (1802-03).
   (1) Über das Wesen der philosophischen Kritik überhaupt und ihr Verhältnis zum gegenwärtigen Zustand der Philosophie insbesondere.
   (2) Wie der gemeine Menschenverstand die Philosophie nehme, dargestellt an den Werken des Herrn Krug.
   (3) Verhältnis des Skeptizismus zur Philosophie. Darstellung seiner verschiedenen Modifikationen und Vergleichung des neuesten mit dem alten.
   (4) Glauben und Wissen oder Reflexionsphilosophie der Subjektivität in der Vollständigkeit ihrer Formen als Kantische, Jacobische und Fichtesche Philosophie.
   (5) Über die wissenschaftlichen Behandlungsarten des Naturrechts, seine Stelle in der praktischen Philosophie und sein Verhältnis zu den positiven Rechtswissenschaften.
3. Habilitationsthesen(1801).

Bd. Ⅲ: Phänomenologie des Geistes.

Bd. Ⅳ: Nürnberger und Heidelberger Schriften 1808-1817.
   (1) Texte zur Philosophischen Propädeutik.
   (2) Gymnasialreden.

Bd.Ⅴ: Wissenschaft der Logik Ⅰ.

Bd. Ⅵ: Wissenschaft der Logik Ⅱ.

Bd. Ⅶ: Grundlinien der Philosophie des Rechts.

Bd. Ⅷ: Enzyklopädie der philosophischen Wissenschaften im Grundrisse (1830) Ⅰ.

Bd. Ⅸ: Enzyklopädie der philosophischen Wissenschaften im Grundrisse (1830) Ⅱ.

Bd. Ⅹ: Enzyklopädie der philosophischen Wissenschaften im Grundrisse (1830) Ⅲ.

Bd. Ⅺ Berliner Schriften 1818-1831.

Bd. Ⅻ Vorlesungen über die Philosophie der Geschichte.

Bd. ⅩⅢ: Vorlesungen über die Ästhetik Ⅰ.

Bd. ⅩⅣ: Vorlesungen über die Ästhetik Ⅱ.

Bd. ⅩⅤ: Vorlesungen über die Ästhetik Ⅲ.

Bd. ⅩⅥ: Vorlesungen über die Philosophie der Religion Ⅰ.

Bd. ⅩⅦ: Vorlesungen über die Philosophie der Religion Ⅱ.

Bd. XVIII: Vorlesungen über die Geschichte der Philosophie I.
Bd. XIX: Vorlesungen über die Geschichte der Philosophie II.
Bd. XX: Vorlesungen über die Geschichte der Philosophie III.
Hegel: Gesammelte Werke. Hrsg. im Auftrag der Deutschen Forschungsgemeinschaft bzw. von der Rheinisch-Westfälischen Akademie der Wissenschaften.
Hegels Frankfurter Fragment „welchem Zwecke denn". Mitgeteilt und erläutert v. Ch. Jamme. In: Hegel-Studien 17.
Dokumente zu Hegels Entwicklung. Hrsg. v. J. Hoffmeister. Stuttgart 1936.
Briefe von und an Hegel. Bd. 1-3. Hrsg. v. J. Hoffmeister. Hamburg 1952-1954

2. その他

J. P. Eckermann: Gespräche mit Goethe in den letzten Jahren seines Lebens. Hrsg. v. Heinz Schlaffer. Carl Hanser Verlag. München 1986.
Fichtes Werke. Hrsg. v .I. H. Fichte. 11Bde. Berlin 1971.
J. G. Fichte: Über den Begriff der Wissenschaftslehre oder der sogenannten Philosophie. Weimar 1794.
F. Hölderlin: Sämtliche Werke und Briefe. 3Bde. Carl Hanser Verlag. 1970.
F. H. Jacobi: Über die Lehre des Spinoza. 2. Aufl. Breslau 1789.
I. Kant: Kritik der praktischen Vernunft. Hrsg. v. K. Vorländer. Hamburg 1974.
I. Kant: Kritik der reinen Vernunft. Hrsg. v. R. Schmidt. Hamburg 1956.
I. Kant: Kritik der Urteilskraft. Hrsg. v. K. Vorländer. Hamburg 1974.
I. Kant: Die Religion innerhalb der Grenzen der bloßen Vernunft. Hrsg. v. K. Vorländer. Hamburg 1961.
J. J. Rousseau : Oeuvres complètes, Gallimard. 1969.
J. C. F. v. Schillers Werke. Insel Verlag. Frankfurt a.M. 1966.
B. Spinoza: Opera. Werke. Lateinisch und Deutsch. Hrsg. v. K. Blumenstock. Bd.2. Darmstadt 1978
Sir J. Steuart: An Inquiry into the Principles of Political Oeconomy, being an Essay on the Science of Domestic Policy in Free Notions, etc., New York 1967.

II. 研究書

Asveld, P.: La pensée religieuse du jeune Hegel. Liberté et aliénation. Paris

1953.
Baum, M.: Zur Vorgeschichte des Hegelschen Unendlichkeitsbegriffs. In: Hegel-Studien. 11.
Bodammer, Th.: Hegels Deutung der Sprache. Hamburg 1969.
Baumeister, Th.: Hegels frühe Kritik an Kants Ethik. Heidelberg 1976.
Bonsiepen, W.: Der Begriff der Negativität in den Jenaer Schriften Hegels. Bonn 1977.
Dilthey, W.: Die Jugendgeschichte Hegels. In: Gasammelte Schriften. Bd.4. Stuttgart 1959.
Chamley, P.:Les origines de la pensée économique de Hegel. In: Hegel-Studien. 3.
Cook, D. : Language in the Philosophy of Hegel. Mouton 1973.
Düsing, K.: Das Problem der Subjektivität in Hegels Logik. In: Hegel-Studien. Beiheft 15.
——: Spekulation und Reflexion. Zur Zusammenarbeit Schellings und Hegels in Jena. In: Hegel-Studien. 5.
藤田正勝『若きヘーゲル』創文社 1986.
Gadammer, H. G.: Wahrheit und Methode. Grundzüge einer philosophischen Hermeneutik. Tübingen 1975.
Görland, I.: Die Kantkritik des jungen Hegel. Frankfurt a,M. 1966.
Haering, Th.: Hegel. Sein Wollen und sein Werk. Bd.1. Leipzig 1929.
Harris, H.S.: Hegel's Development. Toward the sunlight 1770-1801. Oxford 1972.
Hartkopf, W.: Der Durchbruch zur Dialektik in Hegels Denken. Meisenheim/Glan 1976.
Haym, R.: Hegel und seine Zeit. Darmstadt 1962 (Nachdruck v. 1857).
Hegel, Hannelore: Isaak von Sinclair zwischen Fichte, Hölderlin und Hegel. Frankfurt a.M. 1971.
Heidegger, M.: Kant und das Problem der Metaphysik. Frankfurt a.M. 1973.
——: Hegels Begriff der Erfahrung. In: Holzwege. Frankfurt a.M. 1972.
Henrich, D.: Hegel im Kontext. Frankfurt a. M. 1967.
——: Hölderlin über Urteil und Sein. In: Hölderlin-Jahrbuch.14.
D' Hondt, J.: Hegel secret. Recherches sur les sources cachés de la pensée de Hegel. Paris 1968.
細谷貞雄『若きヘーゲルの研究』未来社 1980.
Hyppolite, J.: Genèse et structure de la 》Phénoménologie de l'esprit《 de

Hegel. Paris 1946.
——: Logique et existence. Presses universitaires de France. 1953.
Jamme, Ch.: „Ein ungelehrtes Buch". Die philosophische Gemeinschaft zwischen Hölderlin und Hegel in Frankfurt 1797-1800. Bonn 1983.
金子武蔵『ヘーゲルの國家観』岩波書店 1972.
加藤尚武『ヘーゲル哲学の形成と原理』未来社 1980.
Kimmerle, H.: Zur Chronologie von Hegels Jenaer Schriften. In: Hegel-Studien 4.
——: Das Problem der Abgeschlossenheit des Denkens. Bonn 1970.
Kondylis, P.: Die Entstehung der Dialektik. Stuttgart 1979.
久保陽一『初期ヘーゲル哲学研究』東京大学出版会 1993.
Löwith, K.: Von Hegel zu Nietzsche. Stuttgart 1950.
——: Hegel und die Sprache. In: Sinn und Form. Berlin 1965.
Lukàcs, G.: Der junge Hegel. Über die Beziehung von Dialektik und Ökonomie. 2 Bde. Frankfurt a.M. 1973.
Marcuse, H.: Hegels Ontologie und die Theorie der Geschichtlichkeit. Frankfurt a.M. 1968.
Marsch, W-D.: Gegenwart Christi in der Gesellschaft. Eine Studie zu Hegels Dialektik. München 1965.
Marx, W.: Absolute Reflexion und Sprache. Frankfurt a.M. 1967.
中埜　肇『ヘーゲル哲学の基本構造』以文社 1979.
野田又夫『西洋近世の思想家たち』岩波書店 1974.
Peperzak, A.: Le jeune Hegel et la vision morale du monde. Den Haag 1960.
Pöggeler, O.: Hegels Idee einer Phänomenologie des Geistes. Freiburg/München 1973.
——: Hegels praktische Philosophie in Frankfurt. In: Hegel-Studien. 9.
Rosenkranz, K.: Georg Wilhelm Friedrich Hegels Leben. Berlin 1844. Nachdruck: Darmstadt 1969.
Rosenzweig, F.: Hegel und der Staat. München/Berlin 1920.
笹澤　豊『ヘーゲル哲学形成の過程と論理』哲書房 1983.
Schmitz, H.: Hegel als Denker der Individualität. Meisenheim a.Glan 1957.
Schüler, G.: Zur Chronologie von Hegels Jugendschriften. In: Hegel-Studien. 2.
Siep, L.: Anerkennung als Prinzip der praktischen Philosophie. Freiburg/München 1979.
Simon, J.: Das Problem der Sprache bei Hegel. W.Kohlhammer Verlag. 1966.
Trede, J.H.: Hegels frühe Logik (1801-1803/04). In: Hegel-Studien. 7.

【著者略歴】

大田 孝太郎（おおた・こうたろう）

1947年　兵庫県に生まれる
1980年　大阪大学大学院文学研究科博士課程（哲学専攻）単位取得修了
現　在　広島経済大学名誉教授
〔論文〕「Lebenから Geistへ――ヘーゲル哲学形成の一側面」
　　　「『ノモス』と『ピュシス』：古代思想から近代思想へのその展開」他
〔訳書〕P.アスヴェルト『若きヘーゲルの宗教思想：自由と疎外』他

広島経済大学研究双書　第45冊
ヘーゲルの媒介思想

平成30年3月31日　発行

著　者　大田　孝太郎
発行所　株式会社溪水社
広島市中区小町1-4（〒730-0041）
電話082-246-7909　FAX 082-246-7876
URL: www.keisui.co.jp
e-mail: info@keisui.co.jp
印刷・製本　シナノパブリッシングプレス

ISBN978-4-86327-440-2　C3010